多层次资本市场研究

2019 年第 1 辑　总第 1 辑

谢　庚　徐　明　主编

中国金融出版社

责任编辑：石　坚
责任校对：孙　蕊
责任印制：丁淮宾

图书在版编目（CIP）数据

多层次资本市场研究．2019 年第 1 辑／谢庚，徐明主编．—北京：中国金融出版社，2019．10

ISBN 978－7－5220－0270－5

Ⅰ．①多…　Ⅱ．①谢…　②徐…　Ⅲ．①资本市场—研究—中国　Ⅳ．①F832．5

中国版本图书馆 CIP 数据核字（2019）第 197879 号

多层次资本市场研究．2019 年第 1 辑
Duocengci Ziben Shichang Yanjiu. 2019 Nian Di-yi Ji

出版
发行　中国金融出版社

社址　北京市丰台区益泽路 2 号
市场开发部　(010)63266347，63805472，63439533（传真）
网 上 书 店　http：//www. chinafph. com
　　　　　　(010)63286832，63365686（传真）
读者服务部　(010)66070833，62568380
邮编　100071
经销　新华书店
印刷　北京市松源印刷有限公司
尺寸　185 毫米×260 毫米
印张　15．25
字数　249 千
版次　2019 年 10 月第 1 版
印次　2019 年 10 月第 1 次印刷
定价　48．00 元
ISBN 978－7－5220－0270－5

目　录

主编寄语

不忘初心　牢记使命
共谱多层次资本市场发展新篇章

谢　庚*

习近平总书记指出："金融活，经济活；金融稳，经济稳。经济兴，金融兴；经济强，金融强。经济是肌体，金融是血脉，两者共生共荣。"资本市场作为现代金融的核心，在实现经济资源的优化配置、风险的分散管理上起着举足轻重的作用。可以说，强大的多层次资本市场是当今世界创新强国的共性特征，帮助实现资本形成、价格发现、资源配置和风险管理，不断激发企业家精神、培育创新动能。

具体来看，多层次资本市场是对现代资本市场复杂形态的一种综合表述，是一个由多种要素相互区分、又相互交错的有机金融生态系统。多层次资本市场内生于事物的连续性，但考虑到对事物进行连续性划分的技术难度和现实成本，进而采用了分层次、分区段的处理方式。认识资本市场的多层次需回归到经济发展的基本需求：从融资端看，对于不同行业、不同业态的企业，其在成长的生命周期中，均呈现不同的风险特征，因此适合的融资方式和交易场所也各不一样；从投资端看，投资者由于存在差异化的风险偏好，因此会对金融产品的期限、结构、回报率有着不同的预期。总的来说，企业需求与投资者偏好的多元化与层次性，是决定资本市场多层次的关键要素，多层次资本市场本质是为了适应企业发展的需求和投资者风险的分层管理。通过资本市场的多层次设计，不但能贴切地反映市场内在的差异性，更能在此基础上有效发挥资本市

* 全国中小企业股份转让系统有限责任公司党委书记、董事长。

场的资源配置和风险管理功能。

改革开放以来，我国多层次资本市场从无到有、从小到大得到了迅速发展。家庭联产承包责任制催生了股份制乡镇企业，也孕育了社会主义市场经济下的资本市场。20世纪90年代初，沪深交易所相继开业，标志着全国性资本市场正式建立。2003年10月，十六届三中全会首次提出“建立多层次资本市场体系，完善资本市场结构”，自此资本市场的多层次构建正式提上日程。2004年5月，深交所设立中小企业板，并于2009年10月推出创业板，我国多层次资本市场初具雏形。为进一步扩大资本市场对中小微企业的覆盖面，2012年7月，国务院批准设立全国中小企业股份转让系统（新三板），并于2013年12月发布了《国务院关于全国中小企业股份转让系统有关问题的决定》（国发〔2013〕49号），进一步巩固了新三板作为第三家全国性证券交易场所的地位。新三板的设立标志着我国多层次资本市场建设取得了实质性进展。2018年11月，习近平总书记宣布在上交所设立科创板并试点注册制，进一步增强了资本市场对我国关键核心技术创新能力的服务水平。至此，以沪深交易所、新三板和区域股权市场为主的多层次资本市场逐步形成，资本市场服务实体经济的广度、深度不断提高，为我国经济的转型发展发挥了重要作用。

当前，我国经济已由高速增长阶段转向高质量发展阶段，正处在转变发展方式、优化经济结构、转换增长动能的攻关期。在新时代背景下，为进一步提升资本市场服务实体经济的能力，习近平总书记要求深化金融供给侧结构性改革，并明确指出要建设一个规范、透明、开放、有活力、有韧性的资本市场。为了回答这一时代性的课题，全国股转公司党委决定组织编写《多层次资本市场研究》。之所以取名《多层次资本市场研究》，是希望内容不拘泥于新三板，而是有着更高的站位、更大的格局和更广的视野。我们希望既从资本市场供给端探讨不同层次市场发展的一般性规律和个性化设计的得失，也从实体经济需求端对不同层次资本市场的改革发展进行探讨、拾遗补阙。

我希望，《多层次资本市场研究》既能深化市场各方对多层次资本市场本质和规律的认识，也能立足我国实际，探寻具有中国特色的多层次资本市场发展之路。希望它能成为引领多层次资本市场建设的专业智库，成为指导改革实践的决策内参，成为汇聚产学研各方智慧的桥梁纽带。真诚地期待学界业界各位专家能多多关心支持《多层次资本市场研究》，共同参与谱写资本市场蓬勃发展的新篇章！

创新发展　凝心聚力
积极探索多层次资本市场的理论和实践

徐　明*

当前，在党中央深化金融供给侧结构性改革的部署下，按照建设一个规范、透明、开放、有活力、有韧性的资本市场的总要求，多层次资本市场的各项改革正在稳步推进。作为多层次资本市场的重要组成部分，新三板改革创新，任重道远。目前，新三板的改革到了攻坚克难的关键时刻，我们组织编写《多层次资本市场研究》，希望能凝聚学术界与实务界的各方力量，共同推动多层次资本市场尤其是新三板市场的改革建设，提升资本市场服务实体经济的能力。

改革开放以来，我国资本市场取得了巨大成就，多层次资本市场也得到长足发展。不断总结分析多层次资本市场在服务实体经济发展的历史经验教训，积极探索多层次资本市场的创新和发展，需要我们提供《多层次资本市场研究》这样的专业平台作为探索探究的阵地。这种必要性是毫无疑问的：首先，在经济高质量发展的新阶段，多层次资本市场服务创新发展和实体经济，既遇到了前所未有的机遇，也面临着大量的理论与实践问题亟待思考和讨论；其次，我国已经形成了以沪深交易所、新三板和区域股权市场为主的多层次资本市场，无论是在各层次协同发展的顶层设计中，还是在推动发行、上市、信息披露、交易、退市、投资者保护等基础性制度改革中，多层次资本市场都面临着很多重要的法律、经济学、金融学问题去研究；最后，新三板发展六年多来，已有挂牌公司近万家，在公司治理、股权安排、投融资需求等方面情况复

* 全国中小企业股份转让系统有限责任公司总经理。

杂、形态各异。我们已积累了大量服务民营经济、服务中小微企业的实践经验，通过《多层次资本市场研究》，也可聚沙成塔，不断总结完善，更好地指导新三板的市场建设工作。

为了将《多层次资本市场研究》打造成学术性与实践性并重、现实性和前瞻性兼顾，引领多层次资本市场发展的专业智库，我们将坚持“多元、专业、实践、前沿”的风格。一是多元。文章的研究思路和方法既有宏观研究，又有微观剖析；既有理论探讨，又有实证检验；既有横向比较，又有纵向梳理，从多维度、全方位深入研究资本市场相关重大问题，从而使研究更多维、内容更丰富。二是专业。我们要求文章具有较为严谨规范的现代学术研究理论、方法和工具，能基于一定的学术范式、理论逻辑框架对资本市场领域的相关问题进行专业性研究。三是实践。为了使研究成果能够更广泛地被市场参与各方了解，我们要求文章的行文风格介于纯学术论文与政策研究报告之间的“智库文风”。四是前沿。研究选题既包括沪深交易所、新三板和区域股权市场等多层次资本市场建设，尤其是新三板市场改革发展，也包括上市公司、挂牌公司，尤其是中小微企业、民营经济在经营治理过程的现状与问题，还包括投资者特别是中小投资者保护这一资本市场发展的核心主题，同时也力图跟踪全球资本市场发展的前沿问题与最新动态，关注前瞻性的话题。

《多层次资本市场研究》初设“理论前沿”“制度探索”“企业研究”“专题集萃”“域外经验”等部分，每辑可根据实际情况进行微调。其中，理论前沿主要发表境内外资本市场目前还处在研究探索阶段的相关理论，对较为远景的前沿问题进行探讨；制度探索聚焦多层次资本市场各项基础性制度建设、资本市场支持实体经济发展过程中的相关经验和存在的问题；企业研究主要是从上市公司、挂牌公司，尤其是民营经济、中小微企业的视角，研讨企业生存发展的现状、问题和解决思路；专题集萃则侧重研究多层次资本市场建设过程中的某一个重点、难点、热点问题。本书面向全国法律、经济、金融、投资、会计、企业等理论界、实务界征稿及约稿，稿件标准为立论科学、论据充足、论证严密、层次清晰、语言流畅，尤其欢迎贴近市场脉搏、具有学术深度和实践应用价值的文章。

道阻且跻，《多层次资本市场研究》才刚刚起步，要走的路还很漫长，我们对面临的困难有充分的估计与准备，也有解决的信心和决心。古语道，“知屋漏者在宇下，知政失者在草野”，只有最大限度地调动市场智慧，聚集最广泛的研究成果，才能更好地为改革发展建言献策。我们相信，在大家的共同努力下，《多层次资本市场研究》会不断进步、走向成熟，为大家带来更多的实用价值。我们深知责任重大，必将全力以赴把《多层次资本市场研究》办好，无愧于大家的期望与支持，无愧于我们身上肩负的重大使命。

制度探索

公众公司制度机理与新三板市场改革

洪艳蓉*

摘　要：当前我国经济仍处于转型升级期，如何充分发挥资本市场资源配置作用，支持实体经济发展依然是时代的议题。新三板自2013年正式运营以来，探索了公开市场标准化服务与中小微企业个性化需求相结合的有效路径，已成为资本市场服务创新型民营中小微企业融资的重要平台。伴随着新三板市场高速发展，市场结构和需求发生深刻变化，挂牌公司监管实践面临制度建设法源不足、不够清晰等问题。本文以公众公司法律界定与制度机理考察为基础，分析新三板挂牌公司监管问题及成因，并对新三板相关制度改革提出参考建议。

关键词：公众公司　公开交易权　新三板

一、公众公司制度机理考察

（一）从海外法域经验来看，公众公司起源于英美法系

英国最早在《1908年公司法》中提出公众公司与私人公司的区分，并规定同时满足（1）限制股份的流转；（2）除公司雇员之外的公司成员不得超过50人；（3）禁止向公众发出股份或者债券要约这三个条件的才是私人公司，否则为公众公司。之后，英国在《1980年公司法》中改变默认公众公司为公

* 洪艳蓉，北京大学法学院副教授。

司常态的传统，转而确认私人公司为公司的常态形式。[①] 根据最新修订的《2006 年公司法》，公众公司主要是指设立时载明其为公众公司的股份有限公司，更多地取决于公司的意思表示，但也因此需要遵守公众公司的相关规定。

我国香港地区在《公司法》传统上与英国法一脉相承，同样存在私人公司与公众公司的区分，根据《公司条例》第 11 条、第 12 条，二者的区别在于：（1）成员是否超过 50 人；（2）公司章程是否限制成员转让股份的权利；（3）是否允许公开认购公司的股份或债权证；（4）是否属于担保有限公司。由于立法上不要求公众公司等额划分股份，有限责任公司（股份公司的一种）和无限公司也有可能属于公众公司。

在美国，采用“报告公司”（reporting company）一词描述向公众融通资金且需要履行注册并承担持续信息披露义务的公司。概括而言，是否为公众公司可以从事实层面和法律层面进行衡量。事实层面标准是指股份有限公司资本额、总资产规模、股东人数等主要指标达到大型公司的要求（动态衡量），那么从公司的社会经济意义出发，就认为其具有“公共性”，因而需要施以必要的监管。学术界将这类公众公司称为“事实公众公司”。[②] 这其实是从社会经济学的角度考察公司“公众性”的有无，一旦相关社会经济指标不符合，将不再作为公众公司进行监管。法律层面标准主要遵循两条路径考察公众公司的“公众性”，一条是《公司法》视角，即公司章程未对股份流转作出限制，另一条是《证券法》视角，即在多层次资本市场公开发行或公开转让股票。向不特定对象发行或者采用公开劝诱的方式构成公开发行，但在不同的国家/地区“公开发行”的认定标准存在差异，例如日本和韩国要求 50 人以上，而我国《证券法》第 10 条规定累计向特定对象发行证券超过 200 人。同理，如果公司股东人数少于法定人数，这类公司也将豁免公众公司的相应监管。

根据《2001 年公司法》第 112 条，澳大利亚的公司类型可分为私人公司和公众公司两类。私人公司的非雇员股东不得超过 50 名，可以向特定对象募集资金，但不能从事任何向公众披露信息和要约的融资活动；公众公司是指私人公司以外的公司，需要编制并披露年度财务报告，并接受注册审计师对此的审计，在公司治理上也有更高的要求。

---

① 葛伟军．英国公司法要义［M］．北京：法律出版社，2014.

② 陈颖健．事实公众公司制度研究［J］．证券市场导报，2016（4）.

根据《2006年公司法》《证券和期货法》等法律规定，新加坡的公司也分为私人公司和公众公司，其主要的区分标准是人数。私人公司是指章程载明限制成员转让股份的权利且成员人数不超过50人的公司，公众公司是私人公司以外的公司。公众公司可以通过向公众提供股票或者债券来筹集资金，但必须向监管部门新加坡金融管理局登记招股说明书之后才能公开发行股票和债券。公众公司需要每年提交年度财务报告。

综合以上主要发达国家/地区的资本市场立法例，暂未对公众公司形成统一定义，但其共同点都集中于如何判断公司的“公众性”，从而施以相应的监管，以保护公众投资者的合法权益并维护资本市场和经济社会的稳健发展。

（二）公众公司具有资合性、信息公开等机理特征

公众公司在法律属性上一般属于股份有限公司，章程不限制公司股份对外流转，隐含着公开募集资金的权利。非公众公司可以基于其人合性、社团性考虑而将股东限于有限而熟悉的个体中，从而更好地保护公司商业秘密，更有效地贯彻执行股东意志并保障业务标准一致性，对于源于家族的企业或者基于某项技术或特定业务而发展起来的企业，更容易在公司对外关系上奉行闭锁性。但公众公司为实现其向公众融通资金的目标，也为了便利股东在有需要时可以更高效地流转或变现股票，需要打破闭锁性而对外开放，用资合性取代人合性赋予公众对公司的参与权利。近现代证券法律制度为保障股份的可转让性做了大量贡献，同时公众公司的迅速发展促进了资本市场繁荣和层次多样性。

公众公司需要建立有利于解决股东与管理人之间委托—代理问题的公司治理机制。社会公众的加入，既为公司带来了充沛的发展资金，也使公司的股东群体打破封闭性，变得开放而人数众多。然而一旦股东们将企业的生产经营权交给专业的经理人进行打理时，就出现了所谓的委托—代理问题。所以公众公司通常需要遵循一国对公司治理的基本要求，对如何保障股东合法权益，限制经营者滥权，维护公司的正常经营作出适当的安排，予以公布并接受外部监督。

公众公司通常需要遵循强制信息公开要求，向公众及时披露。信息不对称是人类社会交往过程中的普遍现象，如果因为无法充分而及时地获取信息，人们则无法对如何行为作出判断，导致不占有信息一方的逆向选择并可能诱发掌握信息一方的道德风险。在抽象的公司权利交易和虚拟的证券市场中，这种信息不对称的状况更为严重，因此当公众公司面向公众融通资金或者股东拟转让

股票时，都需要令潜在的投资者有效知悉被投资公司的主要状况，才能促成交易，维护交易安全和市场稳定。在当代，大部分国家/地区的《公司法》《证券法》都建立了公众公司的强制性信息披露制度，并认为这是保护公众投资者必不可少且强有力的监管举措，强制性信息披露规则极大地限制了公司保持沉默的权利,① 可以配合反欺诈规则给予投资者有效的保护。

二、公众公司制度机理与多层次资本市场建设

（一）公众公司的层次性及其界定

在现代市场经济条件下，特别是伴随着金融创新与多层次资本市场建设的大趋势，更应该强调公众公司的多层次性并将它放到与多层次资本市场密切结合的层面进行理解，而不应仅仅固守公众公司产生之初的历史含义。

就最广义的公众公司的界定而言，是指公司章程未对股份转让作出限制的股份有限公司。这其实是打破了公司的闭锁性和公司治理的人合性，揭示了股份公司蕴含着证券市场公开的属性，是一种开放而非闭锁的结构。如日本早稻田大学知名教授上村达男所指出的，有效运用证券市场的股份公司，不仅是把买入证券后的投资者当作股东，而且还包括未购入证券的市民阶层，在他们还是潜在投资者的阶段就已自然而然地把他们视为公司的股东，从而对外提供了与对待现存股东一样的公司信息披露和治理机制保障等。② 当然，这种基于《公司法》、公司章程的界定只停留于公司内部，尚未真正地将公众公司纳入资本市场的范畴之中。

处于中层意义上的公众公司的界定，是指向社会公众公开发出股票要约的股份有限公司。这意味着公众公司可以在自我原始积累和传统上依靠银行贷款间接融资的途径之外，开辟一条向社会公众筹集资金的新途径，而股东们也找到了除在熟人之间有限转让股份之外，更便利和更广阔地转让所持股份的新渠道。

最狭义的公众公司的界定，是指股票在证券交易场所公开交易的股份有限公司。这里的交易，既包括一级市场的新股发行，也包括二级市场的股票转

① 罗伯塔·罗曼诺．公司法基础（第二版）［M］．罗培新，译．北京：北京大学出版社，2013.

② 上村达男．公司法改革：公开股份公司法的构想（中日文对照版）［M］．中国证券监督管理委员会，译．北京：法律出版社，2015.

让，就公司类型来看，涵盖了公众性最强的上市公司，也包括公众性次之的在多层次资本市场公开交易的股份有限公司。这种界定将证券市场的资金融通、流动性、价格发现等功能内嵌于公众公司的筹资与股票交易活动中。

（二）公众公司监管趋于倚重证券法源与资本市场建设

在证券市场和证券法没有诞生之前，有关公司的相关事务与管理，主要通过公司法制进行统筹安排。侧重于公众公司的设立登记、有关公司股权分布、雇员人数，以及保障公众参与公司治理的合理结构安排等情况的释明、公司年度财务状况报告及外部审计等要求。总体上是揭示公众公司的一般概况，并对未纳入《证券法》调整的部分予以填补，构建相对完整的监管体系。基于公众公司与资本市场的密切关系，传统公司法在规范公众公司上呈现式微之态，更多的是将公众公司的界定及其持续监管交由《证券法》来统筹。除信息披露要求以外，《证券法》对建立公众公司制度并促进其与多层次资本市场的相生互动有着重大的影响。

由于面向资本市场，直接建立公司与社会公众联系的关系，《证券法》在调整公众公司的相关事务上变得日益重要并已占据主导地位。首先在于肯定公众公司面向社会公众募集资金或公开转让的权利。其次是提供公众公司可资利用的公开发行新股、公开转让股票的合法途径，并将之与一国构建的多层次资本市场相结合，为公众通过投资不同市场股票而参与到公众公司的生产经营中。再次是在配置公开发行与公开转让股票途径，建立公众公司公开发行之后自然获得公开转让股票权利的机制基础上，赋予未公开发行的公众公司公开转让股票的权利和实现途径，保障公众公司股东的公开交易权。最后是基于公众公司股票的公开交易特性，建立一个统一的转板评价标准与快速衔接通道，实现可能条件下公众公司股票在不同市场之间顺利转板，促进资源的有效配置。

从本质上看，公众公司的监管始终需要解决面向公众的融资带来的投资者保护与利用公开市场融通资金的公司经营负担二者之间的平衡问题。因此，公众公司在监管理论上采纳了公共利益规制理论和公共选择理论等一般性监管理论，也采用了建立在“有效市场假说”理论上的强制信息披露作为主要的监管手段。但与上市公司相对整齐划一的标准不尽相同，上市公司之外的其他公众公司在资本构成、股东人数、行业、规模、发展阶段等诸多方面呈现差异性，而为保障公司股票流通性进入的层次性资本市场，更有着不同于主板市场的灵活机制与独特要求，因而尽管强调强制信息披露，但在具体监管规则设计上，却要根据所在市场的运行特点及进场交易的某种类公司的特点进行个性化安排，如此才能更有效地凸显信息披露的质量和充足度，在减少对投资者的信息噪声污染的同时也有效减少进场交易公司的信息披露负担。在分类监管与差异性信息披露理念下，对公众公司的监管应结合多层次市场的预设目标，建立能够保证公众公司股票流通性且充分揭示其信息的分类信息披露机制，正是公众公司监管具有独特性的地方。

三、从公众公司制度机理看新三板挂牌公司监管问题

（一）新三板挂牌公司监管存在法理不足问题

一是现行《证券法》为新三板制度建设提供法理支持不足。我国资本市场建设始于20世纪90年代，《证券法》于1999年才开始施行，总体上我国证券市场还处于初级阶段，主要特点是将有限的社会闲散资金通过证券发行核准，特别是通过证券发行并上市一体化的安排输送给国有大中型企业，服务于国民经济建设需要，《证券法》的相关内容体现了这种制度安排和价值取向，如规定了严格的公开发行条件，并将公开交易限定于证券交易所（2005年修改时才进一步调整为证券交易场所），把在证券交易所交易股票的公司称为“上市公司”，并始终围绕着“上市公司”展开证券市场发展与监管，未能对私募发行、老股转让、小额发行以及后续交易（包括公开交易）等作出系统安排，更缺乏对公众公司发展的历史与传统，以及容纳公众公司的多层次资本市场的规制。因此，当后续新三板建立并希望突出服务于非上市公众公司时，《证券法》难以为其提供充分的上位法依据，反而因其更高的法律位阶给新三板制度改革创新造成一定阻碍。

二是新三板制度建设所需的《公司法》法源后劲不足。证监会对非上市公众公司进行监管的法源来自《证券法》对公开发行核准权的规定，但其中经过了复杂的推理论证过程，并且在证监会部门规章层面创设了“公开转让”“定向发行”等上位法没有使用的概念用语。在《证券法》无法提供直接法律依据的情况下，新三板市场定位在具体施行上倚重《公司法》中关于股份有限公司股票发行与转让的规定。基于此，部分学者认为，新三板发展更多地诉求《公司法》法源而不是《证券法》法源。因此，在新三板公开转让股票的公司，不能一样称为《证券法》下的“上市公司”而只能称为“挂牌公司”；在新三板公开转让股票，只能依循《公司法》称为“挂牌”以及“公开转让”。这种法

源替代，尽管在市场发展初期曾起到一定作用，但随着市场规模扩大和参与主体需求的提高，已逐渐暴露出缺失《证券法》法源的重大缺陷。事实上，新三板作为组织证券集中公开交易的市场，与证券交易所在法律属性上并无不同，“挂牌”与“上市”“挂牌公司”与“上市公司”也无本质不同。在不放弃《公司法》法源的基础上，有必要引入且更多地倚重《证券法》法源予以发展，由《证券法》进行统一规制，更符合理论及实践的要求，才能使新三板回归到作为全国性证券交易场所的功能定位上。

三是市场规则制度设计未能及时跟上市场需求的变化。新三板设立之初，为了加大资本市场对中小微企业的包容和支持力度，允许不经公开发行而直接挂牌、设置包容性的挂牌准入条件，并建立快速、小额、灵活的定向发行制度等，同时考虑中小微企业风险相对较高，从平稳起步考虑，设置了500万元的自然人投资者准入门槛。市场发展前期，前述制度安排有力地支持了中小微企业挂牌融资，但随着市场的发展和企业需求的变化，相关制度安排与企业需求的契合度有所下降。挂牌公司作为公众公司无法进行公开发行，不仅无法满足其融资需求，更影响了市场功能和参与主体的预期，加之市场投资者数量极为有限，导致许多公司挂牌后股权分散度未有实质增加。

（二）监管存在问题对市场改革进程产生不利影响

一是多重因素导致挂牌公司的公众性不强。《国务院关于全国中小企业股份转让系统有关问题的决定》和证监会《非上市公众公司监督管理办法》规定，挂牌公司作为非上市公众公司，可以进行股票的公开转让和定向发行。但挂牌公司公众性不强的特征突出，目前占比过半的公司自挂牌以来未有过股票转让或股票发行，超过70%公司的股东人数少于50名，未能实现新三板作为公开转让市场的预定目标。

二是挂牌公司的差异化监管安排不足。新三板挂牌公司高达万家，在公司股东人数、经营规模、所属行业、是否发行新股融资以及股票交易等方面千差万别，但作为非上市公众公司又需遵循法律法规及新三板的有关规定进行信息披露，接受全国中小企业股份转让系统有限责任公司（以下简称全国股转公司）的自律监管，由此引发如何有效配置有限监管资源的问题。尽管全国股转公司于2017年12月发布新的《挂牌公司分层管理办法》，并于2018年4月调整了创新层和基础层的准入条件，但总体上对挂牌公司的分类管理还不够精细，未能充分匹配挂牌公司的特点和需求。与此同时，对于新三板违法违规行为的处理，还欠缺足够法律依据。无疑，这些因素都影响了新三板作为全国性证券公开交易场所的建设和发展前景。

四、新三板市场改革需尽快引入公众公司法律制度安排

针对新三板挂牌公司监管存在的问题，结合境内外公众公司制度建设的相关法理及实践经验，新三板需要在上位法，包括《公司法》《证券法》及国务院条例等方面有所突破，确立公众公司的法定地位，理顺公开发行、公开转让之间的逻辑关系，以及证券交易所、新三板等证券交易场所在我国多层次资本市场建设中的分工与合作关系。特别是，需要突破新三板市场发展初期只能倚重公司法源的局限性，通过修改《证券法》对公众公司制度机理和新三板作为全国性证券交易场所的地位予以法律层面的确认和规则细化，为新三板发展提供更有力的上位法支持。

（一）协调公众公司与多层次资本市场建设的关系

一是确立新三板作为公开交易市场的明确法律地位，允许进行股票公开发行和公开交易，服务对象应主要为创新型、创业型和成长型中小微公司。

二是引入公众公司的法律概念并规定成为公众公司的条件，不限于目前的“非上市公众公司”，根据条件变化动态调整公司是否纳入公众公司监管，其类型包括法律上的公众公司和事实上的公众公司，并建立基于公众公司一定条件下（如人数少于200人或不符合其他公众性指标）豁免监管的内容。

三是打破公开交易权只能通过公开发行途径获取，以及证券交易所只允许直接上市公开发行股票的局限，确立老股转让在法律层面的合法地位，以及其他因私募发行、小额发行等豁免发行核准的股票公开转让的法律途径，建立更多元的公开交易渠道，并使之与多层次资本市场建设相对应，继而基于股票可公开交易共性建立不同市场之间符合要求的快速转板通道，帮助不同类别的公众公司成长，实现资本市场的功能。

（二）协调挂牌公司与新三板监管资源的配置

在前期经验积累基础上，建议适当区分大中小型公众公司，对挂牌公司实施差异化服务和监管，建立良好的激励约束机制。对于实施公开发行的挂牌公司，应当比照上市公司进行严格监管；对于股东人数较少的特定层次挂牌公司，可以豁免其一定的信息披露义务，减轻公司负担的同时节约监管资源。如股东人数降至一定标准（如200人）以下的，考虑其公众性不强，可以对其信

息披露不做过多强制性要求；若公司在过去一年或半年内未发生重大的需要披露的交易性信息或非交易性信息未发生实质变化，那么可豁免其披露对应期间的定期报告，监管者只在这类公司涉嫌欺诈时予以介入，将有限的监管资源用于更需要资本市场服务的中小微企业。

新三板引入双重股权架构的法律适用研究

叶　林*

摘　要：近年来，随着新经济业态的不断出现，为回应市场发展需求，许多国家和地区（以下简称司法区域）开始放松传统《公司法》上“一股一权”原则的禁锢，转向容忍或支持双重股权架构。所谓双重股权架构，其核心是指在普通股之外设置特别表决权股份，并赋予该股份大于普通股表决权的表决权利，或赋予特定股东与其经济利益不相称的其他管治权利。新三板作为资本市场服务创新型民营中小微企业融资的重要平台，如何回应海量市场的多元需求，可否以及如何引入双重股权架构，如何在鼓励市场创新与保护投资者利益之间寻求平衡等，需要深入研究。基于此，本文通过对双重股权架构的基础理论及域外实践经验进行了研究，并结合我国实际情况，探索新三板市场实行双重股权架构的配套方案。

关键词：双重股权架构　域外实践　立法经验　新三板创新

一、双重股权架构的基础理论

因与传统《公司法》“一股一权”原则相违背，双重股权架构从产生之日起就有诸多争议。支持的理论主要基于股东异质化，论证了对不同股东需求予以制度回应的正当性。此外，允许双重股权架构也有益于提高资本市场竞争力。反对的观点则认为该制度背离了“一股一权”，增加了代理成本，不利于

---

* 叶林，中国人民大学法学院教授、博士生导师。

非控制股东保护。

（一）支持双重股权架构的理论

1. 双重股权架构的事实基础：股东异质化现实

研究表明，股东在股东利益、股东目的、股东能力三个方面存在异质化的偏好。在此背景下，股东不仅对控制权利和经济权利表现出不同的偏好，而且即便是在偏好相同的情况下，偏好的具体表现也存在差异。如保守型股东倾向于股票分红，而投机型股东更倾向于获取股价波动的差价。[①] 因此，域外多数国家与地区创设了双重股权架构在内的其他股权结构形式。[②]

2. 回应股东异质化现实的正当性

首先，允许双重股权架构是尊重市场自治的必然需求。市场机制下，各交易主体会选择降低交易成本的股权架构，以满足交易各方的私人需求、增加交易各方的共同福利，立法不需过多干涉。[③] “一股一权”会将交易主体的意思空间压缩到最低程度，是一种家长式的强制理论。[④] 其次，公司创始人、管理层团队等对控制权的强烈需求，催生了双重股权架构。这一架构有助于保障创始人、管理层团队对公司的控制权，激励其向公司投入高度匹配的人力资本，依据其知识、眼光选择最有利于公司与股东的商业经营策略，保证公司经营的持续性，提高公司价值。最后，若不对股东异质化现实予以制度回应，其必然会选择其他替代措施得以对表决权进行差异化设计，这会提升交易成本与监管难度，对公众投资者更为不利。

3. 增强本国资本市场竞争力的考量

在全球资本市场法域竞争的背景下，允许双重股权架构可以增强本国资本市场的吸引力与竞争力。如果不回应股东异质化下的不同需求，特别是创始人团队对于控制权的需求，不仅会导致本国优质上市资源的流失，而且无法吸引

---

① 冯果．股东异质化视角下的双层股权结构［J］．政法论坛，2016（4）．

② 同注①。

③ Peter N. Flocos. Toward a Liability Rule Approach to the “One Share, One Vote” Controversy: An Epitaph For The SEC's Rule 19c－4?, 138 U. PA. L. REv. 1761, 1762 n. 5 (1990).

④ Timothy K. O'Neil, Rule 19c－4: The SEC Goes Too Far in Adopting a One Share, One Vote Rule, 83 Nw. U. L. Rev. 1057 (1988－1989).

外国优质公司来本国上市。[①]

（二）双重股权架构的理论障碍

1. 形式障碍

双重股权架构所面临的形式障碍主要是对"一股一权"规则的背离。"一股一权"规则是传统《公司法》上的一项默认规则，[②] 不过默认规则不等同于强制性规则。从域外司法区域的《公司法》实践来看，"一股一权"规则是否具有强制性的、完全的效力，究竟是任意性还是强制性规范，在不同的历史时期并不相同。我国法律是否将其作为一项强制性规则，在我国资本市场引入双重股权架构是否面临形式上的障碍，还需对我国的具体规范予以分析。

2. 实质障碍

双重股权架构所面临的实质障碍是代理成本的增加。一方面，特别表决权股股东的表决权和收益权不成比例，其无法获得自己努力所带来的等同于其表决权比例的利益份额，也无须按照其表决权比例承担可能造成的损失，这将无法促使特别表决权股股东作出对公司最优的决策。[③] 另一方面，双重股权架构极大降低了控制权市场对于控制权人的威慑，不利于遏制控制权人违反勤勉义务的行为。因此，机会主义者可以方便地借助各种手段侵蚀公司财产，从中谋取私人利益，这也是各个国家或地区引入该架构的主要忧虑。[④]

（三）应对双重股权架构实质障碍的特殊机制

在事前保护上，一般是设置适当的准入门槛，在特殊事项上恢复"一股一权"表决甚至引入分类表决机制；在事中保护上，强化信息披露机制和控股股东的信义义务，并辅之以第三方参与公司治理；在事后保护上，加强交易场所的监管职能，强化交易场所的自律监管职权，并发挥调解、仲裁、诉讼等事后救济制度作用。

---

① 创新型企业对于双重股权架构的需求尤为强烈，据统计，百度、阿里巴巴、新浪微博、京东、人人、优酷、兰亭集势、500 彩票与 58 同城等创新型公司在美国上市时均采用了双重股权架构条款。安邦坤．法域竞争理念下加权投票权股公司的上市资格问题研究——以"双重股权条款"为中心展开．郭锋主编．证券法律评论［M］．北京：中国法制出版社，2015；Hong Kong Stock Exchange, Weighted Voting Rights concept Paper 7 – 8 (August 2014) (hereinafter HKE Concept Paper).

② 如《德国股份公司法》第 53a 条：股东在同等条件下应受到平等对待。

③ Easterbrook F H, Fischel D R. Voting in Corporate Law［J］. The Journal of Law and Economics, 1983, 26 (2): 395 – 427.

④ 清澄君．同股不同权：香港还缺什么［Z］．比较公司治理，2018 – 02 – 24.

二、我国特别表决权股的立法实践

结合我国证券市场发展，有必要分析我国法律文件中是否存在引入双重股权架构的规范障碍，实践中是否存在引入该制度的现实需求。

（一）法律规范及政策文件研究

1.《公司法》相关规则研究

我国从《公司法》制定之初就存在设置双重股权架构的制度空间（1993年《公司法》第135条）。现行《公司法》第126条及第131条也予以认可。第126条规定："股份的发行，实行公平、公正的原则，同种类的每一股份应当具有同等权利"（第一款）；"同次发行的同种类股票，每股的发行条件和价格应当相同；任何单位或者个人所认购的股份，每股应当支付相同价额"（第二款）。第131条①则规定："国务院可以对公司发行本法规定以外的其他种类的股份，另行作出规定。"

对于前述条文，可从三个层次分析。第一，《公司法》第126条是关于股份发行原则的规定，学者多认为该条并非恪守"一股一权"，从文义解释来看，其仅要求同次发行的同种类的股份权利相同，通过反面解释，不同种类的股份可以享有不同的权利。② 并且，这种解释并不违反股份平等原则，因为股份平等只是指某种股份类别内部的股份平等，而非指不同类别股份之间的平等。③由此，《公司法》第126条就并非是对"一股一权"的固守，相反，其隐含着公司可发行不同种类股份的自由。④ 第二，《公司法》第131条支持了前述对第126条的理解，其更明确地表明《公司法》本身对设定类别股保持开放态度。不过，这种开放是有限度的开放：类别股的设置必须由国务院规定。第三，尽管《公司法》仅将设置类别股的权力授权给国务院，但这种限制也仅限制股份

---

① 该条在1993年《公司法》中已经有所体现，其第135条规定，国务院可以对公司发行本法规定的股票以外的其他种类的股票，另行作出规定。

② 任尔昕．关于我国设置公司种类股的思考［J］．中国法学，2010（6）；范健，王建文．公司法（第四版）［M］．北京：法律出版社，2015；史际春．企业和公司法（第四版）［M］．北京：中国人民大学出版社，2014；李建伟．公司法学（第四版）［M］．北京：中国人民大学出版社，2018．由此来看，"一股一权"与"同股同权"的含义并不相同。"一股一权"要求公司发行的所有股份权利相同，也就是公司只能发行一种股份，而"同股同权"只要求同种股份内部权利相同，并未对公司发行其他种类股份作出限制。

③ 叶林．公司法研究［M］．北京：中国人民大学出版社，2008．

④ 朱慈蕴，沈朝晖．类别股与中国公司法的演进［J］．中国社会科学，2013（9）．

发行阶段，其并未禁止股份发行后，股东内部对权利义务作出自由安排。可见，我国《公司法》存在引入双重股权架构的解释空间。对于《公司法》第103条第1款关于“股东出席股东大会会议，所持每一股份有一表决权。但是，公司持有的本公司股份没有表决权”的规定，应当合理限缩其含义，即该规定仅适用于“同次发行的同种类股票”，而不适用于不同种类的股票。从第126条、第131条的体系解释角度来看，第103条第1款不构成设置双重股权架构的实质障碍。

2. 政策文件研究

监管机关对“同股不同权”的支持态度可追溯至20世纪90年代。1992年国家体改委发布的《股份有限公司规范意见》中已出现“优先股”的表述。1993年《公司法》虽未出现“优先股”字眼，但其第135条将类别股的设置授权给国务院。[①] 1994年国家证券委与体改委联合发布的《到境外上市公司章程必备条款》第九章专门规定了类别股东表决的特别程序，但发行何种类型的类别股，需经国务院授权的公司审批部门批准。

2013年国务院发布《国务院关于开展优先股试点的指导意见》（国发〔2013〕46号），为优先股在我国的适用打开大门。2018年3月，《国务院办公厅转发证监会关于开展创新企业境内发行股票或存托凭证试点若干意见的通知》发布，依据该文件，通过发行CDR的方式，在一定程度上可清除同股不同权企业无法在境内发行股份的制度障碍。但该方式适用范围有限，仅适用于试点红筹企业，且至今尚无实务案例出现。同年9月，《关于推动创新创业高质量发展打造“双创”升级版的意见》发布，这是国务院首次明确支持“同股不同权”的公司治理结构。2019年1月31日，《科创板上市公司持续监管办法（试行）》等文件开始公开征求意见，开启了上交所引入同股不同权结构的探索。

（二）国内法律实践研究

我国自采取公司制之初，就并未受制于“一股一权”规则的要求。如境内上市公司中采用流通股与非流通股的股份分类，[②] 在外商投资上市公司中设置

---

① 1993年《公司法》第135条规定：“国务院可以对公司发行本法规定的股票以外的其他种类的股票，另行作出规定。”

② 流通股与非流通股的差异主要体现在：流通性不同；股东获得股份的代价不同（非流通股一般通过净资产折价的方式获得，而向社会公开发行的股份价格则常常数倍于非流通股）。

A 股、B 股、H 股。[①] 除此之外，为了绕开“一股一权”，通过采用结构化资管计划、股份代持、表决权或股份信托等做法，在实践中已产生事实上的类别股份。概括而言，我国《公司法》及相关实践并未固守“一股一权”，但对于特别表决权股的实际运用，停留在规章和个案层面上。随着我国金融市场的发展，投融资需求多元化趋势日趋明显，与其在规章和实务层面上逐一确认特别表决权股的合法性，不如在适当范围内引入类别股份制度，并就相关的权利义务安排作出明确规定。

三、双重股权架构域外实践的评述

许多国家和地区已采用双重股权架构，并形成带有本土化色彩的制度安排。我国在引入双重股权架构时，应当对其中有益的经验和做法予以借鉴。

（一）域外双重股权架构的立法情况

美国投资者保护制度比较完善，立法较为精细、诉讼制度较为发达，因此对双重股权架构的管制较为宽松，并允许交易所予以弹性监管。交易所目前仅对公司采用双重股权架构的时间予以限制，禁止公司在 IPO 后通过股权重组实现同股不同权。我国香港从保护外部投资者、平衡内外部股东利益的角度出发，前期对双重股权架构的限制较多[②]：公司应满足一系列定性和定量标准；特别表决权股股东应担任公司董事；特别表决权不得超过 10 倍；特殊事项恢复“一股一权”表决；设立公司治理委员会、基于特定事件的日落条款；特殊披露要求等。新加坡与中国香港类似，但有两点差别：一是允许团体成为特别表决权股股东，二是限制特别表决权股股东在公司上市后的一定时间内转让其股权。我国台湾地区于 2018 年 11 月 1 日实施新《公司法》，将原属闭锁型股份有限公司的特别股种类适用至全部股份有限公司，允许公司发行复数表决权特别股或对于特定事项具有否决权的特别股，但对于监察人选举等事项仍采用“一股一权”的表决机制。日本虽然严格执行“一股一权”，但通过建立股份单元制度，在事实上允许公司采用双重股权架构。东京交易所对采用该架构的

① 这些股份的差异主要体现在股票价格差异和盈余分配差异上。此外，官方发布的文件也认可了其为不同种类的股份，《到香港上市公司章程必备条款》第 6.1（7）（a）条即明确指出人民币股和外资股被视为不同类别股份。同时在特殊事项上设置了分类表决的机制。

② 2018 年 4 月 30 日，修改后的《主板上市规则》生效，香港交易所开始允许双重股权架构公司上市。

公司设置了诸多限制[①]：公司章程应当规定，当要约收购者持有的股份超过一定数量时，公司特别表决权股转化为普通股；基于特定事件的日落条款；应设置由外部董事组成委员会负责对关联交易等涉及利益冲突事项的许可；重大事项分类表决。

（二）域外立法实践的总结

域外双重股权架构的制度设计宽严有别，但均重视对非核心股东或投资者的保护，并据此加以限制。第一，类型限制。中国香港和新加坡只允许以类别股份为基础的双重股权结构，美国则允许多元化的设计，相应地，前者可称为双重股权架构，后者可称为差异化表决权结构。第二，准入限制。多数司法区域引入市值标准，中国香港等地还要求上市公司需为创新企业。第三，时点限制。美国、新加坡和中国香港只允许公司在 IPO 时采纳双重股权架构。第四，架构设计限制。有些司法区域限制特别表决权股与普通股表决权的比例（如不超过 10∶1），要求特别表决权股股东必须为董事会成员，限制普通股表决权的最低比例、规定特别表决权股股东拥有的经济利益最低比例，设定特殊事项以“一股一权”的比例表决等。第五，规定特别表决权股股东的持续责任，如采用日落条款和转让限制条款。第六，要求加强公司内部治理，如设立专门的管制委员会。第七，要求加强信息披露。

四、新三板采用双重股权架构的路径研究

双重股权架构存在多种模式，相对而言，以股份为基础的多重表决权股份设计是最典型、较为简单的模式，其股东的权利义务较为清晰，易于投资者识别，也便于外部监督。

（一）新三板引入双重股权架构的正当性

首先，《公司法》将决定公司可否发行类别股的权力授予国务院，但并未禁止股东内部自主安排相互的权利义务。因此对于挂牌公司采用双重股权架构，在公司章程中明确“经多数股东同意”即可实施，并对异议股东提供回购安排，就不属于发行类别股份，而属于现有股东同意的结果，未来股东加入公司，是对公司采用双重股权架构的同意。

---

① 林海，常铮．境外资本市场差异化表决权监管路径探究及启示［J］．证券法苑，2018（1）．

其次，新三板挂牌企业有对“差异化表决权”结构的现实需求。[①] 新三板部分挂牌企业已采取表决权委托、协议约定或者有限合伙间接控股等方式，维持创始人的控制权。双重股权架构相较于上述变通手段，因其清晰、明确、公开的制度安排，对投资者保护更为有利，成本更低，可从根本上满足企业需求。

最后，新三板挂牌企业引入双重股权架构的代理成本相对可控。在新三板挂牌企业中，董事、监事和高级管理人员主要由自然人股东兼任，非核心股东在受到压制或者侵害时，可以依据《公司法》第 20 条和第 151 条等规定提起诉讼，形成对核心股东的压力，从而适当降低监督和约束等代理成本。

（二）新三板引入双重股权架构的路径选择

第一，现行《公司法》下的引入路径。新三板引入双重股权架构并非创设类别股份，而是公司自治的产物，在公司多数股东同意的情况下，可以直接采用该架构。然而，公司在自行设置双重股权架构时，难免疏忽诸多技术细节，容易在实施中产生争议，建议新三板或证监会制定相关指引，填补公司自治的漏洞。

第二，政策指引下的引入路径。在国务院发文允许科技企业实行“同股不同权”治理结构的政策背景下，新三板可借鉴科创板相关路径，申请开展试点合作。一方面可以解决新三板引入该架构的合法性问题，避免法律解释上的争议，另一方面也通过提前设计双重股权架构的方案细节，从而控制和降低试点工作的风险。

第三，《公司法》和《证券法》修改下的引入路径。国务院制定类别股发行的相关规定，推动《公司法》和《证券法》的修改，夯实采用双重股权架构的实证法基础，消除前述两种方案带来的不确定性。

综合来看，第二种方案更为稳妥和现实。第一种方案初步消除了引入双重股权架构的合法性障碍，但在适当性上存在不足，在适用范围上受到较大限制。第三种方案虽在根本上消除了引入双重股权架构的合法性障碍，但耗时

---

① 如在全国股转系统官网信息披露界面以“表决权委托”为关键词进行检索，共可得到 22 份表决权委托的公告，这其中 19 份是出自维护创始人控制权的目的，其在披露文件中多表述为“该协议的签署有利于稳定公司现有的治理结构，避免股权分散可能导致的管理和控制风险，能够提高决策效率，确保公司持续稳定的发展。”此外，通过有限合伙或其他方式间接控股，或通过股东内部协议约定等方式实现掌握公司控制权目的的情形也不在少数。

较长。

五、新三板引入双重股权架构的建议方案

新三板在设计双重股权架构的规则时，应当遵循《公司法》保护股东利益和《证券法》保护投资者利益的宗旨，建议至少在如下方面作出具体设计和安排。

（一）双重股权架构的适用范围

第一，双重股权架构适用的行业类型。从域外看，美国未做行业限制，新加坡仅要求公司具有快速成长性，我国香港地区则将其限制在创新产业企业。不过，“创新产业”很难定义，且传统初创企业也有双重股权架构的现实需求。因此，建议新三板市场不必过分强调行业技术特性，在结合市场情况的基础上，参考香港交易所提出的市值及公司有可以客观衡量的高速发展历史、特殊表决权股东对公司有重大贡献等标准。

第二，双重股权架构适用的公司类型。对于拟挂牌公司来说，公司股东为了在新三板挂牌转让，通常能够商定采用双重股权架构；即使无法达成一致意见，拟挂牌公司仍可以采用通常的表决权配置模式申请挂牌。但对于已挂牌公司来说，若从“一股一权”转变为双重股权架构，其实质是公司表决权的重新配置。该等重新配置不得减损公司现有股东的表决权利益，应当以任意主义或者多数决定为原则，并对异议股东股份提供回购安排，以保护其利益。因此，拟挂牌和已挂牌公司均可采用双重股权架构，以提高公司表决权配置的灵活性。

（二）特别表决权的创设

第一，对特别表决权股股东的特殊要求。公司采纳双重股权架构主要是基于对特别表决权股股东在公司治理能力上的信任，因此，特别表决权股股东既可以是自然人，也可以是有限合伙或公司等。但是，若为合伙或者公司作为特别表决权股股东，应当保持其实际控制人不发生变化；特别表决权股的自然人股东或实际控制人应为完全民事行为能力人；特别表决权股的自然人股东或实际控制人应不存在违法犯罪等不宜掌握公司控制权的情况，建议借鉴公司董事的选任标准（《公司法》第146条）。与此同时，由于特别表决权股股东对公司的信义义务是降低双重股权架构负面效果的关键，因此，新三板可以通过制定新的规则，明确特别表决权股股东的特殊义务。

第二，不同种类表决权股份的比例限制。通过股份的比例限制以保持特别表决权股股东自身利益与公司利益保持一定的关联，抑制双重股权架构负面效应、保护其他投资者利益。(1) 特别表决权股与普通表决权股所享有表决权的比例限制为10倍。这样使特别表决权股股东至少要持有公司10%左右的股份才可以掌握公司超半数的表决权，因此不会过分扩大代理成本。如中国香港、新加坡等均为10倍，美国虽无此限制，但实践中也多为10倍。(2) 特别表决权股股东实际拥有已发行股本相关经济利益的最低比例限制，如中国香港将其限制为合计不少于10%。(3) 普通表决权股股东所享有的表决权最低比例限制，如中国香港限定为不低于10%。《公司法》第182条请求人民法院解散公司的股东需持有10%以上表决权股份。在普通表决权股股东合计持有表决权10%以上时，其持有的股份比例必然超过10%，此时，其具有请求召开临时股东大会等权利，① 具有在实质上抗衡特别表决权股股东、防止股东压迫的手段。

第三，特殊事项恢复“一股一权”表决。为了防止双重股权架构不适当地扩大代理成本，对股东权利有重大影响的事项，仍应恢复“一股一权”：(1) 修改公司章程；(2) 公司分立、解散或变更公司形式；(3) 委任或罢免专门委员会委员；(4) 委聘或辞退外部审计人员；(5) 章程规定的其他事项。此外，若修改公司章程中与不同类别投票权股份有关的内容，建议采用更严格的分类表决的机制。

(三) 股份比例的维持

为防止未经其他股东同意不当减损其利益，采用双重股权架构的公司发行股份或减少公司注册资本时，不得将特别表决权股股份比例增至超过最初采取该架构时该种类股份所占比例。第一，在股份发行时，若公司向特别表决权股股东增发新特别表决权股，除非现有股东一致同意，其必须同时向其他现有股东同比例增发普通表决权股，若现有股东未认购，则同比例减少特别表决权股的发行。第二，在公司减少注册资本时，若该减资将导致特别表决权股股份比例上升的，应按比例减少其表决权。第三，若总股份数不变，公司欲降低特别表决权股每股所附表决权的，需经股东大会按一股一表决权基准表决，并经出席会议的股东所持表决权的三分之二以上通过。

① 《公司法》第100条、第101条。

（四）日落条款的设置

第一，基于特定事件的日落条款。由于允许双重股权架构的最主要理由是对特别表决权股股东的信任，所以，如果采纳该架构时持有特别表决权股的股东或实际控制人已无一人持有特别表决权，则双重股权架构应终止。第二，基于特定期限的日落条款。研究表明，双重股权架构对年轻公司更为有利，随着公司成熟度越高，双重股权架构的正面效应越弱，负面效应越强。基于此，应要求公司对双重股权架构设置一定期限，期限届满则恢复“一股一权”。不过，附期限的日落条款可能会使采纳该强制条款的公司市场吸引力降低，对此可通过设置例外条款加以缓和。即期限届满时，若该公司特别表决权股股东能举证证明其仍符合采用双重股权架构的实质条件或经多数股东一致同意，则可继续维持双重股权架构。

（五）独立的第三方监督机构

对于公司在实际运行中是否满足双重股权架构的各项特殊要求，是否存在特别表决权股股东实施关联交易且对其他投资者不公平等情形，需有独立机构予以监督。我国香港地区对此专门设置了由独立非执行董事组成的企业委员会监督公司运行。[①] 新三板市场是否有必要设置值得进一步考虑，毕竟我国独立董事的独立性颇受质疑。在公司外部，中证中小投资者服务中心可以发挥的作用值得进一步挖掘，在公司日常运行中，其可监督公司运行是否合法合规；在发生特别表决权股股东侵害其他投资者合法利益的情形时，可考虑使中小投资者服务中心成为诉讼主体等。除此之外，建议建立健全的投资者投诉机制与之配套。

（六）信息披露的特殊要求

对于采用双重股权架构的公司，信息披露要求更严格。第一，公司应就对双重股权架构的法律安排、特殊法律风险等予以特别披露。第二，公司应就采用该架构的必要性予以特别披露。第三，公司应就持有或拟持有特别表决权的投资者身份予以披露，在通过有限合伙、信托、公司等其他形式间接控制的情形，应对实际控制人身份进行“穿透式”披露。第四，公司应就做具体交易决策时特别表决权股股东与公司之间可能存在的利益冲突予以披露，尤其是在涉及特别表决权股股东自我交易或关联交易等情形时。

---

① 《主板上市规则》第 8A. 30 条。

混合交易制度的境外实践及对新三板的启示

王今晨*

摘　要：有观点认为，新三板应借鉴境外市场混合交易制度的实践，通过实施混合交易机制来改善市场流动性。本文对交易机制于市场功能发挥的促进作用进行了进一步挖掘，着重梳理了交易机制的发展路径，总结了境外市场混合交易机制的实践经验，对不同模式的混合交易制度的适用范围进行归纳，并从国内市场宏观环境以及新三板自身发展规律出发，提出混合交易机制的实施建议。

关键词：混合交易机制　做市商　新三板

一、引言

全国股转系统目前盘中实施做市商与集合竞价两种交易制度，探求以交易机制革新继续推动深化新三板改革，着力优化市场制度供给，为挂牌公司提供差异化的交易机制安排，一直是我们关注的重点之一。

有观点认为，部分境外市场所采用的混合交易制度值得借鉴①。那么，混合交易制度是否真的适用于新三板市场？本文基于对境外市场混合交易机制发展路径、运行模式、实践经验的总结，并结合国内市场宏观环境以及新三板自身发展规律对此问题进行了深入分析。

---

* 王今晨，全国中小企业股份转让系统有限责任公司交易运行部高级经理。

① 金永军，扬迁，刘斌．做市商制度最新的演变趋势及启示［J］．证券市场导报，2010（10）．

二、混合交易机制的发展路径与模式

（一）单一证券交易机制及其类型

混合交易机制，顾名思义是对不同交易机制进行混合，汲取不同交易机制的特点形成新的交易机制。其混合的基础是单一证券交易机制。

区分单一交易机制类型的核心要素是价格形成机制，即通过何种方式对市场订单进行撮合，从而得到标的证券的价格。从目前世界各证券市场的实践经验来看，价格形成机制可以依据以下两种不同标准予以区分①。

一是依据证券交易在时间上是否连续，分为间断性交易机制和连续性交易机制。前者仅在固定的交易时点对买卖订单进行集中撮合，通常表现形式为集合竞价；后者在交易时段的任何时间点都可以进行成交撮合，投资者订单到价即撮合，表现形式有连续竞价、做市交易等。

二是依据交易中介的作用可将价格形成机制分为报价驱动和订单驱动两种形式。报价驱动市场通常也称为做市商市场，由做市商持续提供买卖双向报价，投资者可以按照做市商报价与做市商进行交易，投资者之间不能直接交易；订单驱动市场也称为竞价市场，价格形成依赖于对投资者持续订单流的排序撮合，投资者之间可以直接进行交易。

对价格形成机制的两个维度进行组合可以得到单一证券交易机制的分类矩阵（见表1），共衍生三类最基本的交易机制：做市商制度、集合竞价和连续竞价，非连续的报价驱动交易机制在实践中未出现过。

表1　单一证券交易机制的分类矩阵

时效性 / 交易中介	连续	间断
订单驱动	连续竞价市场	集合竞价市场
报价驱动	做市商市场 （竞争性做市商，专家）	╳

（二）混合交易制度的发展路径

在混合交易制度发展之前，世界各主要证券市场的交易制度主要由以下格

① 刘逖．市场微观结构与交易机制设计［M］．上海：上海人民出版社，2012.

局构成：英美市场以做市商制度为主，欧洲大陆市场与亚洲新兴市场则以竞价制度为主。

在单一证券交易机制发展的基础上，随着20世纪90年代电子信息技术的突破，技术革新推动了交易制度的改革，不同交易机制之间逐渐相互融合，形成了混合交易机制。在境外市场实践中，出现了两个层面的混合。一是在交易所层面，针对不同的标的证券、不同的市场板块或是不同的交易系统实施不同的交易制度，例如伦交所证券电子交易系统（Stock Exchange Electronic Trading Service，SETS）采取竞价交易，而证券交易自动报价系统（Stock Exchange Automated Quotations，SEAQ）采用传统的做市商制度①。二是在股票层面，针对同一只股票在执行竞价交易的同时有做市商持续提供报价，如纽交所、纳斯达克等。具体来说，在股票层面的混合交易制度，有两种演化路径，一是在竞争性做市商制度基础上引入竞价交易制度，二是在竞价制度中引入做市商等其他提供流动性的角色②。

在传统的竞争性做市商制度基础上引入竞价交易制度，主要是出于维护市场公平的考虑。由于流动性的提高，传统做市制度下投资者交易成本高等问题日益凸显。这一路径的典型代表是纳斯达克。为维护市场公平，纳斯达克于1997年实行新的委托处理规则（Order Handling Rules，OHR），实现了做市商订单与投资者订单共同竞争，确保每笔订单都能够以最优价格成交，开启了传统竞争性做市商制度向混合交易制度过渡的先河。

在竞价制度中引入做市商等其他提供流动性的角色，更多的是出于解决市场流动性不足的需要。由于做市商承担连续报价义务或是特定情形下的报价义务，在流动性不足时，做市商的报价可以为市场提供基础流动性和定价基准。如德交所在1998年设立指定保荐人，泛欧交易所在2001年设立流动性提供者。

此外，也有部分交易所在两种单一证券交易机制之间切换后，最终过渡到混合交易制度。如伦交所在1997年推出SETS系统，完全放弃传统做市商制度，为部分流动性好的股票提供竞价交易制度，但在2003年伦交所又对SETS系统进行调整，在竞价交易制度中引入做市商，最终转变为混合交易制度。

---

① London Stock Exchange. MIT201 – Guide to the Trading System. 新三板市场目前提供做市和集合竞价两种转让方式，也可理解为交易所层面的混合交易制度。

② 吴林祥. 我国证券市场引入做市商制度的思考［J］. 证券市场导报，2005（1）.

（三）混合交易制度的三种模式

结合前文所述混合交易制度的发展路径，各市场形成了各具特色的混合交易制度，不同模式的主要差别在于市场参与者是否在同一订单簿上参与竞争，以及做市商在交易过程中发挥不同的作用。我们将目前常见的混合交易制度总结为三种模式（见表2）。

第一种是市场主导型的单一订单簿上的混合。该模式是基于连续竞价机制，搭配以做市商或其他提供流动性的角色，不同参与者的订单全部汇集到同一个交易系统或相互联通的交易网络中，共同参与竞争的模式，以价格优先、时间优先的撮合原则进行匹配成交。这也是目前最主流的混合交易制度模式，被纽交所、纳斯达克、伦交所 SETS 系统、泛欧交易所、德交所、韩国科斯达克、上交所（期权）等市场广泛采用。

第二种也是在单一订单簿上混合，不同于第一种模式的是该模式以专家型做市商为主导，以多次集合竞价为基础，专家主要负责组织股票交易。以法兰克福交易所传统场交易（Frankfurt Floor）为代表，专家有极大的自主决策权，负责维护订单簿，同时有权决定集合竞价次数、单次集合竞价的撮合时间，同时对专家提出双向报价、回应询价、尽最大可能地避免订单部分成交等义务①。

第三种是在不同订单簿上的混合，集合竞价制度与做市商制度并行。以伦交所证券交易报价竞价交易系统（Stock Exchange Electronic Trading Service - quotes and crosses，SETSqx）为代表，该系统为部分流动性相对不够充裕的股票提供交易服务，采用传统的做市商制度场外交易与电子化的集合竞价场内交易并行的模式。做市商有持续报价并按报价成交的义务，其报价展示在交易所提供的行情信息中，并且做市商不需要介入集合竞价。集合竞价是由交易所提供的电子化集中交易系统承担，依照最大成交量原则对收到的申报进行每日5次集中撮合②。投资者可以选择电话委托等方式在场外与做市商达成交易，经做市商自有交易系统确认成交后，由做市商将成交结果上报交易所。此外投资者也可以选择通过证券经纪商提交申报，参与交易所系统的集中撮合。

---

① 陈晗．德国证券市场的交易运作机制及监管监察架构［N］．上海证券报，2018-04-16.

② Millennium Exchange & TRADEcho Business Parameters［EB/OL］．［2019-05-15］．https://www.londonstockexchange.com/products-and-services/trading-services/trading-services.htm.

表2　各市场/板块混合交易机制的混合模式

混合模式 市场	单一订单簿		不同订单簿
	连续竞价	集合竞价	
	做市商（流动性提供者）	专家	做市商（流动性提供者）
纽交所	√	√	
纳斯达克	√		
伦交所 SETS	√		
伦交所 SETSqx			√
泛欧交易所	√		
德国 Xetra	√		
德国 Frankfurt Floor		√	
韩国 KOSDAQ	√		
上交所（期权）	√		

三、各场混合交易机制实践经验

（一）基于连续竞价的混合交易制度是主流模式

从欧美主要市场以及部分新兴市场情况来看，这些市场盘中均采用连续竞价配套流动性提供者的混合交易制度，同时开收盘阶段采用集合竞价。该种混合交易制度具有以下两方面特点：一是价格发现速度快，价格有效性、成交及时性强；二是兼顾了抗操纵、平抑价格波动和降低交易成本等功能，规则相对简单，市场认同度较高，适用范围较广。

价格发现速度快，价格有效性、成交及时性强是基于连续交易的特点，投资者在正常交易时段内能够有随时买卖证券的机会，到价立即成交，市场信息能够第一时间反映到成交价格之中。对于非连续交易的集合竞价机制，市场信息则会经过一段时间的积累，集中反映在下一次撮合价格中，因此价格发现会有一段时间的滞后，会影响成交速度、价格有效性。

兼顾抗操纵、平抑价格波动等功能，核心是更小的价差波动，本质是由于做市商等流动性提供者持续提供买卖双向报价。无论是通过大单封涨停、频繁虚假申报营造亢奋的市场氛围，还是投资者参与积极性不足，市场订单深度严重不足，流动性提供者的订单都能够保证市场的基础流动性，保证市场订单及时得以执行，增加市场深度①，平抑价差波动，减缓过于亢奋或过于悲观的情绪蔓延。

（二）做市商或专家的场外市场功能对低流动性市场意义重大

目前采用混合交易制度的市场，除纽交所、纳斯达克等全市场采用统一交易制度外，还有一些市场以流动性等因素作为区分标准，为证券匹配不同的混合交易制度。通常对于高流动性证券，采用以连续竞价机制为主导的，配以做市商或其他提供流动性角色的交易制度，也就是前面提到的美国主要市场以及部分新兴市场所采用的模式。

而对于流动性相对较差的证券，则不再突出连续交易与价格竞争，而是更多依赖做市商在场外市场的报价功能和组织交易能力。以伦交所为例，不满足其连续竞价系统要求的股票，可能被调整至 SETSqx 系统中交易，投资者可以选择在场外通过做市商的自有交易系统成交，由做市商将成交结果上报交易所，或是直接提交申报参与交易所系统的集中撮合。在 SETSqx 系统服务的股票流动性相对不足，因此更加突出做市商场外组织交易的功能，投资者可以同做市商议价，成交方式更为灵活。德交所也有类似的交易制度安排，对于在 Frankfurt Floor 交易的股票，每只股票配有一个专家，集合竞价的撮合频次、撮合时间等关键的市场参数由专家决定，拥有自助决策权的同时，交易所要求专家履行更多义务，包括双向报价、回应询价、尽最大可能避免订单部分成交等，充分发挥做市商组织交易的职能。

（三）新兴市场多直接采用竞价交易制度，个别市场辅以流动性提供者，部分 ETF 品种有实施混合制度的先例

新兴市场由于起步晚，历史包袱轻，没有经历场外市场的发展阶段，更多的借助技术起点高等优势，直接构建电子化的集中交易系统，此类交易系统也更契合新兴市场个人投资者众多、单笔交易规模小等特点。同时，由于新兴市场组织形式简单，机构化程度不足，在交易机制设计上也相对简单，大多直接采用订单驱动的价格确定机制，即连续竞价配以特殊时段的集合竞价。

以亚太市场为例，日本柜台交易市场（Japan Association of Securities Dealers Automated Quotation，JASDAQ）发展经历了几个阶段，最初实施竞价交易制

① Angel J J, Harris L E, Spatt C S. Equity Trading in the 21st Century. The Quarterly Journal of Finance, 2011 (1): 1－53.

度，随后于1998年引入传统竞争性做市商制度，十年之后，又取消做市商制度回归连续竞价制度，并配备流动性提供者。最终，由于制度实施未取得预期效果，JASDAQ取消了流动性提供者，改为纯粹的竞价制度。韩国科斯达克市场（Korea Securities Dealers Association Quotation，KOSDAQ）采用连续竞价配以流动性提供者的模式，如果市场最优买卖价差超过2%，流动性提供者则按照与挂牌公司签订的协议履行提供流动性的义务。

混合交易制度在一些创新品种上也有所应用，例如ETF、期权等。由于ETF品种存在套利的天然属性，做市商不存在股票做市中的库存股管理压力，其价格更不容易被做市商操纵，并且ETF没有公开发行，上市之初持有者较少，更需要做市商参与活跃交易。港交所在ETF品种上采用混合交易制度，上交所在期权上引入混合交易制度。

（四）海外市场针对不同流动性股票差异化配置交易机制

欧洲市场大多采用按流动性区分交易制度的方案，包括伦交所、德交所、泛欧交易所等。它们根据股票的流动性，在盘中交易时段差异化配套交易制度，对于流动性较好的股票，其盘中交易机制与美国市场类似，采用基于连续竞价配以流动性提供者的混合交易制度。各市场对于流动性的区分标准有所不同，伦交所规定股票在SETS系统采取连续竞价期间，若流动性有50%以上依赖做市商提供，则有可能被调整至传统做市商制度与集合竞价制度并行的SETSqx系统进行交易；德交所规定近4个月成交额大于250万欧元且XLM[①]小于100个基点的股票可采用EXTRA系统提供的连续竞价交易制度，不达标的股票则进入Frankfurt Floor进行日内多次集合竞价；泛欧交易所规定每年交易超过2500笔的可以采取连续竞价，而不满足条件的则进行一天两次集合竞价。

（五）高流动性市场混合交易制度下做市商的作用逐渐弱化

在传统做市商制度下，做市商具有垄断地位，投资者只能与做市商成交，而做市商的双向报价又必然存在一定价差，因此在一定程度上保证了做市商的利润来源。在混合交易制度下，由于投资者的委托和做市商的报价在订单地位上相同，都遵循价格优先、时间优先的公平竞争原则，做市商丧失了原来在交

① XLM：Xetra Liquidity Measure，德交所衡量流动性的指标，表示股票价格的抗冲击能力。XLM通过模拟一笔25000欧元的订单进入订单簿，计算股票价格的变化幅度后取得，XLM数值越小表示股票抗冲击能力越强，流动性越好。

易过程中享有的特殊地位，但做市商依然需要履行诸多义务。在市场有利可图时，其他市场参与者完全可以让做市商“有名无实”——在不需要承担做市商义务的情况下，通过双边报价以极低的成本插队（优于做市商报价一个最小报价单位），抢走原本属于做市商的盈利机会，挤占做市商的生存空间，使混合交易制度下存在着“做市商困境”——混合交易制度中的做市商难以通过买卖价差平衡其承担的报价义务，交易所给予做市商的费用减免等激励机制金额有限，难以调动做市商的积极性。

同时随着信息技术的发展，一方面信息搜寻成本迅速下降，另一方面交易电子化的普及极大地提高了订单的传递效率，使信息能够越来越快地反映到价格上，导致做市商凭借专业机构的身份为市场提供锚定价格的能力受到挑战。事实上，高频交易商已经逐渐取代了原来传统做市商的地位。高频交易商通过算法模型对市场价格进行推演，在不同市场进行产品间的对冲操作，在极短时间内迅速调整报单策略，赚取买卖价差。同时，作为流动性提供者的高频交易商还可以获得交易所的费用返还。从市场参与者的表现来看，高盛将 65 亿美元收购的做市业务部门以 3000 万美元的低价出售，巴克莱也已退出纽交所交易大厅，而接手这些做市业务的公司均为高频交易公司。目前，纽交所的 5 家指定做市商均为高频交易商①。

四、启示与建议

从境外市场的交易机制设计经验来看，单一证券交易机制首先与市场流动性水平相匹配，再结合各市场对成交及时性、价格稳定性、投资者交易成本等不同方面的考量，最后在集合竞价、连续竞价、做市商制度中进行选择。订单驱动的竞价机制为投资者节省交易成本，其中集合竞价成交及时性差但价格稳定性更好，适用低流动性市场，而连续竞价则相反，更适合流动性较好的市场。报价驱动的做市商制度则在兼顾成交效率和价格稳定的同时，抬高了投资和交易成本。然而由于单一交易机制的适用范围均比较有限，但越发复杂的证券市场环境要求交易机制设计兼顾市场流动性与市场公平，随着技术手段的进步，混合交易机制应运而生。当流动性水平不足时，通过引入做市商等提供流动性的角色，为投资者提供更多的交易机会，以期改善市场流动性；在流动性

① 纽交所官网，https：//www. nyse. com/markets/nyse/membership，最后访问日期 2019 年 5 月 15 日。

相对充裕的情况下，通过竞价机制，强化订单地位的平等性，改善市场公平性。

未来考虑在新三板市场引入混合交易制度，应用于具备一定流动性基础的股票，既能够发挥竞价机制的价格发现作用，促进市场公平，又能发挥做市商提供流动性和稳定市场的功能。结合对混合交易制度演进和境外实践的研究，我们从新三板市场所处的国内市场大环境以及自身发展情况出发，提出如下建议。

（一）基于集合竞价的混合交易机制主要依赖做市商在场外市场组织交易，在我国较难复制

从境外市场的经验来看，基于集合竞价的混合交易机制应用在成熟市场，例如伦交所 SESTqx 系统、德国 Frankfurt Floor。究其缘由，一是市场在从场外市场向场内市场发展的过程中，已经形成了以专家或做市商为重要参与者的复杂、分散的市场结构，对专家或做市商场外市场的组织交易功能、维护订单簿保持市场平衡的决策能力形成路径依赖；二是在由单一交易机制向混合交易机制的演变中，要兼顾各方利益，因此做市商持续发挥作用。

我国证券市场自建立之初便跨过了场外市场的发展阶段。在规则层面，现行证券法律法规关于证券公开交易应在交易所等国务院批准的证券交易场所进行，且应当采用集中交易方式，场外交易明显与之相违背。做市商层面，目前新三板市场做市商主要职责是持续提供双向报价，但场外市场更多的是要求做市商在向市场揭示报价的基础上，接收投资者的询价并提供反馈，待成交确认后向交易所报送成交结果。这从根本上区别于新三板市场的做市模式，需要做市商重新构建报价、询价系统，同时也与国内股票市场投资者的交易习惯不符。从监管层面来看，做市商在场外发挥做市功能，实际上赋予了做市商较大的自由空间，做市商向交易所报送成交确认信息前的全部流程均可在交易所之外完成，可能引发做市商的道德风险，投资者利益难以得到有效保护，极大地增加监管成本。

因此，基于集合竞价的混合交易机制在我国市场较难复制。国内股票市场创立之初即采用集中连续交易，基于连续竞价的混合交易制度与现行法律法规之间不存在冲突，具备一定的市场基础。

（二）结合新三板市场现状，提供流动性的角色宜选择流动性提供者或做市商

在境外的混合交易机制实践中，有配备专家的模式，例如纽交所、德交所等。交易所赋予专家极大权力以发挥专家的专业能力，专家主导交易过程，深度参与到其做市股票的市场组织中。在实际运行中，专家承担组织开收盘正常进行、调节开收盘阶段的供需失衡、在极端市场下延迟开收盘等职责，同时负责维护订单簿，有权决定撮合次数、撮合时间。

但在国内的市场结构中，交易所是最核心的交易组织者，其他机构只是市场参与者，专家模式难有发挥空间。一是专家的专业性对承担专家职能的机构提出了极大挑战。目前国内市场的做市主体是证券公司，证券公司在组织交易方面仅仅发挥了交易商的功能，其业务开展主要依赖于持有牌照，模式是作为投资者委托的中介，主动组织交易的能力有限。二是国内股票市场创立之初即采用集中连续交易，没有提供培养做市商队伍的土壤，短时间内打造适应国内市场的专家型做市商队伍难度较大。三是交易所系统要向专家开放一定权限，甚至可以允许专家设定某些交易参数，这将使交易系统风险增加，监管难度也同步增大。

伦交所、纳斯达克等多数市场采用做市商或流动性提供者搭配连续竞价的模式。该模式市场组织形式可以设计得更为简单，也同样适合新兴市场个人投资者众多、单笔交易规模小等特点。从制度衔接角度来看，我国主板市场以及其他新兴市场自设立之初便采用盘中连续竞价机制，投资者已经熟悉该种交易方式，加入做市商的角色后，投资者没有感知，不增加投资者的学习成本。并且该模式目前在国内已有应用，上交所的50ETF期权产品上已实施多年，更适合国内的市场结构和投资者的交易习惯。因此，若在新三板市场引入混合交易制度，可以尝试选择基于连续竞价搭配做市商或流动性提供者的模式。

（三）针对不同层级股票差异化配套交易机制

建议维持原有的集合竞价、做市并行的交易方式；同时针对未来具备一定流动性基础的股票，允许其在现有交易制度下进一步发展延伸，实施基于连续竞价的混合交易机制。从其他市场的经验来看，主要是欧洲市场采用按流动性区分交易制度的方案，包括伦交所、德交所、泛欧交易所等。新三板的发展经验也表明，单一交易机制难以兼顾所有需求，要根据当期的市场环境、投资者结构等因素适时地选择交易机制。目前，创新层、基础层大多股票投资者参与

度低、股权集中度高、流动性基础薄弱，需要有做市商为其提供定价，并通过买卖双向报价激活市场。传统竞争性做市商制度一方面能够通过确保做市商在交易上的垄断权提高做市商参与的积极性，另一方面通过多个做市商间竞争缩小价差降低投资者交易成本，保护中小投资者利益。因此，传统做市商制度在新三板市场仍值得保留，并应通过做市商评价激励、库存股回购等机制鼓励发展。未来，以连续竞价为基础的混合交易机制可适配精选层股票，一方面是由于精选层将配套公开发行、投资者准入调整等政策，具备流动性基础改善的预期。另一方面，结合宏观市场下行压力来看，短时间内精选层股票在资者参与度、股权分散度等方面依然存在隐忧，流动性提供者或做市商仍将发挥作用，可以为投资者提供更多的交易机会。

（四）为保证混合交易制度实施效果，从多维度丰富制度供给

一是可适时考虑拓展提供流动性的机构类型范围，引入受“一行两会”监管的持牌金融机构，发挥市场机构的专业投研能力。二是针对流动性较好的股票，允许借券、卖空等业务情形，并尝试以库存股票冲抵保证金等方式适当为做市商提供资金杠杆，方便灵活调整头寸。三是尝试引入风险管理工具，开发股票配套衍生品，如开发指数期货（权）等，方便做市商利用衍生品进行套利对冲，提升风险管理水平。四是继续推动税费减免，平稳开展做市商激励并适时调整政策，帮助贡献流动性的做市商缩减成本，切实增强获得感。

市场实践

科创板注册制与美国注册制比较研究

——从产生背景与制度安排入手

李　超[*]　杨徽波[**]

摘　要：2019年3月，证监会、上交所发布科创板系列规则，标志着我国股票发行注册制改革终于迈出坚实的一步。提到注册制必言美国，不少人也将美国注册制作为比较与参考的对象。但是，无论从产生背景还是具体的制度安排来看，科创板注册制与美国制度都存在非常明显的差异，简单的对照只能产生误导。市场化是我国股票发行制度的改革方向，注册制是实现市场化的途径之一。全面研究分析两种注册制模式的异同，无须照搬盲从，在借鉴有益经验的基础上，立足我国证券市场实际，建立符合客观条件和市场结构的股票发行制度。

关键词：科创板　注册制　美国注册制　产生背景

2013年，党的十八届三中全会通过了《中共中央关于全面深化改革若干重大问题的决定》，明确指出："健全多层次资本市场体系，推进股票发行注册制改革，多渠道推动股权融资，发展并规范债券市场，提高直接融资比重"，这是注册制改革首次写入党中央文件。历经5年多准备，注册制终于在科创板落地，成为深化资本市场改革的重要举措。

---

* 李超，中国社会科学院研究生院法学系博士研究生，全国中小企业股份转让系统有限责任公司法律事务部高级经理。

** 杨徽波，全国中小企业股份转让系统有限责任公司法律事务部总监助理。

注册制这一概念源自美国，是一种以强制信息披露为核心的股票发行制度。一直以来，注册制作为高度市场化的发行制度，广受理论界和实务界的关注，并成为我国证券市场改革的方向，美国注册制也成为一个重要的选择路径。考虑到中美证券市场与监管在结构、历史、发展阶段等方面存在较多差异，在研究借鉴的过程中，需要关注差异，在坚持市场化方向的前提下，探索注册制的多种模式。正如学者所指出的，法律移植“所表达的基本意思是在鉴别、认同、调适、整合的基础上，引进、吸收、采纳、摄取、同化外国的法律，使之成为本国法律体系的有机组成部分，为本国所用”。[①] 因此，有必要对中美两国注册制进行比较研究。

一、注册制产生背景比较

（一）美国注册制的产生背景

美国注册制产生于联邦证券监管体系建立时期，是 1929 年经济危机的产物之一。“完整意义上的美国 IPO 注册制度是在其宪政分权的政治体制下形成的联邦披露监管与州实质审核并进互存的‘双重注册制’”。[②] 虽然后续州监管权力被削弱，在全国性市场上市股票的发行豁免州进行实质审查[③]。但不容忽视的是，在注册制确立时，“美国《1933 年证券法》是作为各州《证券法》的一个补充，在州的实质审核的基础上，联邦《证券法》才确立了披露监管的哲学”[④]。

1. 行业自律管理传统

美国证券市场历史悠久，在其发展、演进的过程中，行业协会等由市场参与者组成的团体组织积累了较强的博弈和管理力量。纽交所的历史可以追溯至 1792 年，在早期的证券监管中起到至关重要的作用。有学者研究认为：“联邦政府在 20 世纪 30 年代以前，除了对公债发行和国许银行的股票有所规定以外，

---

① 张文显．继承·移植·改革：法律发展的必由之路［J］．社会科学战线，1995（2）．

② 李燕，杨淦．美国法上的 IPO“注册制”：起源、构造与论争——兼论我国注册制改革的移植与创生［J］．比较法研究，2014（6）．

③ 《1996 年全国性证券市场促进法》［*The National Securities Market Improvement Act of* 1996（*NSMIA*）］规定在纽交所、美国证券交易所和纳斯达克市场等全国性交易场所上市的证券仅需联邦注册［Exclusive Federal registration of nationally traded securities. －A security is a covered security if such security is listed, or authorized for listing, on the New York Stock Exchange or the American Stock Exchange, or listed on the National Market System of the Nasdaq Stock Market（or any successor to such entities）］。

④ 沈朝晖．流行的误解：“注册制”与“核准制”辨析［J］．证券市场导报，2011（9）．

基本没有介入这一行业，但以纽约证券交易所为主导的行业自我管制，在这一历史时期美国证券业的发展过程中起了在其他行业部门十分少见的不可或缺的作用。”① “在促进公司充分披露信息的进程中，纽约证券交易所显然是当今最大的影响因素”。②

2. 州监管传统

在美国《1933 年证券法》确立股票发行注册制前，证券发行环节并非法外之地。与联邦、州二元政治体制相似，在证券监管中，各州的监管也扮演着重要角色，甚至早于联邦的干预。1911 年，堪萨斯州通过了旨在规制当时股票发行、销售中的各类问题的《蓝天法》，此后各州陆续通过相应法案，至 1933 年，除内华达州外，美国各州均通过了授权州政府进行证券监管的《蓝天法》，成为时至今日美国证券监管法律体系中不可或缺的一部分。目前，基本公认州监管机构对证券的发行进行实质审查，多数《蓝天法》“授权州政府通过其证券监管机构对证券在州内的发行或者销售进行审查和自主判断，只要发行人的财务状况出现问题，或者证券给投资者带来过度风险，或者证券达不到特定的收益率，证券监管机构就有权根据自由裁量阻止证券在该州内的发行和销售。”③

3. 1929 年危机后联邦证券监管体系的建立

1929 年经济危机和股市崩盘后，美国联邦政府对证券行业的发展与监管进行了反思，皮科拉听证会揭露了当时证券行业存在的严重问题，为联邦介入创造了条件。当时联邦立法者存在三种选择④：一是与州《蓝天法》类似的实质审核模式，二是借鉴英国《1929 年公司法》的强制信息披露模式，三是事后大力追责模式。但是一方面已有多年《蓝天法》的州监管实践，另一方面以会员制交易所为代表的行业组织、各州监管者和日益做大的华尔街投资银行等力量也不希望进行严格监管，因此，联邦政府在《1933 年证券法》中选择了相对中性的“信息披露”制度。正如一位学者的评述：“从历史渊源看，联邦证

① 韩铁. 1929 年股市大崩溃以前的美国证券管制［J］. 世界历史，2004（6）.

② 乔尔·赛利格曼. 华尔街变迁史——证券交易委员会及现代公司融资制度的演化进程（修订版）［M］. 田风辉，译. 北京：经济科学出版社，2004.

③ 颜晓闽. 美国证券法律史研究——以《1933 年证券法》证券发行强制信息披露制度的形成为中心［D］. 华东政法大学博士学位论文，2010.

④ 另外一种说法是两种，仅前两种。刘君. 美国证券公开发行如何做到“注册制”［N］. 中国证券报，2013－11－18.

券法选择信息披露监管，出发点是对各州‘实质审核’的补充。”① “联邦立法者不是在资本市场的白纸上从容设计，他们需要面对业已做大的利益集团、传统悠久的交易所的自律监管，根深蒂固的各州立法和监管机构。联邦《证券法》采纳温和的‘信息披露’监管，避免引起金融家的过激反应，免于冒犯各州自治的地盘。”②

从美国注册制产生的背景来看，注册制的选择有几个关键因素：一是交易所的上市审查。“美国证券市场中交易所对证券上市的审核远早于政府对证券市场的介入，在发行审核制度的形成初期，其借鉴了一些已有的上市审核规范，同时 SEC 也得以从实质审核的任务中适度解放，从而确立了相对宽松的审核标准”。③ 二是州监管机构的实质审核。联邦的介入更多的是由于 1929 年经济危机对股市的冲击和跨州发售股票监管的缺失，从性质上看，联邦的注册制是当时州审核的补充。因此，在建立注册制时，其目的就在于加强政府干预，而非放松管制，但考虑到已有的自律监管与州政府对证券发行、上市行为较为实质的审核，故选择了以强制信息披露为核心的注册登记机制。即便如此，制度确立之初仍有不少批评者认为，信息披露不能有效保护投资者的合法权益④。

（二）科创板注册制的产生背景

与美国不同，我国证券市场的发展与监管采取了顶层设计的路径。股票发行制度正是一个具体表现：从最早的指标制，到科创板注册制，体现了发行制度逐步向市场化过渡的趋势。

证券市场建立之初，我国股票的发行采取指标制，这与彼时证券市场建立时间短、各项制度均不成熟的客观条件密切相关。但这种安排明显沿袭了计划经济的思维，不利于证券市场的健康发展。1999 年《证券法》实施以来，股票发行制度变更为核准制，核准制“是为了适应证券市场发展不成熟、公司质量普遍不高、投资者识别能力和风险意识较差的现实，同时也就不得不承受注

---

① 王啸. 美国“注册制”的四大难题与中国资本市场改革的思考［J］. 证券市场导报，2014（1）.

② 同注①。

③ 李燕，杨淦. 美国法上的 IPO“注册制”：起源、构造与论争——兼论我国注册制改革的移植与创生［J］. 比较法研究，2014（6）.

④ 批评者指出，“需要投资指引的人，能从注册说明书中披露的资产负债表、合同或其他数据编报获得的安慰并不多。他们要么缺乏消化此等信息及发现其为有用信息的必要培训或智力，要么过于关注投机利润，乃至认为其毫不相干。”路易斯·罗思，乔尔·赛里格曼. 美国证券监管法基础［M］. 张路等译，北京：法律出版社，2008.

入审核效率低下、权力滥用、对不同所有制企业事实上差别对待、背离市场要求等指责”。[①]

核准制存在的问题主要表现在三方面：一是市场化不足，股票的供给并不是直接取决于市场的需求，行政干预控制了股票发行的节奏；二是监管机构代替投资者进行价值判断，既不利于合格投资者队伍的成长，也因“家长式”的保护而受到批评；三是发行审核中过度关注盈利能力和财务情况，个别公司财务造假，欺诈上市。

因此，一直以来，各方均建议改革股票发行制度，体现市场化原则，减少行政干预。2013 年，党的十八届三中全会通过了《中共中央关于全面深化改革若干重大问题的决定》，明确指出：“健全多层次资本市场体系，推进股票发行注册制改革，多渠道推动股权融资，发展并规范债券市场，提高直接融资比重”，注册制改革首次写入党的文件。2015 年，随着股市异常波动，注册制改革的步伐放缓。2018 年 11 月，习近平主席“将在上海证券交易所设立科创板并试点注册制”的讲话再次加快了注册制改革的速度。2019 年 3 月 1 日，证监会、上交所正式发布科创板相关规则，科创板发行、上市、交易等规则确定。可以说，科创板注册制是我国股票发行制度改革的有益探索，是放松管制、减少看得见的手干预市场的努力。

（三）产生背景的比较

从产生背景来看，我国目前的科创板注册制与美国注册制存在非常明显的差异。科创板注册制是基于我国现实情况的市场化改革，是从较多的行政干预中逐渐放松管制的有益尝试。而美国在注册制建立时已确立了多元的审核机制，其注册制的建立实际是加强监管的一种体现，是对州审核的补充。在借鉴美国经验的过程中需要特别关注，绝对不能机械对照。

二、注册制制度安排比较

从证监会和上交所发布的规则来看，科创板注册制结合我国实际情况和改革需求，既借鉴了美国以信息披露为中心，又借鉴了香港上市吸收发行的做法，在公开发行的信息披露、审查主体、审查内容、发行承销、中介责任和退

① 郭雳．比坚持更重要的是坚持什么——美国证券监管的二元实践与理念分歧［J］．金融法苑，2003（5）．

市安排等方面做了大量创新探索，为注册制的落地实施打下了坚实的制度基础。

（一）科创板注册制安排

从目前的规则中可以提炼出科创板发行注册安排的以下要点：

谁来审？交易所承担审核职责、证监会注册。《关于在上海证券交易所设立科创板并试点注册制的实施意见》规定由证监会负责科创板股票的发行注册，上交所负责科创板股票的发行上市审核。上交所设立上市委员会，对是否符合发行上市条件进行审核，并对是否符合发行注册条件进行预审核；预审核通过的，证监会在上交所预审核的基础上作出通过同意注册或者不予注册的决定。证监会审核主要关注交易所审核内容有无遗漏、程序是否符合规定，以及发行人在发行条件和信息披露要求的重大方面是否符合相关规定。因此，从程序上看，交易所既有上市审核权，又承担了一定的发行审核责任。

审什么？一是发行人是否符合发行上市条件，二是发行人的信息披露是否合规。在具体的发行条件中，通过以市值为中心的多重指标，取代了传统的盈利要求。科创板公开发行条件取消了《证券法》第13条关于“具有持续盈利能力，财务状况良好”的要求，取消了现行发行条件中关于盈利业绩、不存在未弥补亏损、无形资产占比限制等方面的要求，允许未盈利企业发行，努力将现行发行条件中可以由投资者判断的事项转化为更加严格、全面、深入、精准的信息披露要求制度体系。

怎么审？坚持以信息披露为核心。科创板规则进一步强化信息披露要求，发行人是信息披露第一责任人，应当保证信息披露的真实性、准确性和完整性（“老三性”），保荐人、证券服务机构对发行人的信息披露承担把关责任；交易所审核上市申请文件，从投资者立场出发，以充分性、一致性和可理解性（“新三性”）为抓手，在首轮问询中，遵循“全面问询、突出重点、合理怀疑、压实责任”的原则，对信息披露进行审核，督促发行人及其保荐人、证券服务机构真实、准确、完整地披露信息。同时，结合科创企业特点，规定其应当充分披露行业特点、业务模式、发展战略、科研水平、科研资金投入等情况。

怎么发？市场化发行承销安排。在科创板注册制中，明确新股发行价格、规模、节奏等坚持市场导向，主要通过市场化方式决定，同时强化市场有效约束，如建立以机构投资者为主的市场化询价、定价和配售机制，充分发挥机构投资者专业能力；鼓励战略投资者和发行人高管、核心员工参与新股发售；要求自然人投资者具有50万元证券资产，通过投资者适当性管理为市场化发行机制提供良好基础；进一步发挥券商在承销中的作用，实行保荐机构或其母公司的另类投资子公司"跟投"制度。

怎么管？严格责任追究，加强退市安排。一是强化中介责任，明确保荐人"看门人"职责，对发行上市申请文件进行全面核查验证，确保信息披露真实、准确、完整；证券服务机构对本专业相关事项履行特别注意义务，对其他业务事项履行普通注意义务。二是强化事前事中事后全过程监管，发行人存在重大违法违规嫌疑的，可以注册暂缓生效、暂停发行或撤销发行；以欺骗手段骗取发行注册的，依法从重处罚；已上市的可责令上市公司及其控股股东购回。三是严格退市制度，使退市常态化，科创板退市安排标准更严、程序更严、执行更严。

（二）科创板注册制与美国注册制的异同

从科创板的相关规则来看，似乎有不少相似之处，如证券监管部门实施注册、交易所进行上市审核、强化中介机构责任、严格退市制度等，但在具体制度安排和实施环境上更多的是差异。

1. 相同之处

科创板注册制与美国注册制最大的相同之处在于对信息披露理念的重视。美国《1933年证券法》确立了强制信息披露原则，1963年SEC评估认为"联邦证券立法的全部构造中枢，在于企业内容的公开。利用有关其即将投资或已投资证券的适当的财产状况资料或其他信息，使投资者能作出明智的投资判断，而且是防止诈欺的最好方法"①。科创板在我国现有的信息披露要求下，进一步强化，形成了以投资者为导向的具有充分性、一致性和可理解性信息披露制度。

2. 不同之处

从科创板制度安排来看，科创板注册制其实与美国注册制差别较大，事实

① Securities and Exchange Commission, Report of Special Study of Securities Markets. 张忠军．证券市场信息披露制度基本问题探讨［J］．中国人民大学学报，1996（1）．

上更类似于香港模式①。因此，在谈论经验借鉴或评论的过程中，必须关注二者的差异，而不应把不同之处生硬地直接比较。

注册审核的主体不同。科创板相关规则虽然规定由证监会负责科创板股票的发行注册，上交所负责科创板股票的发行上市审核。但上交所上市委员会不仅对是否符合发行上市条件进行审核，还要对是否符合发行注册条件进行预审核；预审核通过的，证监会在此基础上作出通过同意或者不予注册的决定。从首批证监会同意科创板注册企业历经各流程的时间来看，交易所在前期承担了主要的问询、审核职责。这与香港的发行制度较为相似。在香港，发行审核实行双重存档制，发行人向香港联交所提交申请文件，联交所将副本送交香港证监会。联交所承担主导审核责任，若证监会认为有关资料内容有虚假或误导性的信息，可以否决有关上市申请。美国制度需要联邦与州的双重注册，根据《1996 年全国性证券市场促进法》，在纽交所、美国证券交易所和纳斯达克市场等全国性交易场所上市的证券仅需联邦注册。交易所的介入在 SEC 注册审核的后期。SEC 承担着多轮问询的责任。

发行、上市的关系不同。科创板借鉴香港模式，以上市审核吸收发行审核，与美国的发行、上市分离不同。在上市吸收发行模式下，证监会审核主要关注交易所审核内容有无遗漏、程序是否符合规定，以及发行人在发行条件和信息披露要求的重大方面是否符合相关规定，能够在一定程度上减少行政干预，解放监管力量。在美国注册制下，发行与上市分离，SEC 管发行、交易所管上市，其渊源为“证券发行审核制度的形成是政府开始介入证券市场管理的过程，而证券的上市审核则是作为自律性组织的证券交易所自行制定而产生的”。② 这样安排的原因在于，发行审核注重充分的信息披露，对形式要件的要求较高，关注信息披露文件的格式、内容以及投资者的可理解性等；而上市审核中，由于存在交易所的品牌效应及后续投资者的交易，往往会有一些财务数据、股本规模等要求。由不同的主体审核实施，其权力与责任划分较为清晰。

---

① “在香港，股票发行和上市是一体的，即在香港发行股票必然在联交所上市。根据《证券及期货条例（2012）》及其配套规则的规定，所谓‘双重存档制’，是指发行人须在向联交所提交申请书的一个营业日内，将副本经由联交所送交香港证监会假如 SFC 认为有关的上市资料内所做的披露载有虚假或误导性的信息，则可以否决有关的上市申请。”对香港发行制度的介绍详见汤欣，魏俊．股票公开发行注册审核模式：比较与借鉴［J］．证券市场导报，2016（1）．

② 陈路．政府监管与市场自律的平衡——美国证券市场发行审核与上市审核分离体制简析［J］．深交所，2006（3）．

上市场所选择的时点不同。现阶段，注册制仅在科创板实施，注册企业的选择空间有限。在上市吸收发行审核后，注册公司应当回到原有进行审核的交易场所上市。后续，若注册制全面铺开，在先上市审核后注册的安排下，企业在申请上市注册前，即已选择上市地。交易所、中介机构对上市标的的竞争，事实上提前至申请前。因此，已进行规范信息披露的新三板挂牌公司可能成为各方争夺的优质标的。在美国分离机制下，发行人在基本完成注册时，会选择纽交所、纳斯达克和其他全国性的证券市场上市。实践中，一些满足了注册要求但是不符合纽交所、纳斯达克上市标准的证券，还可以到场外市场进行交易。正是由于“保持了发行审核与上市审核的分离和相对独立性，从而为形成一个竞争性、多层次的市场体系奠定了基础”①。虽然上市场所选择的时点不同，但都需要多层次资本市场发挥重要作用。

注册制运行环境不同。经过多年的发展，美国注册制具有较好的运行环境，包括完善的民事诉讼赔偿体系②、刑事责任追究机制③、大量的行政执法投入④、高额的举报奖励⑤等。这是长久以来逐渐建立与完善的证券监管配套制度，并非一日之功，也是我们不得不承认的差距。我国证券市场发展时间尚短，30 年的时间发展至现今的状态，已是不可多得的成就。但不能否认的是，现阶段，我国证券市场依然面临着各项制度安排不成熟、个别上市公司财务造假甚至欺诈发行、投资者风险承受能力差等问题。注册制探索的成功离不开相关配套机制和运行环境的改进和完善。

---

① 陈路．政府监管与市场自律的平衡——美国证券市场发行审核与上市审核分离体制简析［J］．深交所，2006（3）．

② 《1933 年证券法》第 11 条规定了非常详细的因虚假陈述所导致的民事责任，此外，美国发达的集团诉讼和代表诉讼制度分担了私人诉讼的成本，激发了投资者维权的热情。

③ 《1933 年证券法》第 20 条规定了刑事责任。

④ SEC 相关年度报告显示，2018 年 SEC 执法部门员工数量 1385 人，合规检查部门员工数量 1024 人，两个部门员工数量居 SEC 所有部门人数前两位。执法部门和合规检查部门投入分别约为 5.24 亿美元和 3.53 亿美元，同样居所有部门之首。Fiscal Year 2020 Congressional Budget Justification and Annual Performance Plan；Fiscal Year 2018 Annual Performance Report.

⑤ 2019 年 3 月 19 日，美国证券交易委员会（SEC）网站公布了一项有史以来最高的举报人奖，总额超过 8300 万美元。SEC Announces Its Largest - Ever Whistleblower Awards，https：//www. sec. gov/news/press - release/2018 - 44。2010 年生效的《多德—弗兰克法案》第 922 章节规定了对举报人的金钱奖励和保护，禁止对举报雇员进行报复。这就为举报不法行为提供了金钱奖励和安全保障。目前我国《证券期货违法违规行为举报工作暂行规定》对一般举报奖励 10 万元，特别重大的奖励 30 万元，不足以补偿举报者所承担的风险。

三、结论：求同存异，关注核心

从上述比较分析来看，无论是产生背景还是具体的制度安排，科创板注册制都与美国注册制存在着较为明显的差异。全球各国证券发行制度多种多样，注册制也有不同的模式和制度安排，美国注册制是最广为人知的，但并不是唯一的路径。其关键不在于审核主体、上市场所选择时点等具体制度安排，而在以信息披露为核心，市场化为原则。从我国证券市场的实际与实践出发，坚定不移稳步推进市场化改革，是发行制度改革的关键。虽然目前注册制的实现路径与美国存在一定差异，但核心是一致的，理念是相同的，其他不同之处可以在明确辨析相关安排实质的基础上或借鉴，或坚持。后续，可以在以下几个方面进行更为深入的研究探索。

一是发行与上市。发行与上市是两个不同的步骤或环节。证券发行是募集资金的方式，包括公开发行、非公开发行等，属于一级市场行为。上市是证券进入交易所或经过授权的交易场所，是一级发行市场通向二级交易市场的过程。在充分竞争的条件下，交易场所可以针对企业的信息披露和流动性需求设置不同的上市条件，以吸引企业到此上市。可以说，发行是每一个企业应当享有的融资权利，但上市却是要满足进入交易所条件的。涉及公众的发行，需要监管机构出于保护投资者的立场要求进行信息披露或审核；上市是商业的选择。相关过程涉及的权力性质是不同的。与美国注册发行与上市区分清晰不同，长期以来，我国对于发行与上市的区分并不明确，如此前有一种说法认为新三板是“准注册制”，其实不准确，通常认识上的注册制是发行制度中的一种安排，而新三板的挂牌属于“上市”的范畴。明确区分发行与上市有利于监管的分工与权力的平衡：在发行制度中，证券监管机构的行政监管占主导地位，而在上市制度中，交易所的自律监管承担起筛选作用；通过分工可以达到公平与效率、“看得见的手”与“看不见的手”、干预与市场的平衡。监管机构和交易所的权力、责任划分也能够清晰可见。

二是信息披露与实质审查。从美国筹备《1933 年证券法》的立法之初，信息披露与实质审核的论证就一直存在。曾经，注册制的确立也是建立在州实质审查的基础上。现阶段，SEC 虽然不进行实质审查，但实践中 SEC 对发行申请的反馈从两三轮至十几轮不等，问题最少几十个。竞争性的交易所上市准入门槛，也能够为投资者实质性地筛选出“好公司”。纵观美国发行制度演进的历史，充分的、实质的审查是客观存在的。科创板自诞生之日就肩负着“面向世界科技前沿、面向经济主战场、面向国家重大需求，主要服务于符合国家战略、突破关键核心技术、市场认可度高的科技创新企业”的历史使命，且在我国证券市场投资者结构[①]、其他配套运行制度尚不完全成熟的背景下，其发行上市准入需要非常慎重。关注企业实质的审查并非不好，也不是市场化的阻碍。此前，市场各方对核准制的诟病主要集中于对审核节奏的把控，不同企业的差别对待，以及对家长式的监管“父爱主义”的批评。进行必要的关注企业价值和成长性的审查，更符合证券市场的内在要求和我国国情、发展需要。而不透明的审查标准才是市场化最大的障碍。交易所和证监会可以通过指引、问答、审核标准和案例总结等方式，将发行上市审核条件予以细化明确并向市场公开，形成明确预期。

三是多层次资本市场体系的安排。证券发行是企业融资的渠道，无论大中型企业还是小微企业都存在资金的需求。但上市条件是固定的，如科创板的五套上市标准，且在特定门槛下，交易所能够承载的证券数量也是有限的。后续，若注册制得以推广，部分中小微企业无法满足交易所的上市条件，就需要有多层次的资本市场予以承接。如美国的纽交所、纳斯达克、粉单市场等通过设置差异化的条件，承接了不同层次企业的注册后交易需求。目前我国已建成由交易所、全国股转系统和区域股权市场共同构成的多层次市场体系。后续，同样作为全国性证券交易场所的新三板市场应当承担起部分难以满足交易所上市条件的中小微企业注册发行融资的需求。此外，如前所述，若按照现有的交易所主导的注册、审核机制，交易所、中介机构在上市标的的积累与竞争中，满足规范的公司治理要求、定期进行信息披露的新三板挂牌公司也属于重要的资源。

四是注册制运行环境的优化。近期，深大通暴力对抗执法的事件引发广泛关注，事实上不配合证监会稽查执法的情况并非个案，实践中一些涉案当事人消极对抗、规避调查等现象屡见不鲜，行政调查和执法权力有限、难度大。只有强大的执法保障，形成震慑，注册制才能够放开手脚，尽量减少事前干预。

---

① 虽然科创板设置了50万元的投资者门槛，在一定程度上体现了投资者适当性的要求，起到优化科创板投资者结构的作用。但是所谓“上有政策，下有对策”，一些垫资中介甚至公开叫价，进行垫资开户。近期券商对科创板开户进行从严把控，但在市场火爆的环境下，依然不能完全排除部分不满足适当性要求的投资者想尽办法开通交易权限的问题。

2019 年 4 月公开征求意见的《证券法（修订草案三次审议稿）》投资者保护章节增加了先行赔付和代表人诉讼，从《证券法》层面再次强调了对投资者的保护和违法行为的震慑。不过代表人诉讼等制度在具体落实过程中仍有不少问题需要解决。完善行政执法、民事责任与刑事责任追究体系，提高违法成本，优化运行环境，能够为注册制的顺利实施保驾护航。

新三板市场指数编制理论与实践

刘 忠[*] 胡安韬[**] 李 波[***]

摘 要：股票价格指数编制具有重要意义，能够表征市场总体股价趋势，反映典型公司特征，筛选优质企业，引导价值投资，同时基于股票价格指数开发金融创新产品，满足投资者差异化投资需求。小微市值指数与大市值指数在流动性、估值等方面存在差异性，而市场上的股票价格指数大多为大市值指数，因此，有必要对契合小微市值股票特征的指数编制方法进行深入研究。本文结合境外小微市值股票指数发展实践，立足新三板市场定位和挂牌公司特征，采用非活跃股票估值方法，并引入ESG因子，探索构建适用于新三板市场的指数编制方法，并提出丰富单市场指数体系和编制跨市场指数的建议。

关键词：小微市值股票 指数 流动性 非活跃券估值 ESG

一、证券指数作用及发展实践

（一）指数作用及意义

从全球范围看，编制股票价格指数是各资本市场通行的做法，具有重要意义，主要体现在以下三方面：股票价格指数在宏观层面是反映经济发展的“晴雨表”；在中观层面，能够表征股票市场整体运行状况和典型公司特征；在微

* 刘忠，上海华证指数信息服务公司总经理。
** 胡安韬，上海华证指数信息服务公司研发负责人。
*** 李波，上海华证指数信息服务公司资深研究员。

观层面，引导市场投资和金融产品创新。

一是经济发展的“晴雨表”。股票价格指数编制的最初目的是反映资本市场总体运行状况，进一步指数的运行轨迹能够代表企业、行业、宏观经济的发展状况，对整个经济发展状况具有引领作用，是国民经济的“晴雨表”。

二是反映资本市场整体运行状况。随着资本市场规模的扩大，通过编制股票价格指数，能够表征市场总体股价趋势、反映典型公司特征。根据价格指数选样标准和编制方法的不同，可编制表征市场整体情况的综合性指数和表征行业特征的行业指数。

三是引导市场投资和产品创新。股票价格指数筛选出市场优质企业，降低了投资者信息搜集成本，引导投资者进行价值投资；基于股票价格指数的创新，可开发指数产品及金融衍生品，满足投资者差异化投资需求，因此股票价格指数在一定程度上具有投资性和交易性，对提高市场流动性也具有重要意义。

（二）指数类别

按照加权方式分类，主要有市值加权和非市值加权指数。市值加权指数是以每只成分股的流通股数量乘以股票价格为基础确定权重的股票指数。市值加权指数以有效市场假说为理论基础，在市场有效性不断受到质疑的情况下，非市值加权方式得到发展，包括以公司基本面加权、等权重加权、波动率优化加权、最大分散化加权、最高风险收益加权、等风险贡献加权等。

按照选股规则可将指数分为综合指数、规模指数、行业指数、主题指数、策略指数五个类别。综合指数通常选择相关市场的绝大多数股票作为指数成分股，用来反映相关市场的总体价格变动情况；规模指数主要以市值规模作为选择成分股的标准；行业指数主要以一定的行业分类标准作为成分股选择标准；主题指数通过发现经济体的长期发展趋势和使这种发展趋势产生和持续的驱动因素，将能受惠的相关产业和上市公司纳入选股范围的指数，例如“一带一路”指数等；策略指数是一种根据投资策略选择指数样本，确定加权方法，并设定一定的调整规则的指数。

按照资产类别分类，指数包括股票指数、债券指数、商品指数、衍生品指数、多资产指数等。由于股票指数产生时间较早，指数化投资发展程度较高，通常市场主流指数均指股票指数。债券指数产生于20世纪70年代，国内使用较多的是中债债券指数系列和中证指数系列；商品指数是反映某一同质化、可交易的商品市场整体价格走势的指标体系，如黄金、白银、原油指数等；衍生品指数主要包括信用衍生品指数和波动率指数两类，分别以信用衍生品合约和市场波动率为标的构建的衡量信用市场状况和市场波动的指数；多资产指数是综合多种资产类别的指数，如标普道琼斯发布的目标日期策略指数系列。

（三）境外小市值股票指数发展实践

通过分析标普小市值600指数、道琼斯微市值系列指数、富时罗素小微系列指数、MSCI小微市值指数等编制方法，发现境外小微市值指数通常以表征性为主，突出小市值和微市值股票特征；在选样方法方面，运用指标较为灵活，涉及市值、流动性、财务等；样本数量确定方面，以固定样本数量为主；指数计算方面，均为自由流通市值加权。

标普小市值600指数属于跨市场指数，样本股为注册地在美国的普通股公司、发布10－K年度报告、固定资产和收入多数在美国、首次上市地为美国交易所，自由流通股本50%及以上，市值要求在4.5亿美元至21亿美元之间，最近4个季度净利润为正。样本数量方面，固定样本600只，选择流动性最好、二级市场最活跃的股票。

道琼斯微市值系列指数包括微市值全市场指数及精选微市值指数。选样方面，微市值全市场指数，将纽交所上市的股票按市值排序，划分十等分，第九分位数定义为微小市值，样本包括小于等于微小市值的所有公司；精选微市值指数，在全市场指数基础上，对规模、流动性和财务状况进一步筛选。样本数量方面，微市值全市场指数和精选微市值指数通常在1280只和240只左右。

富时罗素小微系列指数包括罗素2000指数、罗素小市值指数、罗素微市值指数及其衍生指数，分别约有2000只、2500只、1560只左右样本股。选样方面，将在美国交易所上市的市值在3000万美元以上的美国上市公司（不包括场外市场、粉单及FINRA ADF）按照总市值排序，罗素2000为第1001—3000家公司；罗素微市值指数为第2001—4000家公司。

MSCI美国市值系列指数包括可投资、微市值、低微市值三部分。选样方面，以在纽交所和纳斯达克上市的美国公司为样本空间，按照总市值排名，可投资部分为排名前2500家的公司，约占全市场总市值的98%；微市值部分是排名在2500家之后，市值在98%到99.5%之间的公司，合计市值占1.5%；低微市值部分是市值排名最末的0.5%公司。

（四）新三板市场指数编制情况

截至2019年4月底，新三板市场共发布10只股票价格指数。其中，三板成指、三板做市、创新成指与境外小市值指数的编制目的基本一致，以表征性为主，分别以三板股票、做市股票、创新层股票为样本空间，按照日均成交金额和日均总市值的综合排名，选出总市值覆盖85%的股票为样本股，分别表征市场整体、做市股票和创新层股票的价格走势。同时，为契合新三板服务创新型民营中小微企业的定位和挂牌公司行业特征，引导市场增加对创新驱动性强、产业附加值高的企业关注度，新三板分别于2019年1月推出三板龙头、三板制造、三板服务、三板医药4只指数，于2019年3月推出三板消费、三板研发、三板活跃3只指数，为引导市场投资奠定基础。

二、基于新三板特色的指数编制方法探索

（一）新三板市场特征

一是参与新三板市场的投资者以高净值个人和机构投资者为主，价值投资属性突出。区别于沪深交易所以中小投资者为主的结构，新三板市场实施严格的投资者适当性管理，市场以高净值个人和机构投资者为主。专业投资者注重价值投资，且投资金额较大，交易频率相对较低。截至2019年5月底，新三板市场机构投资者占比12.20%，个人投资者主要为500万元金融资产以上的合格投资者。

二是部分挂牌公司缺乏最新市场价格。新三板市场挂牌公司过万家，其中，小微企业占比68%，处于初创期的企业存在股权惜售的倾向，使二级市场交易活跃度较低，缺乏最新的股票价格。而且在初期的交易制度下，可能出现1分钱极端价格成交等现象。2018年，新三板实施了交易制度改革，将原协议转让方式优化调整为集合竞价转让方式，并增加盘后特定事项协议转让方式，丰富和规范了市场交易制度。目前，市场37.01%的挂牌公司暂未形成二级市场价格，股东人数低于5人的企业占比26.08%。

三是创新型企业占比高，研发能力强。新三板高技术服务业公司2491家，占比24.91%，高技术制造业1289家，占比12.89%。2018年挂牌公司平均研发强度为3.23%，同比提高0.09个百分点，较2018年全社会研发强度高1.05个百分点，其中，高技术服务业和高技术制造业研发强度分别为5.34%和6.62%。因此，新三板市场突出特点为创新强，这些企业也是推动经济发展的

重要力量。

四是挂牌公司治理水平差异较大。新三板市场中小微企业占比近94%，中小微企业与大型上市公司之间在公司治理水平、监管强度等方面存在一定差距，尤其部分企业处于发展初期，暂未关注环境治理、社会责任、公司治理等方面。

（二）指数编制方法探索

基于对指数编制中的核心要素分析，结合新三板市场特征，本文研究认为，新三板市场在编制投资型指数时应重点考虑流动性筛选方法的选用、估值方法的构建以及公司治理等因素。

1. 流动性筛选方法

方法一：采用月实际成交天数占当月总交易天数之比作为流动性衡量指标，以创新层挂牌公司在2018年4月至9月数据为样本，每月有成交的股票平均成交额在300万元到500万元之间，有效成交天数占比的平均值在0.36至0.46之间；每个月成交额大于100万元的企业数在150家到270家之间，有效成交天数占总交易日天数之比大于0.5的企业数在170家至350家之间，具体如表1所示。

表1　有成交股票的月成交金额和月实际成交天数占比

月份	成交额		成交天数占比	
	大于0.5只数	均值（万元）	大于100万元只数	均值
4月	323.31	259	0.46	336
5月	471.05	270	0.41	251
6月	395.63	239	0.39	238
7月	407.84	210	0.36	195
8月	444.19	194	0.36	178
9月	372.50	159	0.39	174

方法二：以成交额的连续性为流动性衡量指标，连续6个月成交额均在100万元以上的股票数量仅为52只，均在80万元以上的股票数量为61只，均在50万元以上的股票89只；或以成交天数的连续性为流动性衡量指标，连续6个月成交天数占比大于0.5的只有90只股票，总数仅占创新层股票总量的10%左右。

方法三：若采用“月交易天数占比”或“连续6个月成交金额”作为流动性衡量标准，股票数量有所增加，并且较为稳定。其中满足成交额大于100万元且成交天数占比大于0.5的股票数量为106只，随着成交额门槛的下降，股票数量逐渐增加至117只（见表2）。

表2 满足两类条件中一种的股票数量

		6个月成交天数占比	
		均大于0.8	均大于0.5
6个月成交额	均大于100万元	59	106
	均大于80万元	67	108
	均大于50万元	92	117

对比上述方案，在满足流动性要求的基础上，应充分考虑样本数量的充裕性和稳定性，因此对流动性的筛选采用方案三，即近6个月成交额均大于100万元且近6个月有效成交天数占比均大于0.5，符合条件的股票纳入备选样本。截至2018年6月底的备选样本有134只股票，截至9月底的备选样本有106只股票。

2. 非活跃股票估值

针对股权估值的模型主要有参考最近融资价格法、市场乘数法、行业指标法、现金流折现法、净资产法五种，其中，行业指标法的用途范围比较窄，仅在成熟的行业内差别较小的情况下可以使用，净资产法一般仅适用于重资产型的企业或者投资控股企业，适用范围也比较窄。因此，在深入分析新三板挂牌公司特征及总结行业先进经验的基础上，本文采用“参考最近融资价格法”和“市场乘数法”，综合使用“行业指标法”和“现金流折现法”作为估值后的校验方案，对非活跃股票进行估值，具体步骤如下：

首先，基本信息搜集整合阶段，收录挂牌公司的最近融资情况、行业可比公司情况、近期财务报表数据等信息，并依据其区间换手率和区间有效成交天数，判断是否需要对该公司使用估值技术。其次，对于需要使用估值技术的公司，采用与待估值公司所处行业的四级投资型行业分类挂牌公司作为可比公司集合，并引入专家分析等主观判断方法作为补充依据，在此基础上，分别计算各可比公司的EV/EBITDA、P/E、P/B等关键估值指标。再次，根据公司发展阶段和基本面情况、所处行业成熟程度等因素来判断筛选最优估值模型。最后，计算估值结果的 P/E、P/B、EV/EBITDA、EV/Sales 等指标，与同行业的指标进行比较，就估值结果进行合理性校验和检查。

此估值方法，具有两方面优势：一是兼顾专业性和易用性。估值方案中集成了成熟估值模型，综合考虑公司发展阶段、行业、财务信息等多维度信息，同时兼顾快速高效的估值操作。二是平衡精确度和平稳性。此估值方法最大限度利用可获得信息，提高估值精准度，通过合理技术避免股权估值的无效波动。

3. 引入 ESG 因子

指数编制中引入 ESG 因子在满足投资需求和引导公司可持续发展等方面具有重要意义：一是随着社会发展，投资者对上市挂牌公司的价值判断不仅仅局限于市值、经营收入和盈利能力等传统指标，其是否具备正向外部效应也是重要的投资依据。在全新投资理念的推动下，ESG 投资应运而生，ESG 包括环境（Environment）、社会（Society）、治理（Governance），自上而下分别对应面向环境的外部性、面向社会外部性以及公司治理的公共性①。二是 ESG 发展及 ESG 投资价值观，能够引导资金投向在环境、社会、公司治理方面表现出色的公司，有利于资本服务实体经济，降低公共成本；对公司而言，ESG 使其关注公司发展的正外部性，实现长远可持续发展；对投资者来说，使用 ESG 工具进行投资判断，能够识别上市公司 ESG 风险，根据自身的偏好进行资产配置，有效管控投资组合整体风险。

本文探索新三板市场 ESG 的适用性，选取员工增长率、资产质量、信息披露质量等 11 个指标构建评价体系。对创新层挂牌公司进行 ESG 评价发现：一是评级为 A 级及以上（ESG 表现较好）的挂牌公司 59 家，占比 6.41%，BBB 级（中位数）挂牌公司数量最多，有 773 家，占比 83.93%，B 级（存在一定风险）挂牌公司数量 86 家，占比 9.34%，C 级（存在严重 ESG 风险）的挂牌公司 3 家。二是整体而言，ESG 等级越高的公司，盈利能力越强，ROE 越高，A 级挂牌公司 ROE 为 3.67%，较 BBB 级挂牌公司高 0.49 个百分点，较 B 级挂

① 联合国提出的责任投资原则（PRI）框架中，将 ESG 定义为：E（环境）：与自然环境的质量和运作循环有关的因素，具体包括气候变化和碳排放，空气和水污染，生物多样性，能源利用，废物回收等；S（社会）：与人和社会的权利、福利和利益有关的因素，具体包括客户满意度，数据保护和隐私，性别平等，社区关系，人权和劳工标准等；G（公司治理）：与本公司和子公司治理有关的因素，具体包括董事会组成、监事会结构、贿赂和腐败、违规赔偿、政治性献金等。

牌公司高 3.92 个百分点，较 C 级挂牌公司高 3.45 个百分点。为规避尾部风险，指数构建过程中剔除 ESG 评级为 B 级和 C 级的挂牌公司。

表 3 新三板创新层股票 ESG 等级与盈利能力

ESG 等级	创新层公司数目（家）	比重（%）	ROE（%）
A 级	59	6.41	3.67
BBB 级	773	83.93	3.18
B 级	86	9.34	-0.25
C 级	3	0.33	0.22

三、新三板指数编制建议方案及测算

（一）新三板指数编制建议方案

本文以创新层挂牌公司为样本空间，结合上述方法，以流动性、ESG 因子为主要选股指标，采用非活跃券估值方法和流通市值加权方法，编制三类指数：一是参照传统核心指数方法的创新层 50 指数；二是在传统方法构建的创新层 50 指数基础上，引入 ESG 因子和非活跃券估值等方法编制的创新层优选 50 指数；三是加入创新因子，编制代表创新能力的创新层科创 50 指数。具体方案如表 4 所示。

表 4 指数编制方案简述

要素	创新层 50	创新层优选 50	创新层科创 50
样本空间	创新成指	创新层所有股票	创新层中，非金融行业的所有股票
流动性筛选	无	近 6 个月成交额均大于 100 万元或近 6 个月有效成交天数占比均大于 0.5	
选样方法	过去 6 个月日均总市值和日均成交金额综合排名前 50 位股票	1. 剔除无环境违法违规和重大经营事件；无大比例股权质押；无明显偿债风险的股票 2. 总市值和基本面价值（引入估值技术）按照 1∶1 进行加权，选择得分最高的 50 只股票	1. 剔除无环境违法违规和重大经营事件；无大比例股权质押；无明显偿债风险的股票 2. 在创新性因子得分前 50% 的股票中，总市值和基本面价值（引入估值技术）按照 1∶1 进行加权，选择得分最高的 50 只股票
加权方式	流通市值加权	流通市值加权	流通市值加权

（二）新三板指数方案测算

从样本分布、行业覆盖、流动性等方面，对创新层50、创新层优选50、创新层科创50指数进行对比分析：

样本分布方面，创新层50、创新层优选50、创新层科创50指数样本股中，做市样本股数量较多，分别有23只、37只、41只，占比分别为51.61%、64.21%和73.20%。

行业覆盖方面，引入ESG因子和创新因子后的创新层优选50、科创50指数中信息技术和医疗保健行业挂牌公司股票分别有22只和26只，均高于创新50指数。说明该编制方法能够有效地筛选出创新性突出的股票。具体见表5。

表5 指数行业分布

单位：家、%

行业	创新层50		创新层优选50		创新层科创50	
	数量	权重占比	数量	权重占比	数量	权重占比
可选消费	6	12.76	2	9.33	1	1.16
工业	10	9.38	12	10.98	13	14.98
金融	4	16.75	3	19.68	0	0.00
能源	2	1.68	1	0.54	1	1.00
主要消费	4	6.13	3	5.01	2	3.56
信息技术	10	20.80	16	22.46	17	25.62
医疗保健	9	24.23	6	22.78	9	42.99
原材料	5	8.28	7	9.22	7	10.69

流动性方面，以2018年7月至10月为样本区间，测算创新层50和创新层优选50指数的流动性，发现单只股票累计成交金额最低值分别为6.03万元和15.09万元，同时，优选50指数中连续成交的股票只数高于创新50指数。说明引入ESG因子后的优选50指数成交更活跃，在一定程度上反映出注重ESG治理的公司更契合市场的投资偏好。

表6 创新层50与优选50流动性对比

指标	创新层50	创新层优选50	创新层科创50
连续4个月成交额在100万元以上只数	18	26	22
连续4个月成交天数占总交易日50%以上只数	16	30	26
单只股票累计成交额最低值（万元）	6.03	15.09	15.09

四、建议

立足新三板市场服务创新型民营中小微企业的市场定位，结合挂牌公司发展特征，本文引入 ESG 和创新因子，并采用非活跃股票估值方法，构建了适用于新三板市场的指数编制方法，并编制了创新层优选 50 指数和创新层科创 50 指数，通过与传统方法编制的创新层 50 指数对比，发现优选 50 指数和科创 50 指数样本股中高科技行业占比及流动性均高于创新层 50 指数，说明挂牌公司环境治理、社会责任、公司治理及创新性会对投资者的投资决策产生影响。与主板市场比较，新三板市场指数在编制维度和数量上均较少，在指数的研究实践方面建议如下：

一是完善新三板单市场指数体系。新三板市场万家挂牌企业在业务模式、财务表现、发展阶段等方面形成了差异化特征，目前市场上的 10 只指数远不能充分表征挂牌公司的特色，在一定程度上增加了投资者的信息搜集成本，不利于引导市场投资。因此，新三板市场应在深入分析挂牌公司结构特征的基础上，构建行业、主题、策略等多维度指数，丰富指数体系。

二是探索编制跨市场指数。具体建议：其一，主板、创业板、科创板、新三板以服务不同规模、不同发展阶段的企业形成了多层次资本市场差异化服务，构建跨市场指数对于反映企业成长状况、满足投资者差异化需求具有积极作用。其二，在“3 + H”的实践基础上，编制新三板与港交所跨市场指数，对于跟踪两地挂牌公司发展、研究两市场风险收益特征和关联性也具有重要意义。

企业研究

家族企业、公众化与公司治理

——以深交所家族上市公司为例

曾　斌* 时　晋**

摘　要：本文通过问卷调查的方式，对深市家族上市公司的公众化与公司治理状况进行了实证分析。研究发现，融资需求是家族企业选择上市，走向公众化的最主要原因。家族企业上市后，控股权集中度较高，控股家族对企业仍具有较强的控制力。从公司治理的静态结构来看，多数上市家族企业引入了职业经理人，也有提升高级管理层职业化、专业化的意愿，但治理结构整体的“去家族化”仍是一个长期持续的过程。从公司治理的动态演进来看，家族企业治理中的一个典型特征是，家族对企业控制的代际传承，深刻影响着上市家族企业治理结构的变化。在研究深市家族企业治理特征的基础上，本文还对完善新三板挂牌公司的治理机制，提出引入“不遵守即应解释”原则为核心的建议。

关键词：家族企业　上市　公众化　公司治理

一、问题的提出、概念界定与研究方法

家族企业在世界范围内广泛存在，在中国经过 30 余年的改革开放，家族企业作为民营经济的主要构成部分，已成为中国经济发展的重要力量。在资本

* 曾斌，深圳证券交易所法律部高级经理，法学博士，经济学博士后；深圳证券交易所杨梦博士、林雨晨博士对本文也有贡献。

** 时晋，全国中小企业股份转让系统有限责任公司公司监管部总监助理，法学博士。

市场上，家族控股公司也占据了较大的比重，如果按照个人或家族（民营）控股公司的粗略统计，家族企业可以占到上市公司的半壁江山。家族企业进入资本市场的过程，也就是其不断公众化的过程。在这一过程中，家族企业公司治理机制的改变，无论是对于自身发展，还是对公众股东权益保护都具有重要意义。

学术界对于家族企业并无统一定义，一般认为所有权和经营权两权合一是家族企业的最主要特征。例如，家族企业的早期研究者将其定义为，企业创始者及其最亲密的家族成员一直掌握有大部分股权；家族成员与经理人维持紧密的私人关系，且保留高阶层管理的主要决策权，特别是在有关财务政策、资源分配和高管人员的选拔方面。① 也有学者在企业所有权或控制权属于某一个家庭之外，更强调这个家庭至少有一名以上的成员在实际经营管理这个企业，才是家族企业。更为晚近的研究则倾向于“传承”对于家族企业概念界定的重要性，指出向家族后代传承所有权与经营权，是家族企业区别于其他企业类型的独特之处。

本文以世界交易所联合会（WFE）家族企业调查问卷为基础，选取 2017 年之前上市且实际控制人为自然人或家族控股的 530 家深市上市公司作为调研对象。总共回收有效问卷 155 份（其中主板 14 份、中小板 84 份、创业板 57 份），未提交有效问卷的主要原因是很多公司认为自己不属于家族企业。本着主客观相一致的原则，本文的样本公司为上述 155 份问卷内容，同时也采用了这些公司公开披露的治理信息。

二、家族企业上市：何时、为何以及在何处走向公众化

在企业最初建立时，由于家族企业透明度较低，外部投资者一般并不愿投资家族企业；而家族成员担心外部投资会造成自身所有权稀释，也不愿接受外部投资，家族企业的早期资金来源比较集中单一。当企业成长到一定阶段时，来自创始人家族的资源投入不足以支撑企业的持续发展，企业因而进入公开市场募集资金，发行上市需要以稀释控制权为代价，导致股权结构逐步分散，家族企业也就呈现公众化或“去家族化”的趋势。首次公开发行股票并上市交易，是家族企业走向公众化的“惊险一跃”。当然，WFE 相关研究也表明，融资并非公司作出上市决定的唯一考量。我们认为这一结论同样适用于本次调研

① Chandler, Alfred Dupont. The visible hand: the managerial revolution in American business [M]. The Belknap Press of Harvard University Press, 1978.

的深市家族企业，除了通过直接融资拓宽融资渠道以外，提高知名度、运营决策透明化、成长预期等因素都会在一定程度上影响到这些企业的上市决策。

（一）上市时间

总体来看，深市家族企业上市时长不一，时间跨度较大，我们统计的155家上市公司，平均上市时长约为9年（见表1）。其中，主板家族企业平均上市时间最长①，中小板、创业板次之。上市时间最长的是主板的方大集团（000055），上市时间已有22年之久；上市时间最短的则分别为华凯创意（300592）、赛托生物（300583）和天铁股份（300587）三家企业，上市时间均不到1年。

表1　深市家族企业已上市的时间　　单位：年

类别	样本数量	最长	最短	平均值
中小板	84	13	2	8.4
创业板	56	8	0	3.9
主板	15	22	3	15.1
深市	155	22	0	9.1

从具体上市时点的选择来看，61.49%的家族企业都选择在公司经营需要更多资金维系时上市融资（见图1）。

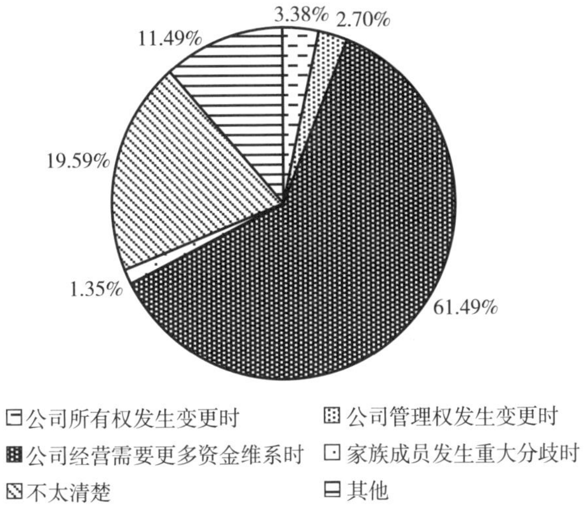

图1　家族企业在何时会选择上市

① 但是这一数据统计结果也与2000年10月起，深市主板暂停新股发行上市密切相关。

（二）上市原因

根据调查问卷的反馈情况来看（见图 2），家族企业选择上市最重要的三点原因：增强公司竞争优势（21.03%），增强公司与品牌知名度（20.27%），以及降低融资成本（16.94%）。除此之外，按照深市家族企业的选择，按照占比从高到低，影响其上市选择的原因还包括：将公司变得更为专业化（6.81%）、增强公司的信誉度（6.35%）、提升财务报告质量以及透明度（5.9%）、提升公司国际化速度（5.45%）、增强公司对非家族成员的吸引力（4.84%）、实现投资者多样化及增强对银行的话语权（4.54%）、与政府建立更好的关系（1.51%）、允许家族下一代的经营者实现其对公司的愿景（0.61%）、为对公司经营没有兴趣的家族成员提供退出方式，更清晰地将家族血缘和商业发展的脉络分离开来（0.45%），为非家族成员投资者提供退出方式（0.3%）等。由此可见，家族企业上市动因主要可以概括为资金、公司及人事三方面考量。

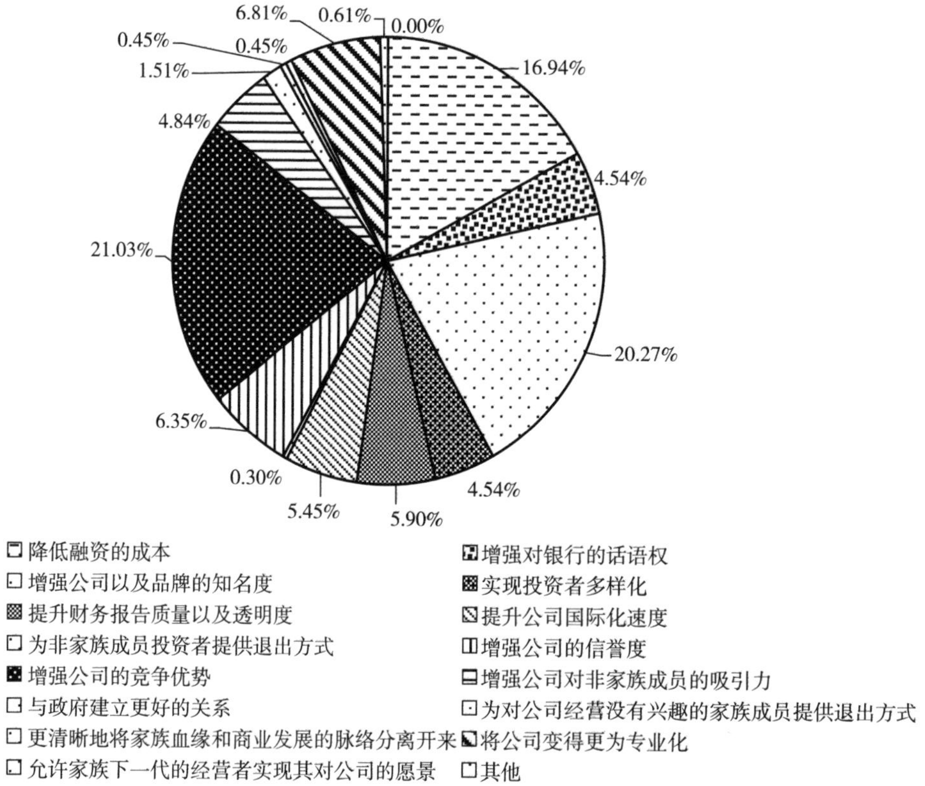

图 2　家族企业上市的最主要原因

从资金层面看，上市可以帮助家族企业获取长期、稳定的融资渠道，迅速筹集大量资金以解决资金瓶颈、满足融资需求，这是家族企业上市的最主要目的。而根据上市募资的用途来看，深市家族企业上市融资资金主要使用于对房地产、工厂或设备等有形资本的长期投资（见图3），这也证明了对长期资金的需求，是家族企业上市最重要的原因。

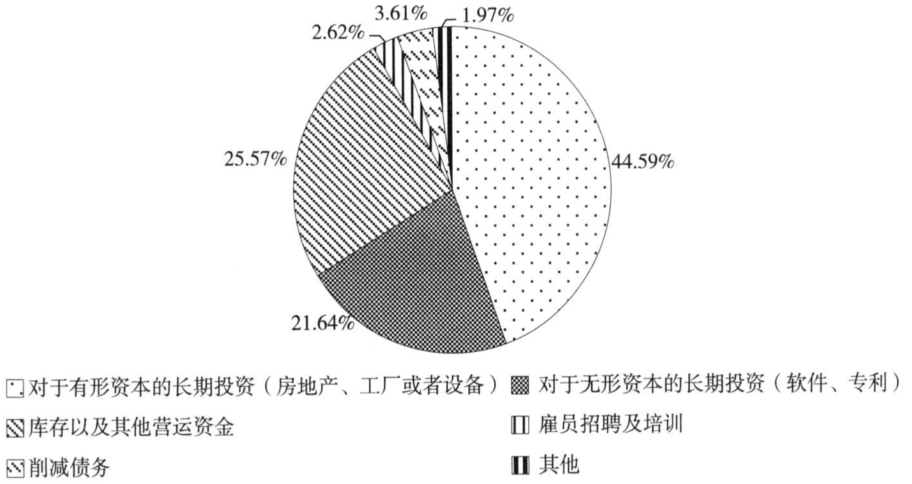

图3　深市家族企业上市融资资金的使用方向

从公司层面看，家族企业上市可以提高公司社会知名度，建立现代企业制度，提升规范经营水平与企业透明度，改善企业形象，从而提升企业品牌及竞争力，促进国际化发展。从人的层面看，家族企业上市可以增加对非家族成员的吸引力、实现投资者多样化，同时满足下一代经营者愿景，并为家族成员及非家族成员投资者提供退出方式。

（三）上市地点

根据调查问卷的反馈情况来看，约34.62%的深市家族企业认为，资本市场对家族企业的制度支持，是其主要考量因素（见图4）。

除此之外，上市地交易所是否存在双重股权安排，能够保障家族对企业的所有权，也是家族企业选择上市的重要考量因素之一（13.46%）。同时，有半数样本公司没有具体说明选择上市地的考量因素，这可能与我国资本市场不同层次和板块之间，在上市条件等方面制度安排差异较小，企业实际的可选择空间不大有关。

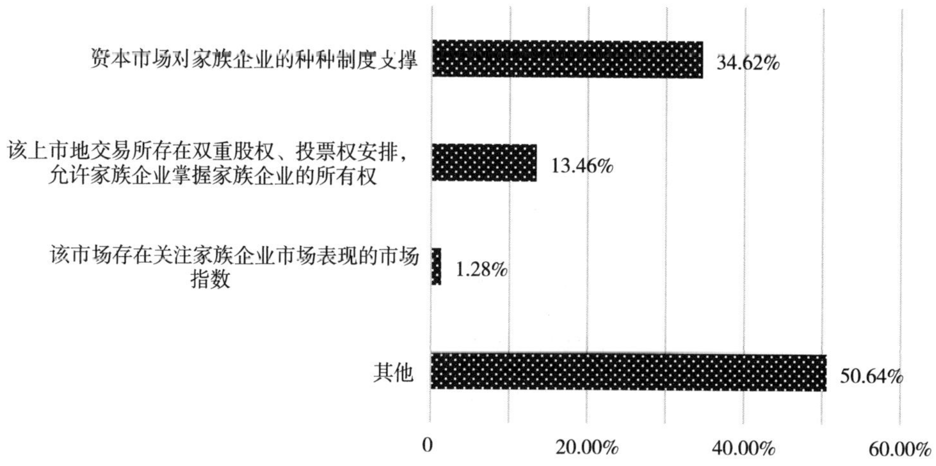

图 4　深市家族企业选择上市的考量因素

三、家族企业的公众化与公司治理

在家族企业的常见治理模式下，公司的所有权主要控制在由血缘、亲缘和姻缘为纽带组成的家族成员受众，而经营管理权由家族成员掌握，公司决策程序按家族程序进行。这种模式的特点是所有权的家族化、决策的家长化、激励的双重化、管理的亲人化、经营的非公开化和来自银行外部监督的弱化。中国民营企业家在经营活动中，大量利用了家族式组织和泛家族化管理。这种家族势力对企业的涉入，反映了在正式制度不完备的环境下，企业利用非正式制度进行治理。随着家族企业的公众化，特别是成为上市公司后，家族治理模式也在不断地变化，主要表现在股权结构分散，经营权和管理权分离，并且引入职业经理人。相应地，控制家族与中小股东之间，家族成员与职业经理人之间的双重委托—代理关系，也成为家族企业治理机制的经典问题之一。

（一）上市家族企业中的双重“委托—代理”问题

在家族企业研究中，实际控制家族如何影响上市公司行为一直是学术研究的热点问题。家族企业的特点决定了控股家族在家族企业的地位，它们掌握着公司决策的最高话语权。但传统的家族企业治理模式并不能完全替代科学的现代公司治理，主要表现在容易发生控制权争夺、任人唯亲和家族继承风险较大的三个方面。上市家族企业存在着控制家族与外部中小股东之间形成的第一重委托—代理关系，同时存在着家族控制人与经理人的第二重委托—代理关系，其中家族控制人与经理人之间的代理冲突通常更为显性。

第一重代理关系，即控制家族与中小股东间的代理关系，主要是上市家族企业控制结构造成企业控制权与现金流权的偏离。整个家族对上市公司的现金流权越低，它们就可以用越少的现金流来控制上市公司，控制家族就成为更多分散的公众中小股东的代理人，这样就会导致控制家族侵占外部中小股东的冲动更强。

第二重代理关系，即家族控制人与经理人的代理关系，主要是家族控制人的权威在提高代理效率的同时，也较易引发代理冲突。在家族企业中，企业所有者与经理人两者的行为都偏离了标准委托—代理理论，因此，标准的委托—代理理论不能很好地适用于家族企业。在家族企业中，控制家族拥有企业较多的所有权，企业的经营决策主要是由家族来决定，家族成员往往集战略决策者和主要经营者于一身。由此形成的家族权威，一方面有利于增强控制家族和经理人之间的凝聚力，使经理层信服于控制家族的经营决策，同时怯于其权威，减少经理人各种机会主义行为的产生，提高代理效率。另一方面，家族控制人为了维护自己的权威，很少接受经理层的意见，甚至发展为独裁，表面建立现代企业制度，实际仍然实施“人治”。尤其在亲缘被打破的情形下，容易造成公司核心管理权失控。因此，家族企业中的家族控制权威对代理关系的影响也不确定。

（二）静态视角：深市家族企业的治理结构

1. 股权结构与控制层级

在参与问卷调查的深市家族企业里，家族成员持股平均占比 43.82%，非家族成员占公司所有权的平均比重为 56.18%。这反映出：第一，如果将全部家族成员视为一个整体，意味着家族成员对公司极强的控制力，总体而言，家族企业的股权结构非常集中；第二，如果家族内部出现一定程度的股权分散，则可能出现部分家族成员与外部股东联合控制公司的情形。

大股东持股比例方面，深市家族企业第一大股东总的平均持股比例为 33.86%，各板块第一大股东持股比例平均分别为 36.36%、34.71% 和 31.99%，前三大股东持股比例平均分别为 48.16%、50.69% 和 51.35%，股权集中度均较高；共有 21 家公司的第一大股东持股比例不足 20%，占比 13.5%；三大板块中第一大股东持股最低的公司分别为方大集团的 8.7%、三全食品的 10.3% 和温氏股份的 4.15%，其中，方大集团实际控制人通过第一大股东、第二大股东合计持有上市公司约 15% 的股份，三全食品前三大股东为实际控制人陈氏父子，持股合计占比近 30%，温氏股份前十大股东中大部分为家族成员；

三大板块分别有3家、4家和4家公司前三大股东持股比例之和不足30%，除股权较为分散在各个家族成员手中的温氏股份和实际控制人持股合计较低的方大集团之外，还有中国中期、金马股份、恒宝股份等股权集中度较低。

控制层级方面，绝大多数深市家族企业的控制层级在3级以内（150家）；超过3级的公司有5家，分别为主板的大连友谊和阳光城，分别达到4级和6级，中小板的新宝股份、三花股份和协鑫集成，分别达到4级、6级和9级。

2. 董事会构成与股东大会

深市家族企业中实际控制人兼任董事长或总经理的情况较为普遍，只有约15%（18家）公司的实控人没有兼任董事长或总经理。董事会和独董人数方面，董事会人数以7到9人为最多（见表2），分别有43家、13家和75家，恒宝股份和温氏股份的董事会人数最多，有12人；独立董事人数则主要为3人，有少量公司为2人或4人，中小板的公司麦达数字则达6人（见表3）。

表2　深市家族企业董事会人数

	样本数量	5人	6人	7人	8人	9人	10人	11人	12人
主板	14	1	1	1	2	9	0	0	0
中小板	84	3	4	22	5	43	2	4	1
创业板	57	4	3	20	6	23	0	0	1
总计	155	8	8	43	13	75	2	4	2

注：数据截至2016年12月31日。

表3　深市家族企业独立董事人数

	样本数量	2人	3人	4人	6人
主板	14	1	13	0	0
中小板	84	5	73	5	1
创业板	57	5	50	2	0
总计	155	11	136	7	1

注：数据截至2016年12月31日。

股东会和董事会次数方面，近半的深市家族企业召开3次以内的股东大会，另有约三分之一召开4次到5次股东大会，仅有阳光城一家公司一年内召开了33次股东大会（见表4）。超过一半的公司召开的董事会次数在6次到10次之间，另有约三分之一召开的董事会次数在11次到15次之间，其中阳光城召开了39次董事会（见表5）。

表 4　深市家族企业股东大会召开次数

	样本数量	1 次到 3 次	4 次到 5 次	6 次到 10 次	10 次以上
主板	14	5	3	5	1
中小板	84	40	32	12	0
创业板	57	31	16	10	0
总计	155	76	51	27	1

注：数据截至 2016 年 12 月 31 日。

表 5　深市家族企业董事会召开次数

	样本数量	1 次到 5 次	6 次到 10 次	11 次到 15 次	15 次以上
主板	14	1	1	11	1
中小板	83	1	3	74	5
创业板	57	2	5	50	0
总计	154	4	9	135	6

注：数据截至 2016 年 12 月 31 日。

董事会专门委员会方面，绝大部分深市家族企业的专门委员会个数为 4，占比超过 90%，此外还有公司的个数为 2 个、3 个或 5 个（见表 6）。

表 6　深市家族企业董事会专门委员会个数

	样本数量	2 个	3 个	4 个	5 个
主板	14	1	1	11	1
中小板	84	1	3	74	5
创业板	57	2	5	50	0
总计	155	4	9	135	6

注：中小板有一家公司董事会专门委员会情况不详，数据截至 2016 年 12 月 31 日。

3. 引入职业经理人

家族企业在创立初期，运营规模较小，企业的经营管理任务比较单一，决策相对容易，因此对企业管理能力的要求也较低。随着企业规模逐渐地扩大、业务增多，管理的层次幅度及复杂程度也相应增加，家族成员的经验主义决策已经不能满足管理的需求，管理层的专业知识与管理技能变得越来越重要，企业发展对专业化人才的需求急剧上升。为了争夺更有价值的市场，企业开始在内部建立有效机构提升效率，不仅需要家族成员提高自身知识水平，引进外部职业经理人不可避免。企业的传承越久，企业家越倾向采取两权分离的非家族化治理。尤其是家族企业为满足上市资格，经过了一系列公司治理和内部管理机制的完善，逐步由原来的家族式企业转化为公众公司，由家族式管理发展为现代企业化管理。

在深市家族企业中，非家族成员在董事会占比的平均值达到了 73.88%，而家族成员在家族企业董事会占比只有 26.12%。如果我们再用家族企业高级管理层中非家族成员的比例衡量“去家族化”水平，可以发现深市家族企业中，非家族成员在管理层占比的平均值达到了 68.91%，而家族成员占比只有 31.09%，说明大部分家族企业比较倾向于聘请职业经理人，“去家族化”水平较高。这也符合此前关于家族企业“去家族化”与公司价值间关系的实证研究导向，即“去家族化”水平越高，家族企业公司价值越大、经营业绩也越好。这主要被认为由于“去家族化”降低关联交易及掏空等违规行为的收益超过了高管薪酬及管理费用增加的成本，因而总体上提升了公司价值。

更深入地看，在具体职位方面，在深市家族企业中，家族成员在其家族企业的高级管理层里担任首席执行官（CEO）的占比最多，达到了 56.38%，占比最少的是首席技术官（COO），只有 3.72%。而其他所有的高级管理人员，家族成员都不超过 20%（见图 5）。另外，非家族成员在家族企业担任首席执行官（CEO）等核心人员职位的占比为 64.20%，远远超过了家族成员人数在核心职位的占比（35.80%）。

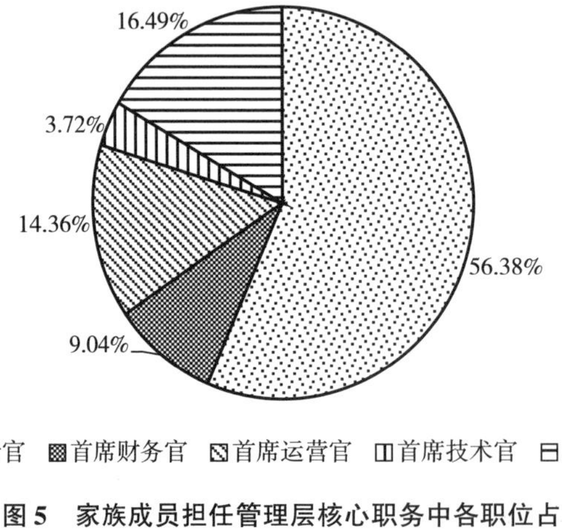

图 5　家族成员担任管理层核心职务中各职位占比

针对高级管理人员的资质条件，约 67.81% 的深市家族企业认为，家族成员与非家族成员担任家族企业高管的条件要求是一致的，20.55% 的公司表示应当对家族成员担任高管提出更严苛的要求，仅有 11.64% 的公司表示家族成员相对于非家族成员的要求更加宽松。

具体而言，家族成员担任公司高管的资质主要注重家族企业内部的工作经验（34.10%）、管理相关领域的大学学位（24.93%）、其他公司的工作经验（21.78%）以及家族企业主营业务相关的大学学位（11.17%）（见图6）。

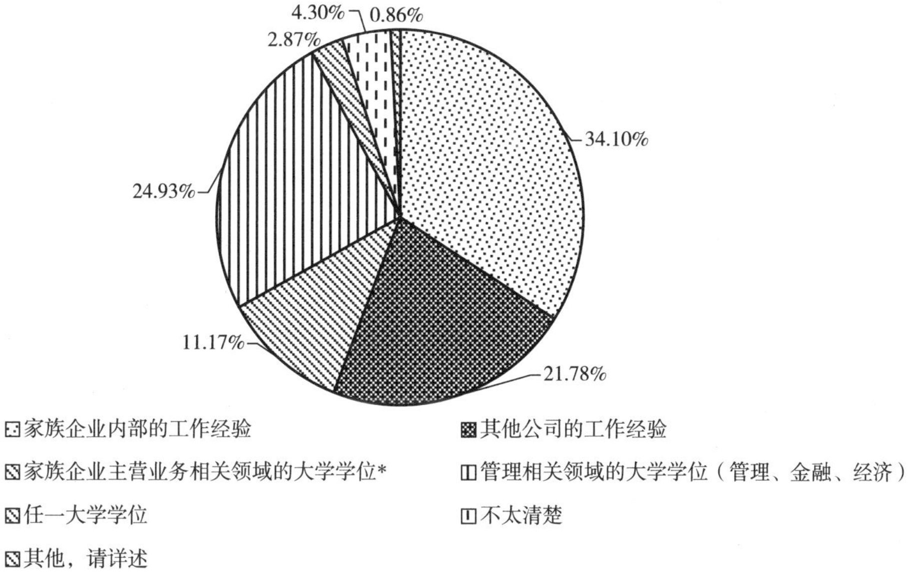

图6 家族成员担任公司高级管理人员需要何种资质

对于在相同资质下，是否更倾向于任用家族成员，则仅有20.65%的深市家族企业表示同意。但同时也有60.65%的公司对此不予表态（见图7），这可能反映了家族企业对待职业经理人的微妙心态。

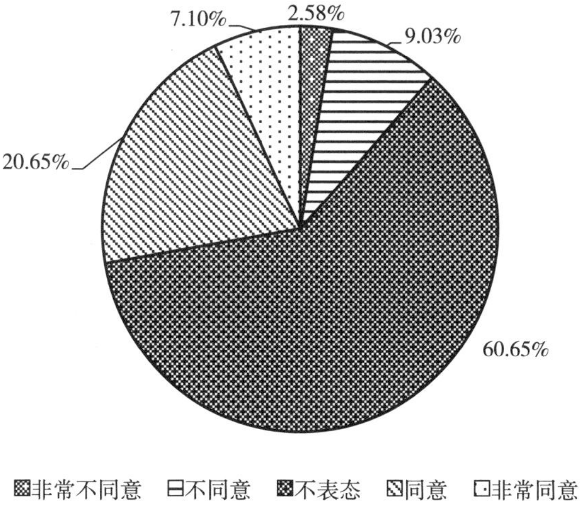

图7 资质条件相同时公司更偏向雇佣家族成员

（三）动态视角：代际传承对上市家族企业治理的影响

代际传承是家族企业面临的“终极问题”，传承是以继承人进入家族企业为开始点，以老掌门人完全退出企业，继承人接掌企业大权为终点。这个过程既是企业控制权和经营权的转移过程，也是企业家财富、声望和社会地位的传递过程。代际传承深刻地塑造着上市家族企业的治理结构。家族成员内部的组合本身就是家族治理安排的重要内容之一，不同的家族成员组合模式将对家族企业治理效率产生不同程度的影响。实证研究表明，不同家族成员组合内部，其冲突与代理问题是存在差异的，核心家庭成员内部的冲突与代理问题最低，这种组合能够创造最优的治理效率；远亲家族成员内部与复合家族成员内部存在显著的矛盾与代理问题，这种组合明显不利于提高公司治理效率。家族成员为了其自身的家族财富最大化能够凝聚在一起，采取一致性的监督管理者或侵占其他非家族股东利益的行为。但家族成员的一致性行为主要体现在核心家族成员内部以及以核心家庭成员为主的复合家族成员组合中，而远亲家族成员很难采取一致性的决策行为。

基于此，我们在研究过程中围绕核心家庭成员主导型的模式，对深市家族企业的人员及持股比例进行研究。结果显示，在深市已上市的家族企业中，目前仍以创始人所有权为主（见表7），甚至有近四成的企业目前仅有创始人拥有所有权，第二代或第三代尚未加入（见表8），创始人以及第二代成员占所有权的比重最大，分别为65.74%和30.56%（见图8）。

表7　创始人及后代所有权的人数

创始人后代所有权	创始人	创始人第二代家族成员*	创始人第三代或者后续代际的家族成员**	不太清楚
中小板	78	39	2	4
创业板	55	23	1	0
主板	11	5	0	1
深市	144	67	3	5

表8　创始人后代所有权中只有创始人与创始人第二代或第三代的比较

创始人后代所有权	只有创始人	只有创始人第二代或者第三代成员	只有创始人	只有创始人第二代或者第三代成员
中小板	38	5	17.35%	2.28%

续表

创始人后代所有权	只有创始人	只有创始人第二代或者第三代成员	只有创始人	只有创始人第二代或者第三代成员
创业板	32	2	14.61%	0.91%
主板	9	2	4.11%	0.91%
深市	79	9	36.07%	4.11%

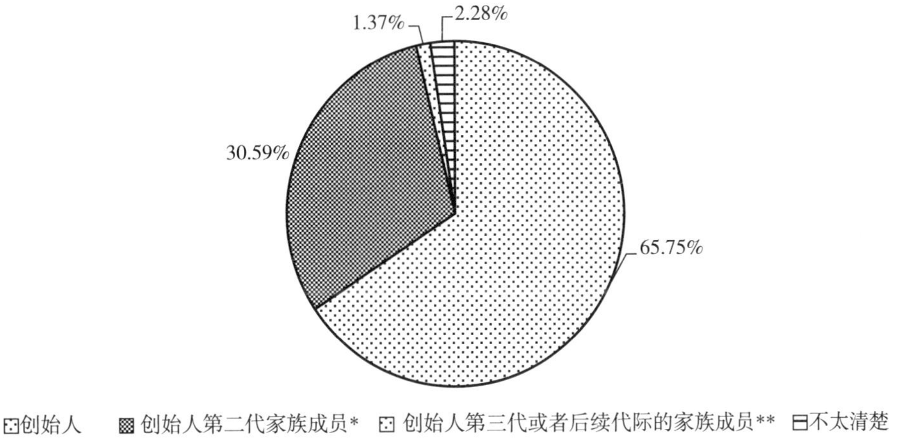

图 8　创始人及后代所有权平均值占比

在深市家族企业中，第一代家族成员在董事会占比最高，达到了 60.38%，第二代家族成员与第三代家族在董事会中的占比分别为 37.26% 和 2.36%（见表 9）。其中，有 32.08% 的家族企业只有创始人在董事会拥有席位，反映了第一代家族成员在家族企业里面的核心地位。同时，有 10.38% 的家族企业只有第二代家族成员拥有董事会席位，已完成了交接（见表 10）。

表 9　董事会席位的家族成员代际类别一

家族代际董事会（所有设立董事会的已上市家族企业）	创始人	创始人第二代家族成员*	创始人第三代或者后续代际的家族成员**	样本的总量	第一代家族成员的占比	第二代家族成员的占比	第三代家族成员的占比
中小板	65	51	3	119	54.62%	42.86%	2.52%
创业板	53	22	1	76	69.74%	28.95%	1.32%
主板	10	6	1	17	58.82%	35.29%	5.88%
深市	128	79	5	212	60.38%	37.26%	2.36%

表 10　董事会席位的家族成员代际类别二

家族代际董事会（所有设立董事会的已上市家族企业）	董事会中只有第一代家族成员*（数量）	董事会中只有第二代家族成员**（数量）	样本的总量	只有第一代家族成员的比例	只有第二代家族成员的比例
中小板	27	16	119	22.69%	13.45%
创业板	34	3	76	44.74%	3.95%
主板	7	3	17	41.18%	17.65%
深市	68	22	212	32.08%	10.38%

在深市家族企业中，在管理层中占比最高的是第一代家族成员，拥有56.99%，第二代家族成员与第三代家族成员在管理层中的占比分别为40.32%和2.69%（见表11）。同时，有32.61%的家族企业只有第二代家族成员参与了家族企业的管理，在管理上进行了交接（见表12）。

表 11　管理团队席位的家族成员代际类别一

家族代际管理层（所有设立管理层的已上市家族企业）	创始人	创始人第二代家族成员*	创始人第三代或者后续代际的家族成员**	样本的总量	第一代家族成员的占比	第二代家族成员的占比	第三代家族成员的占比
中小板	51	44	4	99	51.52%	44.44%	4.04%
创业板	47	26	0	73	64.38%	35.62%	0.00%
主板	8	5	1	14	57.14%	35.71%	7.14%
深市	106	75	5	186	56.99%	40.32%	2.69%

表 12　管理团队席位的家族成员代际类别二

家族代际管理层（所有设立董事会的已上市家族企业）	管理层中只有第一代家族成员*（数量）	管理层中只有第二代家族成员**（数量）	样本的总量	只有第一代家族成员的比例	只有第二代家族成员的比例
中小板	26	19	45	57.78%	42.22%
创业板	29	7	36	80.56%	19.44%
主板	7	4	11	63.64%	36.36%
深市	62	30	92	67.39%	32.61%

对于“家族成员后代应当参与家族企业的运营管理”这一说法，有57.38%的深市家族企业对此不表态，另外还有22.95%的公司对此表示同意，

15.57%的公司对此表示非常同意（见图9）。而对于家族后代应否持有公司全部控制权的问题，则绝大多数深市家族企业对选择不予表态（见图10），这似乎也说明了无论控制权抑或经营权的转移，都是代际传承的核心问题，对于多数上市家族企业而言，仍然相对敏感。

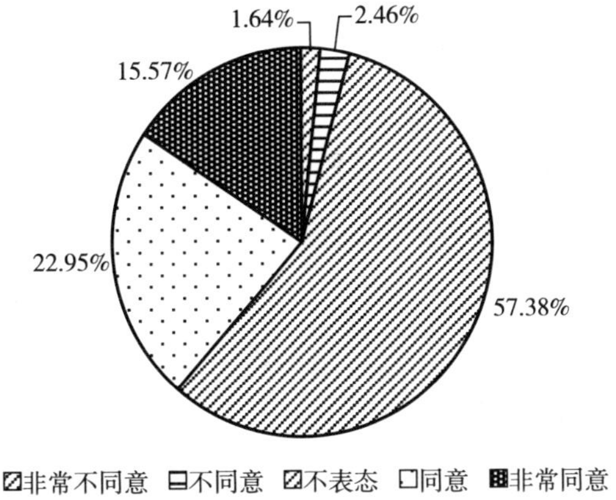

图9　家族成员后代应否参与样本公司的运营管理

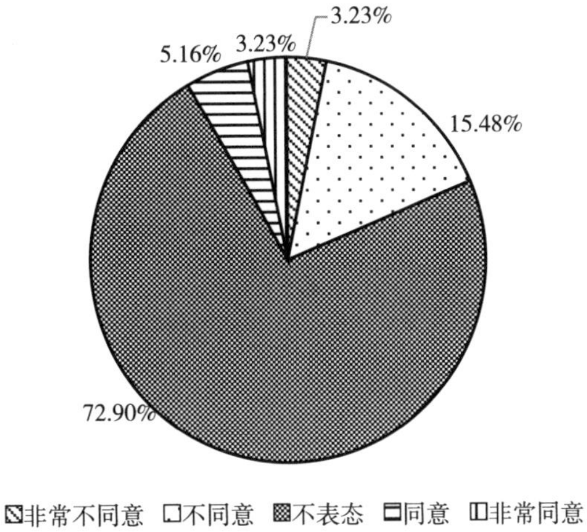

图10　家族后代将持有公司全部的控制权

四、对新三板完善挂牌公司治理机制的借鉴意义

（一）新三板挂牌公司：公众化过程中的家族企业

新三板与沪深交易所同样属于股票公开交易的证券市场，新三板挂牌公司法律性质为非上市公众公司。具体来看，挂牌公司以民营中小微企业为主，中

小微企业占比 94%，小微企业占比 63%，民营企业占比 93%，绝大多数同样属于家族企业。相比于上市公司，由于企业挂牌新三板时没有经过公开发行，股权相对集中，企业之间公众化水平差异很大。多数挂牌公司股权较为集中，近半数公司第一大股东持股比例超过 50%；由于挂牌后融资交易的活跃度不同，挂牌公司之间股权分散度差异较大，90% 以上的公司股东人数不足 50 人，44% 的公司股东人数不足 10 人，仅有 300 余家公司股东人数超过 200 人。总体来看，多数挂牌公司属于正在公众化过程中的家族企业。

（二）新三板治理规则：原则性规定和披露要求为主

新三板挂牌公司的公司治理规则体系包括三个层面的制度：在法律层面，是《公司法》关于股份有限公司“三会一层”的基本架构和议事程序。在证监会行政规章和规范性文件层面，是《非上市公众公司监督管理办法》《非上市公众公司监管指引第 3 号——章程必备条款》等，对挂牌公司“三会一层”的召集和议事程序等制度、股东权利保护评估、投资者关系管理、关联交易、防止资金占用等方面的原则性规定。在新三板自律规则层面，一是《挂牌公司信息披露细则》等规定中对公司治理状况的披露要求，二是《挂牌公司分层管理办法》确立了对不同层次挂牌公司的差异化治理要求，具体而言，创新层公司应当制定并披露包括“三会”议事规则等在内的九项制度，设置董事会秘书作为公司高级管理人员，董事会秘书应当通过新三板规定的培训和考虑，取得任职资格。考虑到降低中小微企业的治理成本，新三板不强制要求建立独立董事、董事会专门委员会等制度。

（三）治理规则的执行：治理水平渐进提升

从 2018 年年报披露的公司治理执行情况来看，一是 70. 55% 的挂牌公司在年度内建立了新的公司治理制度，而在净利润 3000 万元以上的高盈利公司（以下简称高盈利公司）中这一比例为 80. 90%。二是 97. 32% 的挂牌公司设置了董事会秘书，而高盈利公司中这一比例为 98. 08%；此外已通过新三板董秘培训考试的持证人数达到 11093 人，初步形成职业化、专业化的董秘队伍。三是 4. 78% 的挂牌公司引入职业经理人，增强了董事会和管理层的独立性，而高盈利公司中这一比例为 10. 14%。四是 5. 58% 和 6. 47% 的挂牌公司分别自愿设置了董事会专门委员会和独立董事，而高盈利公司中这一比例分别为 26. 15% 和 29. 35%。总的来看，挂牌公司逐步提升治理水平，高盈利公司提升治理水平的意愿更为积极。

（四）差异化治理规则的完善："不遵守即应解释"原则

如前文所述，在新三板的公司治理规则中，突出了对公司治理状况及其改进情况的披露要求，而较少有强制性的治理标准。这与新三板挂牌公司以中小微企业为主，降低治理成本的考量是一致的。但也应注意到，如果对公司治理的监管，仅依靠"公司治理基本情况的披露"以及"董事会对公司治理机制的评估"两项披露内容，容易导致对公司治理的披露"报喜不报忧"或是披露"同质化"，投资者无法从公司治理的信息披露中得出翔实有效的信息，也不会因披露而对公司产生不断提升治理水平的实质压力。

针对上述问题，为在治理的灵活性与治理的规范性之间取得平衡，在新三板公司治理机制中，引入"不遵守即应解释"原则（comply or explain）是一条可行路径。"不遵守即应解释"原则最早来源于 Cadbury 报告，即"要求公司需要按照公司治理准则安排公司的具体事项，如果公司未能遵守某项条款，那么董事需在公司报告中明确表明其未遵守并解释原因"，旨在解决上市公司与投资者信息不对称的同时又给予公司可以根据自身特征"定制化"公司治理、公司运营的空间。随后，被 OECD、欧盟、美国和世界银行不同程度地采纳引入公司治理规则中；英国、德国和荷兰等国家的公司治理规则也以此原则设定最低标准。

"不遵守即应解释"原则的本质是让市场决定这一套标准是否适合各个公司，这种原则拒绝"放之四海皆准"（one size fits all）的规则安排，因为如果投资者不接受公司对于信息披露的解释，投资者会用脚投票，卖掉股票，形成市场制裁（market sanction）。该原则的适用是一种新的公司治理监管方式，由公司根据自身的经营状况或者发展阶段等的特征选择性地接受监管，避免监管"以一概全"。除此功能外，"不遵守即应解释"的方法给予了公司管理层不遵守公司治理规则的自由裁量权，公司管理层可以根据公司特有的情况或者自身利益的考量不遵守公司治理规则，但要承担不遵守后解释不充分或其他原因导致的股价下跌的风险。

对于新三板而言，由于挂牌公司之间公众化程度差异很大，统一的治理规则难以适用于所有挂牌公司。因此，一条可能的完善路径是"差异化治理标准 + 遵守即应解释原则"，在现有公司治理的原则性规定基础上，针对不同层次的挂牌公司，制定更加细化的公司治理规则。同时引入"不遵守即应解释"的原则，允许公司根据自身发展阶段、股权结构等具体情况，自主选择不适用某些要求，但应充分解释其原因并公开披露。

专题集萃

编者按

自2015年4月一审至今,《证券法》修订审议已经经历4年多时间。2019年4月26日,《中华人民共和国证券法(修订草案三次审议稿)》公开征求意见。与二审稿相比,草案三审稿增加了科创板注册制相关内容,并从证券的范围、证券的公开发行、证券交易行为、投资者保护、证券监管等方面进行了修改完善。四年三读,可见《证券法》修订之重要与艰巨。本期“专题集萃”栏目特别邀请法学界知名学者,针对《证券法》三读的内容进行分析评述、探讨交流。

从多层次资本市场均衡发展角度对《证券法》的修改建议

谷 专

2019年4月，经全国人大常委会审议通过并向社会公开征求意见的《中华人民共和国证券法（修订草案三次审议稿）》（以下简称《三审稿》），充分考虑了多层次资本市场建设需求，构建了以证券交易所、国务院批准的其他全国性证券交易场所（以下简称新三板）和区域性股权市场为主体的多层次资本市场体系，并通过概念延展、新增规定等方式将新三板全面纳入，体现出对多层次资本市场的高度重视和高超的立法技术。与前几稿相比，《三审稿》关于新三板的规定内容更加丰富、逻辑更加清晰。本文在分析新三板与证券交易所共性与个性的基础上，按照"共性一体适用，个性留出空间"的思路对《三审稿》提出了完善意见。

一、新三板与沪深证券交易所的共性

《三审稿》规定新三板与证券交易所均为证券集中交易提供场所和设施，组织公开发行及非公开发行证券的交易，明确了新三板与证券交易所同等的法律地位。我们理解，新三板与沪深交易所存在较多共性，应当在《证券法》层面予以体现，具体有以下三个方面。

（一）作为公开市场运营机构的自律监管权限相同

实施自律监管是证券交易场所的核心职责，也是交易场所运营、管理公开证券市场的必要保障。自律监管的具体内容包括接受上市申请、安排证券上市、组织和监督证券交易、监督信息披露、规范公司治理、督促中介机构尽责履职、采取自律监管措施和纪律处分等。从各国资本市场和证券交易所的监管实践看，只要是公开市场运营机构，其自律监管权限基本一致。例如，无论是纽交所还是纳斯达克，都作为自律管理机构对上市公司、中介机构、投资者等有关主体和证券交易行为等实施自律监管，以维护市场的公平、公开与公正。

实践中，新三板已经根据国务院及证监会有关规定，承担市场的自律管理职责，《国务院关于全国中小企业股份转让系统有关问题的决定》明确，新三板要制定并完善业务规则体系，建立市场监控系统等，切实履行自律监管职责；证监会层面部门规章等也对新三板各项自律管理权限进行了确认。成立6年来，新三板的自律监管功能充分发挥，为市场的正常运行和平稳发展提供了有力支撑。若实施自律监管于法无据，新三板市场将可能出现交易秩序混乱、违法行为猖獗、投资者尤其是中小投资者合法权益难以得到保障等系列严重问题，不利于市场的稳定发展和参与者权益的维护。

（二）作为公开市场的基本功能相同

新三板市场与证券交易所市场同作为公开市场，在便利企业融资、实现价格发现、促进资源配置、提供流动性等方面的基本功能不应有所差别。为了实现前述功能，新三板市场的发行、上市、交易、信息披露、收购、退出等基本法律制度安排也必须完备，否则无法称为“公开市场”。实践中，新三板市场已形成了包容性的准入机制、差异化信息披露和公司治理规范、适应中小微企业股权结构和交易需求的交易方式和市场化退出机制，有必要在法律层面予以体现。

（三）市场参与者基本权利义务及法律责任相同

作为公开市场，新三板市场参与主体的权利义务，尤其是投资者的权利保护等，也应当与证券交易所市场保持一致。例如，在新三板发行交易的公司应依法规范公司治理、履行信息披露义务；市场的中介机构应当依法从事承销、保荐、经纪和自营等业务；投资者的信息知情权、公平交易权、表决权、收益权等各项基本权利应当受到法律保障。此外，法律在明确相关市场参与主体权利义务的同时，还应当对违法行为追究和处罚作出安排，为实施行政监管和自律监管提供法律依据。

二、新三板与沪深证券交易所的差异

（一）运作和管理体制的差异

与沪深交易所采用会员制不同，新三板是采用公司制的证券交易场所。不同体制导致二者的运作和管理安排存在一定区别，如所有权归会员所有还是股东所有，采取会员一人一票还是股东一股一权，以及最高决策机构是会员大会还是股东大会等方面都存在差异，因此新三板难以适用《证券法》中关于证券交易所会员制的相关规定。

（二）具体制度安排的差异

较之沪深交易所市场，新三板市场的服务对象侧重于创新型、创业型和成长型民营中小微企业，结合中小微企业特点和海量市场的管理需求，新三板市场具体制度安排上与沪深市场有一定不同，如公司发行股票后股东不超过200人的，证监会豁免核准；实行做市交易，由做市商持续提供股票买卖双向报价；对万家公司进行分层管理并匹配差异化信息披露要求；不适用强制要约收购制度等。

（三）具体标准设置的差异

同样基于服务对象的差异性，新三板市场在制度安排的具体标准上，与沪深交易所市场也有一定不同。如市场准入方面，新三板市场不设财务指标和股权分散度要求，允许公司尚未盈利；考虑中小微企业经营风险相对较高，设置了较高的投资者准入标准；权益变动披露的起点为10%，等等。

三、建议进一步完善新三板入法逻辑

《三审稿》对新三板的规定主要遵循如下思路：一是考虑新三板市场设立时间较短，实践经验不够丰富，部分处于探索中的制度安排尚不成熟，仅对部分相对成熟的内容进行规定；二是授权国务院条例等下位法对有关原则性规定进行细化，为市场未来改革留出法律空间。

前述思路体现了对新三板6年多探索的肯定与支持，也充分考虑市场未来改革发展需求，但尚存如下问题：一是新三板的自律监管权限等重大基本权利缺乏上位法支持。如前所述，自律监管权限对公开市场极其重要，有必要在法律层面予以规定，即使法律授权下位法进行具体规定，但下位法的细化也应当有上位法的支撑，如交易场所的行情信息归属权、民事赔偿责任豁免等安排，只能在法律层面进行规定。二是对新三板市场的授权安排不足。《三审稿》授权国务院规定新三板的组织机构和管理办法，希望借此解决新三板市场的个性问题。但“组织机构和管理办法”仅针对交易场所的内部管理，类似《证券交易所管理办法》，主要规定交易所的职能、组织、运营等内部治理问题和部分自律监管的细节安排，无法全面也不应当涵盖市场发行、交易、收购等业务运营内容。

因此，在新三板的入法思路上，建议与沪深交易所的共性安排，均在《证券法》中予以体现；个性安排法律层面可不写或略写，更多交由国务院条例及下位规则进行规范，为后续改革留下空间。立法技术上可以采取两种方式：一是在相关章节中对新三板按照吸收列举或排除列举的方式进行规定，基本表述为“本章/本节第××条、××条的规定，适用于国务院批准的其他全国性证券交易场所”，或“国务院批准的其他全国性证券交易场所适用本章/本节除第××条、第××条之外的有关规定”，我们建议多采取此种方式，较为简洁、改动不大；二是对于相关章节中仅需修改少数条文的，建议在“证券交易所”后直接增加“国务院批准的其他全国性证券交易场所”的表述。

四、具体修改建议

按照前述思路，建议从以下几点对《三审稿》相关条文进行完善，共新增3条，修改12条，涉及自律监管权限、公开市场功能和参与主体权利义务等方面，具体如下：

（一）关于自律监管权限

《三审稿》“证券交易场所”一章在明确新三板与证券交易所同为组织证券集中交易提供场所和设施（第106条）的同时，授权新三板的组织机构、管理办法由国务院规定。但该章关于一线监管权、行情信息专属权等的规定，只适用于证券交易所。

建议进一步明确新三板的自律监管权限，在第七章“证券交易场所”后新增一条，规定新三板除会员制和区域性股权市场的有关内容外，适用本章所有规定；同时，将第106条的“管理办法”改为“市场管理”。

（二）关于市场基本功能

为实现上文中公开证券市场的基本功能，需要对《三审稿》中以下制度做进一步完善：

一是增加发行注册制在新三板市场的适用。《三审稿》第二章新增“科创板注册制的特别规定”一节，规定“对拟在科创板上市交易的股票、存托凭证的公开发行实行注册制”。建议在统筹其他板块推进注册制的同时，明确新三板市场公开发行也可适用注册制，更好地服务中小微企业和民营企业融资。在条文上可将“对拟在科创板上市交易”的限定扩展至“符合国务院有关规定”，同时在注册审核等程序中增加新三板的表述。

二是在“证券交易”一章中完善有关新三板的规定。第一，作为公开集中市场，新三板市场的发行交易、终止交易行为与证券交易所市场的上市、退市行为具有相同的法律性质，应当在法律层面有所体现，建议在“证券上市”一节中，明确证券在新三板交易和终止交易的，参照本节规定执行；第二，第46条证券在证券交易所上市交易应当采用公开集中交易方式，增加新三板的有关内容；第三，虽然目前新三板市场程序化交易尚不突出，但从市场发展角度考虑，第53条新增的程序化交易安排也应拓展至新三板市场；第四，第57条内幕信息知情人的界定中，“上市公司收购人”建议扩展至新三板市场，为打击新三板市场收购中的内幕交易提供法律依据。

三是提供收购制度的原则性规定。《三审稿》第四章完善了收购有关安排，但仅适用于上市公司。作为公开集中市场，收购是新三板市场的基础性制度安排，也是在新三板发行交易的中小微企业的重要资本运作方式，建议在法律层面予以体现。考虑多数新三板公司股权集中度较高，收购与上市公司收购在权益变动信息披露、是否适用强制要约收购等方面存在一定差异，建议在《证券法》中增加一条规定，授权国务院证券监督管理部门参照上市公司的收购要求，另行规定新三板市场的收购要求。

四是明确对新三板市场债券交易的监管。《三审稿》第87条明确了“发行人”概念，包括上市公司、公司债券上市交易的公司、股票在新三板交易的公司等，未包含公司债券在新三板市场交易的公司；同时第89条、第91条关于债券定期报告和临时报告的规定均未有新三板的内容，导致未来新三板推出债券产品后，对其信息披露监管的法律依据缺失。债券不但是公开市场的基本证券品种，更是解决新三板公司融资问题的重要手段，也是落实党中央、国务院2019年关于新三板公司可发行可转债、国发〔2013〕49号文关于新三板公司可进行债权融资等文件的具体要求。为此，建议《三审稿》发行人概念中增加“公司债券在国务院批准的其他全国性证券交易场所交易的公司”的表述。

（三）关于市场参与者的权利义务责任

一是规定新三板公司不同于上市公司的差异化临时信息披露要求。《三审稿》通过“发行人”概念的拓展，将信息披露义务适用于新三板公司，第89条定期报告披露中，为新三板公司半年报的差异化披露要求留出了空间，但第

90 条临时报告披露方面，新三板公司与上市公司适用同样的标准，披露范围、要求等较目前的实践更为严格，按此执行将导致多数中小微企业的信息披露成本增加。建议明确第 90 条和第 91 条关于股票和债券的临时报告要求均仅针对上市公司，同时授权国务院制定新三板市场差异化的临时报告披露规定，为新三板结合市场分层进行差异化监管留出法律空间。

二是将新三板市场投资者全面纳入第六章规定。《三审稿》增加了投资者保护的专门章节，关于强制调解制度、支持诉讼安排及先行赔付等安排均可适用于新三板，但关于第 100 条表决权征集制度和第 101 条强制分红安排仅针对上市公司。考虑虽然新三板投资者结构与交易所市场以中小散户为主的结构有所差异，但投资者在信息获取、表决权等方面，依然处于相对弱势的地位，建议前述第 100 条、第 101 条同样适用于新三板公司，以进一步加强市场的投资者保护。

附表　《证券法（修订草案三次审议稿）》具体条文修改建议

《证券法（修订草案三次审议稿）》	修改建议	修改理由
第二章　证券发行	第二章　证券发行	
（新增）第二节　科创板注册制的特别规定	第二节　科创板注册制的特别规定	
（新增）第四十条　证券交易所受理公开发行证券并上市申请，审核并判断发行人是否符合发行条件、上市条件和信息披露要求，督促发行人完善信息披露内容。 具体审核标准、审核程序等规则由证券交易所制定，报国务院证券监督管理机构批准。 国务院证券监督管理机构定期或者不定期对证券交易所执行审核标准、审核程序的情况进行监督检查。	第四十条　证券交易所或国务院批准的其他全国性证券交易场所受理公开发行证券并上市或公开交易申请，审核并判断发行人是否符合发行条件、上市条件和信息披露要求，督促发行人完善信息披露内容。 具体审核标准、审核程序等规则由证券交易所或国务院批准的其他全国性证券交易场所制定，报国务院证券监督管理机构批准。 国务院证券监督管理机构定期或者不定期对证券交易所、国务院批准的其他全国性证券交易场所执行审核标准、审核程序的情况进行监督检查。	建议在统筹其他板块推进注册制的同时，明确新三板市场公开发行也可适用注册制，更好地服务中小微企业和民营企业融资。 若新三板市场的公开发行适用注册制，在审核机构、审核流程等方面与证券交易所完全一致，应当在法律层面统一规定。

续表

《证券法（修订草案三次审议稿）》	修改建议	修改理由
（新增）第四十一条　证券交易所审核通过后，应当将审核意见及发行人注册申请文件报送国务院证券监督管理机构注册。 国务院证券监督管理机构依照规定的注册程序、发行条件和信息披露要求，在二十个工作日内作出是否同意注册的决定。 证券发行注册审核过程中，发现存在重大违法违规嫌疑的，国务院证券监督管理机构可以要求证券交易所处理。尚未注册的，可以暂缓注册。	第四十一条　证券交易所或国务院批准的其他全国性证券交易场所审核通过后，应当将审核意见及发行人注册申请文件报送国务院证券监督管理机构注册。 国务院证券监督管理机构依照规定的注册程序、发行条件和信息披露要求，在二十个工作日内作出是否同意注册的决定。 证券发行注册审核过程中，发现存在重大违法违规嫌疑的，国务院证券监督管理机构可以要求证券交易所或国务院批准的其他全国性证券交易场所处理。尚未注册的，可以暂缓注册。	同上。
第三章　证券交易	第三章　证券交易	
第一节　一般规定	第一节　一般规定	
第四十六条　证券在证券交易所上市交易，应当采用公开的集中交易方式或者国务院证券监督管理机构批准的其他方式。	第四十六条　证券在证券交易所上市交易或者在国务院批准的其他全国性证券交易场所交易，应当采用公开的集中交易方式或者国务院证券监督管理机构批准的其他方式。	新三板作为公开市场，交易方式上与证券交易所并无本质差异，均采用公开的集中交易方式，建议在本条增加新三板的规定。
第五十二条　上市公司、股票在国务院批准的其他全国性证券交易场所交易的公司的董事、监事、高级管理人员、持有或者通过协议、其他安排与他人共同持有该公司股份百分之五以上的股东，将其持有的该公司的股票或者其他具有股权性质的证券在买入后六个月内卖出，或者在卖出后六个月内又买入，由此所得收益归该公司所有，公司董事会应当收回其所得收益。但是，证券公司因包销购入售后剩余股票而持有百分之五以上股份以及国务院证券监督管理机构规定的其他情形除外。	第五十二条　上市公司、股票在国务院批准的其他全国性证券交易场所交易的公司的董事、监事、高级管理人员、持有或者通过协议、其他安排与他人共同持有该公司股份百分之五以上的股东，将其持有的该公司的股票或者其他具有股权性质的证券在买入后六个月内卖出，或者在卖出后六个月内又买入，由此所得收益归该公司所有，公司董事会应当收回其所得收益。但是，证券公司因包销购入售后剩余股票、做市商履行报价义务而持有百分之五以上股份以及国务院证券监督管理机构规定的其他情形除外。	新三板市场存在做市交易方式，做市商在履行报价义务过程中，持股数量可能达到本条规定的5%持股比例，但其交易行为是正常履行报价义务，为市场提供流动性，并非利用信息优势短线买卖获利，建议纳入除外规定。

续表

《证券法（修订草案三次审议稿）》	修改建议	修改理由
（新增）前款所称董事、监事、高级管理人员、自然人股东持有的股票或者其他具有股权性质的证券，包括其配偶、父母、子女持有的及利用他人账户持有的股票或者其他具有股权性质的证券。 公司董事会不按照第一款规定执行的，股东有权要求董事会在三十日内执行。公司董事会未在上述期限内执行的，股东有权为了公司的利益以自己的名义直接向人民法院提起诉讼。 公司董事会不按照第一款的规定执行的，负有责任的董事依法承担连带责任。	前款所称董事、监事、高级管理人员、自然人股东持有的股票或者其他具有股权性质的证券，包括其配偶、父母、子女持有的及利用他人账户持有的股票或者其他具有股权性质的证券。 公司董事会不按照第一款规定执行的，股东有权要求董事会在三十日内执行。 公司董事会未在上述期限内执行的，股东有权为了公司的利益以自己的名义直接向人民法院提起诉讼。 公司董事会不按照第一款的规定执行的，负有责任的董事依法承担连带责任。	
（新增）第五十三条　通过计算机程序自动生成或下达交易指令进行程序化交易的，应当符合国务院证券监督管理机构的规定，并向证券交易所报告，不得影响证券交易所系统安全或者正常交易秩序。	第五十三条　通过计算机程序自动生成或下达交易指令进行程序化交易的，应当符合国务院证券监督管理机构的规定，并向证券交易所或国务院批准的其他全国性证券交易场所报告，不得影响证券交易所系统安全或者正常交易秩序。	虽然目前新三板市场程序化交易尚不突出，但从市场发展角度考虑，第53条新增的程序化交易安排也应拓展至新三板市场。
第二节　证券上市	第二节　证券上市	
	（新增）第××条　证券在国务院批准的其他全国性证券交易场所交易和终止交易的，参照适用本节规定。	作为公开集中市场，新三板市场的发行交易、终止行为与证券交易所市场的上市、退市行为具有相同的法律性质，应当在法律层面有所体现，建议在“证券上市”一节中，明确证券在新三板市场交易和终止交易的，参照本节规定执行。
第三节　禁止的交易行为	第三节　禁止的交易行为	

续表

《证券法（修订草案三次审议稿）》	修改建议	修改理由
第五十九条　证券交易内幕信息的知情人包括： （一）发行人的董事、监事、高级管理人员； （二）持有公司百分之五以上股份的股东及其董事、监事、高级管理人员，公司的实际控制人及其董事、监事、高级管理人员； （三）发行人控股或者实际控制的公司及其董事、监事、高级管理人员； （四）由于所任公司职务或者因与公司业务往来可以获取公司有关内幕信息的人员； （新增）（五）上市公司收购人或者重大资产交易方及其控股股东、实际控制人、董事、监事和高级管理的人员； （六）因职务、工作可以获取内幕信息的证券交易场所、证券登记结算机构、证券公司、证券服务机构的有关人员； （七）因职责、工作可以获取内幕信息的证券监督管理机构工作人员； （八）因法定职责对证券的发行、交易或者对上市公司及其收购、重大资产交易进行管理可以获取内幕信息的有关主管部门、监管机构的工作人员； （九）可以获取内幕信息的其他人员。	第五十九条　证券交易内幕信息的知情人包括： （一）发行人的董事、监事、高级管理人员； （二）持有公司百分之五以上股份的股东及其董事、监事、高级管理人员，公司的实际控制人及其董事、监事、高级管理人员； （三）发行人控股或者实际控制的公司及其董事、监事、高级管理人员； （四）由于所任公司职务或者因与公司业务往来可以获取公司有关内幕信息的人员； （五）上市公司<u>或股票在国务院批准的其他全国性证券交易场所交易的公司的</u>收购人或者重大资产交易方及其控股股东、实际控制人、董事、监事和高级管理的人员； （六）因职务、工作可以获取内幕信息的证券交易场所、证券登记结算机构、证券公司、证券服务机构的有关人员； （七）因职责、工作可以获取内幕信息的证券监督管理机构工作人员； （八）因法定职责对证券的发行、交易或者对上市公司<u>或股票在国务院批准的其他全国性证券交易场所交易的公司</u>及其收购、重大资产交易进行管理可以获取内幕信息的有关主管部门、监管机构的工作人员； （九）可以获取内幕信息的其他人员。	建议将“上市公司收购人”“因法定职责对证券的发行、交易或者对上市公司及其收购、重大资产交易进行管理可以获取内幕信息的有关部门工作人员”，扩展至新三板市场，为打击新三板市场收购、重大资产重组等活动中的内幕交易提供法律依据。
第四章　上市公司的收购	第四章　上市公司的收购	

续表

《证券法（修订草案三次审议稿）》	修改建议	修改理由
第八十六条　国务院证券监督管理机构依照本法制定上市公司收购的具体办法。	第八十六条　国务院证券监督管理机构依照本法制定上市公司收购的具体办法，并参照上市公司收购要求，制定股票在国务院批准的其他全国性证券交易场所交易公司收购的具体办法。	作为公开集中市场，收购是新三板的基础性制度安排，也是中小微企业重要资本运作方式，建议在法律层面予以体现。考虑多数新三板公司股权集中度较高，收购与上市公司收购在权益变动信息披露、是否适用强制要约收购等方面存在一定差异，建议授权证监会参照上市公司收购要求另行规定。
（新增）第五章　信息披露	第五章　信息披露	
第八十七条　发行人及法律、行政法规和国务院证券监督管理机构规定的其他信息披露义务人应当及时依法履行信息披露义务。 信息披露义务人披露的信息，应当真实、准确、完整，简明清晰，通俗易懂，不得有虚假记载、误导性陈述或者重大遗漏。 证券同时在境内境外公开发行、交易的，其信息披露义务人在境外披露的信息，应当在境内同时披露。 本条第一款所称发行人，包括公开发行证券的公司、上市公司、公司债券上市交易的公司、股票在国务院批准的其他全国性证券交易场所交易的公司等。	第八十七条　发行人及法律、行政法规和国务院证券监督管理机构规定的其他信息披露义务人应当及时依法履行信息披露义务。 信息披露义务人披露的信息，应当真实、准确、完整，简明清晰，通俗易懂，不得有虚假记载、误导性陈述或者重大遗漏。 证券同时在境内境外公开发行、交易的，其信息披露义务人在境外披露的信息，应当在境内同时披露。 本条第一款所称发行人，包括公开发行证券的公司、上市公司、股票在国务院批准的其他全国性证券交易场所交易的公司、公司债券上市交易或在国务院批准的其他全国性证券交易场所交易的公司等。	本条明确的“发行人”概念，未能包含公司债券在新三板交易的公司，导致未来新三板推出债券产品后，对其信息披露监管的法律依据缺失，建议发行人概念中增加“公司债券在国务院批准的其他全国性证券交易场所交易的公司”。

续表

《证券法（修订草案三次审议稿）》	修改建议	修改理由
（原第六十七条）第九十条　发生可能对上市交易的股票、在国务院批准的其他全国性证券交易场所交易的股票的交易价格产生较大影响的重大事件，投资者尚未得知时，公司应当立即将有关该重大事件的情况向国务院证券监督管理机构和证券交易场所报送临时报告，并予公告，说明事件的起因、目前的状态和可能产生的法律后果。 前款所称重大事件包括： （一）公司的经营方针和经营范围的重大变化； （二）公司的重大投资行为，公司在一年内购买、出售重大资产超过公司资产总额百分之三十，或者公司营业用主要资产的抵押、质押、出售或者报废一次超过该资产的百分之三十； （三）公司订立重要合同、从事关联交易或者公司债务担保的重要变更，可能对公司的资产、负债、权益和经营成果产生重要影响； （四）公司发生重大债务和未能清偿到期重大债务的违约情况； （五）公司发生重大亏损或者重大损失； （六）公司生产经营的外部条件发生的重大变化； （七）公司的董事、三分之一以上监事或者经理发生变动，董事长或者经理无法履行职责；	第九十条　发生可能对上市交易的股票、在国务院批准的其他全国性证券交易场所交易的股票的交易价格产生较大影响的重大事件，投资者尚未得知时，公司应当立即将有关该重大事件的情况向国务院证券监督管理机构和证券交易场所报送临时报告，并予公告，说明事件的起因、目前的状态和可能产生的法律后果。 前款所称重大事件包括： （一）公司的经营方针和经营范围的重大变化； （二）公司的重大投资行为，公司在一年内购买、出售重大资产超过公司资产总额百分之三十，或者公司营业用主要资产的抵押、质押、出售或者报废一次超过该资产的百分之三十； （三）公司订立重要合同、从事关联交易或者公司债务担保的重要变更，可能对公司的资产、负债、权益和经营成果产生重要影响； （四）公司发生重大债务和未能清偿到期重大债务的违约情况； （五）公司发生重大亏损或者重大损失； （六）公司生产经营的外部条件发生的重大变化； （七）公司的董事、三分之一以上监事或者经理发生变动，董事长或者经理无法履行职责； （八）持有公司百分之五以上股份的股东或者实际控制人，其持有股份或者控制公司的情况发生较大变化，公司的实际控制人及其控制的其他企业从事与公司相同或者相似业务的情况发生较大变化；	按本条规定，新三板公司与上市公司适用同样的临时报告标准，与结合市场分层进行差异化管理的实践不符，也将导致多数中小微企业的信息披露成本增加，建议考虑《三审稿》明确证券交易所和新三板可实施市场分层，并结合中小微企业实际情况，授权新三板公司临时信息披露相关要求由证监会参照本条另行规定。

续表

《证券法（修订草案三次审议稿）》	修改建议	修改理由
（八）持有公司百分之五以上股份的股东或者实际控制人，其持有股份或者控制公司的情况发生较大变化，公司的实际控制人及其控制的其他企业从事与公司相同或者相似业务的情况发生较大变化； （九）公司分配股利、增资的计划，公司股权结构的重要变化，公司减资、合并、分立、解散及申请破产的决定，或者依法进入破产程序、被责令关闭； （十）涉及公司的重大诉讼、仲裁或者受到重大行政处罚，股东大会、董事会决议被依法撤销或者宣告无效； （十一）公司涉嫌违法行为被有关机关调查，公司的控股股东、实际控制人、董事、监事、高级管理人员涉嫌违法行为被有关机关调查或者被采取强制措施； （十二）国务院证券监督管理机构规定的其他事项。 （新增）公司的控股股东或者实际控制人对重大事件的发生、进展产生较大影响的，应当及时将其知悉的有关情况书面告知公司，并配合公司履行信息披露义务。	（九）公司分配股利、增资的计划，公司股权结构的重要变化，公司减资、合并、分立、解散及申请破产的决定，或者依法进入破产程序、被责令关闭； （十）涉及公司的重大诉讼、仲裁或者受到重大行政处罚，股东大会、董事会决议被依法撤销或者宣告无效； （十一）公司涉嫌违法行为被有关机关调查，公司的控股股东、实际控制人、董事、监事、高级管理人员涉嫌违法行为被有关机关调查或者被采取强制措施； （十二）国务院证券监督管理机构规定的其他事项。 公司的控股股东或者实际控制人对重大事件的发生、进展产生较大影响的，应当及时将其知悉的有关情况书面告知公司，并配合公司履行信息披露义务。	按本条规定，新三板公司与上市公司适用同样的临时报告标准，与结合市场分层进行差异化管理的实践不符，也将导致多数中小微企业的信息披露成本增加，建议考虑《三审稿》明确证券交易所和新三板可实施市场分层，并结合中小微企业实际情况，授权新三板公司临时信息披露相关要求由证监会参照本条另行规定。
（新增）第九十一条　发生可能对上市交易公司债券的交易价格产生较大影响的重大事件，投资者尚未得知时，公司应当立即将有关该重大事件的情况向国务院证券监督管理机构和证券交易场所报送临时报告，并予公告，说明事件的起因、目前的状态和可能产生的法律后果。	（新增）第××条　发生可能对在国务院批准的其他全国性证券交易场所交易的股票、债券的交易价格产生较大影响的重大事件，投资者尚未得知时，公司应当立即将有关该重大事件的情况向国务院证券监督管理机构和证券交易场所报送临时报告，并予公告，说明事件的起因、目前的状态和可能产生的法律后果。	结合前述条款的修改理由，建议对股票、债券在新三板交易的公司临时信息披露要求授权证监会另行规定。

续表

《证券法（修订草案三次审议稿）》	修改建议	修改理由
前款所称重大事件包括： （一）公司股权结构或者生产经营状况发生重大变化； （二）公司债券信用评级发生变化； （三）公司重大资产抵押、质押、出售、转让、报废； （四）公司发生未能清偿到期债务的情况； （五）公司新增借款或者对外提供担保超过上年末净资产的百分之二十； （六）公司放弃债权或者财产超过上年末净资产的百分之十； （七）公司发生超过上年末净资产百分之十的重大损失； （八）公司分配股利，作出减资、合并、分立、解散、申请破产决定，或者依法进入破产程序、被责令关闭； （九）公司涉及重大诉讼、仲裁或者受到重大行政处罚； （十）公司涉嫌违法行为被有关机关调查，公司的控股股东、实际控制人、董事、监事、高级管理人员涉嫌违法行为被有关机关调查或者被采取强制措施； （十一）国务院证券监督管理机构规定的其他事项。	前述重大事件的范围，由国务院证券监督管理机构参照第九十条、第九十一条另行规定。	结合前述条款的修改理由，建议对股票、债券在新三板交易的公司临时信息披露要求授权证监会另行规定。
（新增）第六章　投资者保护	第六章　投资者保护	

续表

《证券法（修订草案三次审议稿）》	修改建议	修改理由
第一百条　上市公司董事会、独立董事、持有百分之一以上有表决权股份的股东、国家设立的投资者保护机构，可以作为征集人，公开请求上市公司股东委托其代为出席股东大会，并代为行使提案权、表决权等股东权利。征集人可以自行或者委托证券公司、证券服务机构征集股东权利。 依照前款规定征集股东权利的，征集人应当披露征集文件，上市公司应当予以配合。 禁止以有偿或者变相有偿的方式公开征集股东权利。 公开征集股东权利违反法律、行政法规或者国务院证券监督管理机构有关规定，导致上市公司或者其股东遭受损失的，应当承担损害赔偿责任。	第一百条　上市公司、股票在国务院批准的其他全国性证券交易场所交易的公司董事会、独立董事、持有百分之一以上有表决权股份的股东、国家设立的投资者保护机构，可以作为征集人，公开请求上市公司股东委托其代为出席股东大会，并代为行使提案权、表决权等股东权利。征集人可以自行或者委托证券公司、证券服务机构征集股东权利。 依照前款规定征集股东权利的，征集人应当披露征集文件，上市公司应当予以配合。 禁止以有偿或者变相有偿的方式公开征集股东权利。 公开征集股东权利违反法律、行政法规或者国务院证券监督管理机构有关规定，导致上市公司或者其股东遭受损失的，应当承担损害赔偿责任。	虽然新三板市场投资者结构与交易所市场以中小散户为主的结构有所差异，但投资者在信息获取、表决权等方面，依然处于相对弱势的地位，建议本条规定的表决权征集制度同样适用于新三板公司，以进一步加强市场的投资者保护。
第一百零一条　上市公司应当在章程中明确分配现金股利的具体安排和决策程序，依法保障股东的资产收益权。 上市公司当年税后利润，在弥补亏损及提取法定公积金后有盈余的，应当按照公司章程的规定分配现金股利。	第一百零一条　上市公司、股票在国务院批准的其他全国性证券交易场所交易的公司应当在章程中明确分配现金股利的具体安排和决策程序，依法保障股东的资产收益权。 上市公司、股票在国务院批准的其他全国性证券交易场所交易的公司当年税后利润，在弥补亏损及提取法定公积金后有盈余的，应当按照公司章程的规定分配现金股利。	同上，建议上市公司有关分红规定同样适用新三板公司，以加强市场投资者保护。
第七章　证券交易场所	第七章　证券交易场所	

续表

《证券法（修订草案三次审议稿）》	修改建议	修改理由
第一百零六条　证券交易所、国务院批准的其他全国性证券交易场所为证券集中交易提供场所和设施，组织和监督证券交易，实行自律管理，依法登记，取得法人资格。 证券交易所、国务院批准的其他全国性证券交易场所的设立、变更和解散由国务院决定。 （新增）国务院批准的其他全国性证券交易场所的组织机构、管理办法，由国务院规定。	第一百零六条　证券交易所、国务院批准的其他全国性证券交易场所为证券集中交易提供场所和设施，组织和监督证券交易，实行自律管理，依法登记，取得法人资格。 证券交易所、国务院批准的其他全国性证券交易场所的设立、变更和解散由国务院决定。 国务院批准的其他全国性证券交易场所的组织机构、市场管理，由国务院规定。	“组织机构、管理办法”仅针对交易场所的内部管理，类似《证券交易所管理办法》，主要规定交易所的职能、组织、运营等内部治理问题和部分自律监管的细节安排，无法全面涵盖市场发行、交易、收购等业务运营内容。建议将“管理办法”改为“市场管理”，扩大国务院规定的调整范围。
	（本章新增一条）第××条　国务院批准的其他全国性证券交易场所，适用本章除第一百零八条、第一百一十条、第一百一十二条、第一百一十五条之外的有关规定。	新三板作为公开集中的证券交易场所，与证券交易所除了会员制与公司制的组织结构不同外，在承担组织市场交易、进行市场自律管理的职责方面与证券交易所完全一致，可以且应当一并入法。 建议本章最后单独增加一条，规定新三板适用本章除会员制和区域性市场的之外的所有条款。

进一步完善《三审稿》相关规定
构建规范透明开放有活力有韧性的资本市场

郭　雳*

《证券法》修订工作截至目前已经历三审，思路和文字应当趋于成熟，最终成文必须体现习近平总书记2018年底在中央经济工作会议上所提出的要求，即有助于建立一个规范、透明、开放、有活力、有韧性的资本市场。结合《证券法（修订草案三次审议稿）》（以下简称《三审稿》），提出如下几项具体完善建议。

一、建议增加收购中的“余股强制挤出”条款。余股强制挤出是指要约收购方在获得目标公司绝大多数股份（从境外实践看，持股比例一般为90%～95%）的情况下，收购人可强制性收购余下全部股权，将剩余少数股东强制性挤出（原先的）上市公司，以避免完成公开收购后少数余股股东基于个人因素无法或不愿出售股权，从而阻碍被收购公司非公众化目的的实现。《三审稿》第82条承继了现行法第97条，内容未做修改，规定了收购期限届满，被收购公司股权分布不符合上市条件，依法应当终止上市的情形下，其余股东享有以收购要约同等条件向收购人出售其股票的权利。但与此相对，倘若收购方已取得上市公司90%以上的股票，依境外如欧洲不少国家的立法例，还应赋予其继续以同等条件购得剩余部分股票的权利，以实现收购人全资控股的收购目标。

二、建议对《三审稿》进行全文梳理，针对涉及“国务院批准的其他全国性证券交易场所”（目前实践中主要为“新三板”市场）的条款，明确哪些适用证券交易所的规定，哪些不适用。例如，《三审稿》第125条规定了证券交

* 郭雳，北京大学法学院教授。

易所和国务院批准的其他全国性证券交易场所的业务规则制定权，但该章关于实时监控、停复牌管理及行情权益享有等内容，则仅适用于证券交易所，其间逻辑有待进一步梳理。再如，第 89 条在第一款就上市公司定期报告义务进行规定的基础上，通过第二款规定股票在国务院批准的其他全国性证券交易场所交易的公司适用前款第一项披露年报的规定，明确了新三板与证券交易所在定期报告披露上的对待，第 90 条则直接将上市交易的股票与在国务院批准的其他全国性证券交易场所交易的股票并列，对二者在临时报告要求上并无区别，是否妥当还需斟酌。

三、建议就设立证券公司及其业务申请的批准/核准时限进行确认，目前《三审稿》的处理并不一致。《三审稿》第 129 条规定国务院证券监督管理机构受理证券公司的业务申请，应当自受理申请之日起三个月内，依照法定条件和程序进行审查，作出核准或者不予核准的决定，然而第 131 条规定对于证券公司的设立申请，仍是自受理之日起六个月内作出批准或者不予批准的决定。

四、建议在识别和控制风险的基础上，适时取消对证券公司、证券投资咨询机构“全权委托”的法律限制，为其资产管理、智能投顾等业务的开展提供空间。目前《三审稿》第 144 条仍然明文禁止证券公司办理经纪业务时，接受客户的全权委托而决定证券买卖、选择证券数量、决定买卖数量或者买卖价格；第 172 条也同样规定了证券投资咨询机构不得代理委托人从事证券投资，因此未来智能投顾的发展仍然会受到很大限制。与之形成对照的是《三审稿》第 53 条就计算机程序化交易的规定，采取了更为开放、赋权的态度，实际上肯定了在符合国务院证券监督管理机构规定，并向证券交易所报告、不影响证券交易所系统安全或正常交易秩序的前提下，可以通过计算机程序自动生成或下达交易指令开展程序化交易。建议参考第 53 条规定思路，破除全权委托的法律障碍。

资管新规与《证券法》衔接的几个问题

刘 燕*

《证券法》修订是当前的热点话题，其中一个较少被关注的角度是它与广义的资产管理业务（以下简称大资管）的关系。大资管作为“受人之托、代人理财”的专业活动与证券市场有天然的联系，不论是作为资产管理起源的证券投资基金，还是接受单一客户委托打理资金的专业人士，一直都属于资本市场的有机组成部分。目前，在采取“大证券法模式”的英国、日本、韩国等国家，《证券法》是一国规范直接融资活动的基本法，覆盖各类由投资者直接承受收益与风险的投融资工具的发行与交易活动。从融资端看，发行这种投融资工具的主体可以大体分为实体经济融资人与专业投资管理人两类，前者即通常所说的“企业自融”，后者则属于“专家理财下的集合投资”。借用日本学者的分类，前者属于市场型直接金融交易，后者属于市场型间接金融活动。

我国现行《证券法》覆盖范围甚小，某种意义上可称为“股票发行与上市交易法”，远不能适应当前民间融资需要正名、大资管需要定位的双重诉求。全国人大在《关于规范金融机构资产管理业务的指导意见》（以下简称《资管新规》）出台一周年之际启动《证券法》修订，这种机缘巧合某种意义上也揭示了二者之间的有机联系。受制于过去几年大资管主要服务于影子银行业务下的监管套利这一特殊背景，《资管新规》更多地着眼于解决资管计划被滥用的问题，并没有完成大资管回归本源后的立法框架以及行业监管模式的构建。因此，此番《证券法》修订提供了一个绝佳的契机来续接《资管新规》留下的

* 刘燕，北京大学法学院教授、博士生导师。

立法任务。当然，此次修订的《证券法》并不会进阶到类似于英国、日本、韩国的统合立法模式，而是保持证券市场与大资管行业分别立法的基本格局，但二者之间的交叉仍需要在《证券法》修订时给予妥善处理。

笔者以为，这至少包括以下三个方面：（1）集合投资计划的筹资过程类似于证券发行融资，应纳入《证券法》关于证券发行的监管框架；（2）集合投资计划作为一种专家管理的资管产品，本身属于一类特殊机构投资者，应适用《证券法》关于证券交易的相关规则；（3）在对证券公司、证券咨询机构的账户管理业务（或全权委托）开禁的同时，将其同时纳入大资管的监管范围。

一、集合投资计划的"份额"应纳入"证券"范畴

在股票、债券、基金份额等公认证券品种之外，我国目前实践中主要有两大类投融资工具尚未纳入证券监管：一类是美国式的"投资合同"，如各种大造林计划下的林权证书、果园证书、度假酒店的分时使用权等，其本质上属于工商企业的直接融资行为；另一类是集合资产管理产品，其本质属于专家理财的工具，兼具"证券"与"机构投资者"的双重属性。

集合投资计划的典型代表是公募证券投资基金，同时也包括持牌金融机构的资管计划，即资管新规下的资管计划、银行理财计划以及集合资金信托计划等。此外，实践中还有大量非持牌机构（如第三方财富管理公司）募集并管理的集合投资项目或私募投资基金。不论发起人或管理人是否为持牌金融机构，这些投资模式的本质并无区别，都属于专家理财型的集合投资计划，投资者汇集资金交付专家运作并获得投资收益、承担投资风险。集合投资计划的"份额"代表着一种等分的、可交易转让（部分可赎回）、表彰份额持有人对计划资产池拥有的某种所有者权益的凭证或工具。

基于集合投资计划采取的不同法律形式（如有限合伙、契约、信托、公司等），集合投资计划的份额可以是契约型基金的共有权份额，也可以表现公司股份、股权、有限合伙企业的合伙份额。但是不论哪种形态，集合投资计划的份额都属于"证券"的范围，即给予份额持有人对集合投资资产池的收益或损失按比例承受的权利或权益。

集合投资计划的"份额"纳入"证券"后，实践中的各类理财工具或投资工具的发行将统一纳入《证券法》的监管框架，适用《证券法》关于公募与私募之分的规则。由此，也可以统一各类资管计划的公募发行与私募发行的

标准。另外，在交易环节上，不同的集合投资计划对份额转让或赎回的规定差异较大，可以区分不同的交易场所、转让或赎回方式等而给予例外或豁免适用。当然，此次《证券法》在多层次资本市场方面的突破也有助于实现集合投资计划在转让环节的诉求。

将集合投资计划份额纳入“证券”，具有以下两方面的重要意义：

第一，由于“证券”的定义决定了我国《证券法》的适用范围，扩大“证券”定义的内涵与外延，有助于更好地厘清实践中合法融资与非法集资的边界。如前所述，《证券法》的本质是关于直接融资市场的法律，提供了直接融资/投资工具的发行与交易的基本法律规则。将集合投资计划纳入我国《证券法》调整范围，有助于对大资管相关的非法集资乱象进行分门别类的处理。例如：

——以资管为名进行的自融，可纳入证券发行监管。实践中，部分私募基金实际上是管理人的控股股东用来向公众筹集资金的工具，本质上并非资管而是“自融”行为。纳入证券发行监管后，对于管理人及其控制股东未经证券发行监管程序而擅自发行的行为就可以作为非法发行证券来追究法律责任。

——以第三方财富公司为代表的非持牌机构的融资行为，可根据其业务模式分别纳入证券发行、证券承销、基金销售等监管框架。例如，某些第三方财富公司为特定借款人进行融资，采取有限合伙或者私募基金的形式，事实上从事着证券发行或承销业务，应纳入《证券法》来加以监管。

——P2P 平台。实践中互联网金融平台可能从事着自融或撮合业务。自融构成了证券发行（P2P 下则为债券），应纳入证券发行监管。撮合业务目前被界定为信息中介，但实际上 P2P 平台如果不提供担保或保障，而是作为单纯的信息中介，很难生存下来，因此撮合型平台有的类似于银行的信用中介，有的则类似于投资银行的证券推销活动。基于功能监管的理念，P2P 平台纳入金融监管的范围，可根据其业务模式而分别适用银行监管或证券监管。

第二，“证券”概念的扩张也有助于重构非法集资的刑事责任体系。目前，与非法集资相关的主要有三个罪名，即非法吸收公众存款罪，[①] 集资诈骗罪，[②] 擅自发行股票及公司、企业债券罪。[③] 其中，非法吸收公众存款罪因混同作为间接融资的吸收存款与作为直接融资的发行债券而长期受到学界的批评。其根源还是在于我国《证券法》下的“证券”定义过于狭窄，无法容纳各类直接融资活动。因此，通过扩展“证券”的外延，明晰《证券法》作为直接融资基本法的定位，有助于理顺与融资犯罪相关的刑法规则体系，廓清《刑法》中有关非法集资的三个罪名各自的适用范围。

例如，现行《刑法》第一百七十九条“擅自发行股票及公司、企业债券罪”继续保留，但宜修改罪名为“擅自发行证券罪”，以覆盖更多的投融资工具。对于第一百七十六条“非法吸收公众存款罪”，宜将罪名调整为“非法经营或变相经营银行业务罪”，专门针对发行存单等工具来吸收存款的行为，并取消其中的“变相吸收公众存款罪”；毕竟，大多数变相吸收公众存款实为借款人发行债券工具来筹集资金。至于第一百九十二条“集资诈骗罪”，应将其适用于真正以非法占有为目的，完全缺乏商业合理性的集资行为。

二、集合投资计划本身构成《证券法》下的“机构投资者”

在“宝万之争”中，以资管计划为代表的集合投资计划持有股票并作为股东的资格曾遭到质疑。其实，集合投资计划作为一类特殊的机构投资者，历史上一直属于资本市场中的买方阵营。从1668年英国的“海外及殖民地政府信托”开始，公募证券投资基金作为机构投资者的地位一直未有变化；在现代各

① 《刑法》第一百七十六条：“非法吸收公众存款罪”（“非法吸收公众存款或者变相吸收公众存款，扰乱金融秩序的，处三年以下有期徒刑或者拘役，并处或者单处二万元以上二十万元以下罚金；数额巨大或者有其他严重情节的，处三年以上十年以下有期徒刑，并处五万元以上五十万元以下罚金。单位犯前款罪的，对单位判处罚金，并对其直接负责的主管人员和其他直接责任人员，依照前款的规定处罚。”

② 《刑法》第一百九十二条：“集资诈骗罪”（以非法占有为目的，使用诈骗方法非法集资，数额较大的，处五年以下有期徒刑或者拘役，并处二万元以上二十万元以下罚金；数额巨大或者有其他严重情节的，处五年以上十年以下有期徒刑，并处五万元以上五十万元以下罚金；数额特别巨大或者有其他特别严重情节的，处十年以上有期徒刑或者无期徒刑，并处五万元以上五十万元以下罚金或者没收财产。”

③ 《刑法》第一百七十九条：“擅自发行股票及公司、企业债券罪”（“未经国家有关主管部门批准，擅自发行股票或者公司、企业债券，数额巨大、后果严重或者有其他严重情节的，处五年以下有期徒刑或者拘役，并处或者单处非法募集资金金额百分之一以上百分之五以下罚金。单位犯前款罪的，对单位判处罚金，并对其直接负责的主管人员和其他直接责任人员，处五年以下有期徒刑或者拘役。”

国证券市场中，退休基金、养老金以及保险公司都是持股比例最大的机构投资者。我国大资管下的集合投资计划，不论是银行理财计划或信托计划，一旦合法地进入证券市场，它作为投资者的身份与公募基金或退休基金等并无本质区别。当然，资管计划受制于委托人的理财意向，通常不像上述主流机构投资者那样存续期长且稳定。

确立集合投资计划等公募、私募基金作为机构投资者的股东主体身份，也可以统一各类机构投资者在资本市场中的公平待遇问题。例如，目前证监会的“三类股东”政策主要针对契约型私募基金、资管计划和信托计划，但私募公司型基金和有限合伙基金实际上并无本质不同。

当然，集合投资计划作为机构投资者进入证券市场，尚需要证券交易规则在技术上予以配合。例如，在开立证券账户环节，目前的《证券法（修订草案三次审议稿）》（以下简称《三审稿》）仅在现行法条规定的“个人、法人”之外增加了“合伙企业”①，尚未明确包括基金、信托在内的大资管产品的开户资格和股东身份。这不仅与中国结算公司已经为大资管下的众多特殊产品及特殊机构开户的现实不符，同时也未能回应《资管新规》下银行理财产品的开户诉求。尽管法条中有“国家另有规定的除外”的兜底条款，但证券账户开户程序过于技术性，通常只在中国结算公司制定的规则层面来体现，并不会上升到行政法规。因此，建议《证券法》修订时在投资者开户环节直接明确集合投资计划等资管产品的开户资格。

三、证券公司的资管业务与全权委托禁令的松绑

证券公司是证券市场最主要的金融中介，承担着证券承销与证券经纪两大核心功能，因此也成为《证券法》所规范的主要对象。另外，各国证券公司也都在向财富管理公司转型，我国的证券公司也越来越多地涉足大资管业务，除了专门设立各类资管计划满足特定投资者的专业理财诉求外，近年来也一直在寻求松绑《证券法》对“全权委托”的禁令。不过，目前的《三审稿》第144

① 《三审稿》第167条：“投资者委托证券公司进行证券交易，应当通过证券公司申请在证券登记结算机构开立证券账户。证券登记结算机构应当按照规定为投资者开立证券账户。投资者申请开立账户，应当持有证明中华人民共和国公民、法人、合伙企业身份的合法证件。国家另有规定的除外。”

条维持了《证券法》一直以来禁止证券公司办理经纪业务时接受全权委托的规则。[①]

全权委托又称授权委托，是指投资者基于获利目的，在委托证券公司代其买卖证券时，对证券的买进或者卖出，或者买卖证券的种类、数量、价格不加任何限制，完全由证券公司代为决定。由于证券公司相对于普通股民天然地具有更多的信息优势和专业口碑，股民基于对开户券商的信任而授予其投资决策权。然而，若缺乏有效监管，证券公司基于经纪业务下佣金收入的动机而可能翻炒客户账户，甚至集合客户资金来联手坐庄、进行市场操纵与过度投机，从而对投资者以及证券市场秩序带来消极影响。

本质上看，全权委托属于资产管理业务，而非经纪业务。在资本市场的投资—融资链条中，证券公司从事资产管理属于买方业务；而经纪业务虽然定位于交易中介，但因佣金收入的特点，更偏向卖方业务。因此，各国《证券法》都针对证券公司的经纪业务而设置全权委托禁令，目的在于防范经纪人与资产管理人身份同一带来的利益冲突损害投资者利益，破坏投资者对专业理财的信任。

当然，我国目前证券公司的资产管理业务已经有相对独立的运作形式，其中单一委托人设立的资管计划与客户全权委托在功能上非常相似，但由于分属资管业务、经纪业务，可以通过证券公司内部的防火墙而减少利益冲突。从这个意义上看，证券公司接受股民全权委托进行股票买卖操作，并不存在法律障碍。当然，单一资管计划由于属于私募资管业务，有一定的门槛，并不能服务于普通股民的理财需求。因此，立法上需要做的并不在经纪业务下解除“全权委托”的禁令，而是在确保证券公司资管业务与经纪业务之间的防火墙的基础上，允许证券公司通过资管业务来接受普通客户委托代为进行证券买卖的全面操作。

换言之，《证券法》应将全权委托投资纳入大资管的范畴，这对于丰富证券公司资管业务的样态、促进证券公司转型财富管理、更好地服务于普通投资者的理财需求，都是有意义的。类似的域外立法例，可以参考我国台湾地区2000年的修法，一方面维持《证券法》下对经纪业务中全权委托的禁令，另

---

① 《三审稿》第144条第1款：“证券公司办理经纪业务，不得接受客户的全权委托而决定证券买卖、选择证券种类、决定买卖数量或者买卖价格。”

一方面制定《证券投资顾问事业、证券投资信托事业经营全权委托投资业务管理办法》，允许基金管理人以及投资咨询顾问接受客户委托进行全权股票买卖操作。实践中，台湾地区的证券公司往往通过设立全资的投资顾问公司开展全权委托投资业务。更进一步，在类似韩国《资本市场法》的大证券法模式下，大资管被纳入《证券法》/金融投资法体例中，全权委托投资业与投资买卖业、投资中介业、集合投资业、投资咨询业、信托业一起构成“金融投资六业”。立法则通过明确不同业态下防范利益冲突的具体措施，实现对金融机构混业经营的功能监管。

《证券法》如何规定老鼠仓

彭　冰[*]

老鼠仓是中国市场约定俗成的术语，指某些金融机构的工作人员在获取本机构的投资交易信息后，利用这些信息自己交易获利。自证监会2008年对某些基金管理公司的从业人员从事老鼠仓交易作出处罚后，打击老鼠仓被列入证券立法和证券监管的议事日程。

在立法层面，2009年，《刑法修正案七》正式将老鼠仓入刑，规定了“利用未公开信息交易罪”；2013年《证券投资基金法》修改，明确禁止基金管理人及其工作人员泄露未公开信息或利用该未公开信息交易。

在证券监管执法层面，证监会发动了针对老鼠仓的执法运动，不但运用大数据监管技术积极监测和发现老鼠仓交易，还联合公安部开展针对老鼠仓的专项执法行动，使“老鼠仓案件多发态势得到有效遏制”。

但在上述努力之余，《证券法》却缺乏对老鼠仓的直接规定。除了移送追究刑事责任，证监会对基金管理公司以外主体的老鼠仓行为，只能认定为证券从业人员非法买卖股票，并无直接处罚手段。

此次《证券法（修订草案三次审议稿）》（以下简称《三审稿》），加入老鼠仓相关条款，算是弥补了这一遗憾。只是如此修订是否恰当，《证券法》中应当如何规定老鼠仓，还颇值得讨论。

一、《三审稿》中关于老鼠仓的规定

《三审稿》增加了第62条，明确禁止老鼠仓行为，并规定了民事责任和行

* 彭冰，北京大学法学院教授。

政责任（第203条第2款）。除扩大了主体范围之外，《三审稿》的规定与《刑法修正案七》对《刑法》第180条的修改思路一致，行为模式和法律责任的表述也基本相同。

表1　《三审稿》老鼠仓条款与《刑法修正案七》老鼠仓条款的对比

刑法修正案七	三审稿
《刑法》第180条第四款 证券交易所、期货交易所、证券公司、期货经纪公司、基金管理公司、商业银行、保险公司等金融机构的从业人员以及有关监管部门或者行业协会的工作人员，利用因职务便利获取的内幕信息以外的其他未公开的信息，违反规定，从事与该信息相关的证券、期货交易活动，或者明示、暗示他人从事相关交易活动，情节严重的，依照第一款的规定处罚。	《证券法》第62条 禁止证券交易场所、证券登记结算机构、证券公司、证券服务机构和其他金融机构的从业人员、有关监管部门或者行业协会的工作人员，利用因职务便利获取的内幕信息以外的其他未公开的信息，违反规定，从事与该信息相关的证券交易活动，或者明示、暗示他人从事相关交易活动。 利用未公开信息进行交易给投资者造成损失的，应当依法承担赔偿责任。 第203条第二款 违反本法第62条的规定，利用未公开信息进行交易的，依照前款的规定处罚。

《三审稿》对老鼠仓的规定，比《刑法修正案七》的规定有所改善。改善主要体现在《三审稿》扩大了老鼠仓主体范围，除了将“证券交易所”扩大为“证券交易场所”外，还增加了《刑法修正案七》中没有的“证券登记结算机构”和“证券服务机构”，并以“其他金融机构”取代了《刑法修正案七》中的列举。这是有所进步的地方，因为证券登记结算机构的工作人员从事老鼠仓，现实中已经有中国登记结算公司深圳分公司员工涂欣的案例。证券服务机构在提供中介服务过程中，也很可能获取各种相关信息，这些证券服务机构受到保密义务和职业规范的约束，不应当允许其工作人员利用这些信息交易获利。这一改善填补了原有的法律空白。

二、《三审稿》的老鼠仓规定有所不足

（一）老鼠仓的不同类型

尽管扩大了老鼠仓的主体范围，但《三审稿》在行为模式和行政责任的表述上，行文基本与《刑法修正案七》一致，今后在解释和适用上也可能一致。

但对于《刑法修正案七》的老鼠仓规定，本人曾经提出过批评意见，认为其没有认清老鼠仓可能存在多种不同类型，很难确定为同一种法律性质，“定于一尊”的结果可能就是刑罚的不公正。①

粗略划分，实践中的老鼠仓案例可以分为三种：②

1. 操纵型老鼠仓。操纵者利用自己在金融机构的决策影响力，用金融机构去交易自己买入的股票，以便影响股价，自己从中获利。从表面看，操纵者的交易与金融机构的交易趋同，看起来好像利用了金融机构的未公开信息，但实质上，该信息是操纵者自己制造的，是操纵的手段。

2. 内幕交易型老鼠仓。交易者明知本金融机构可能发生的交易具有一定的市场影响力，抢先交易而获利。这里的未公开信息是金融机构可能发生交易的信息，因为交易量比较大，可能影响该证券的市场供需关系，因此具有市场影响力，交易者就有了获利空间。

3. 侵占财产型老鼠仓。未公开信息为金融机构或者单位的财产，交易者未经许可利用该信息交易，即构成对该单位财产权利的侵害。这里的未公开信息往往还不构成内幕信息，但仍然具有财产价值。例如，某金融机构投资经理李某研究发现中国工商银行现在的股价处于被低估的状态，随着价值被市场发现，其股价未来有很大的上涨空间。这一信息不属于传统内幕信息，因为不是涉及工商银行自身的重大变化，也不属于上面所说涉及证券市场供需关系的信息，因为对于工商银行这样一个超级大盘股来说，李某所属金融机构的买卖行为并不会对其股价造成影响。但李某的这一研究成果，是其在工作过程中的职务成果，其财产权利应当属于李某供职的金融机构，李某如果私自利用，就构成对该金融机构财产的侵占。

这三种老鼠仓在性质上各自不同，责任追究和认定也应当有所不同，简单用一种模式去套用并不合适。《刑法修正案七》对老鼠仓的规定，采取了简单化的做法，在实践适用中，执法和司法机构又往往简单机械地套用，造成不公平的后果。

（二）为什么要区分老鼠仓的不同类型

不过，有人可能会说，既然都是违法行为需要禁止，用一个简单条文直接

① 彭冰．重新定性“老鼠仓”——运动式证券监管反思［J］．清华法学，2018（6）．

② 同注①。不过，该文基于主体等划分，将老鼠仓区分为七种类型，本文为讨论方便，将其简化为三种类型。

禁止就好了，为什么需要区分三种不同类型呢？

这是因为在违法行为的认定上，不同类型的老鼠仓，其认定要件可能并不相同。操纵型老鼠仓，需要认定操纵意图，以及操纵者对金融机构决策的操控力和金融机构交易的市场影响力。内幕交易型老鼠仓则需要认定未公开信息的重大性，主要是价格敏感性。侵占财产型老鼠仓只需要证明未公开信息具有财产价值。

无论是《刑法修正案七》还是《三审稿》，都没有规定未公开信息的内容和认定要件。如果在执法过程中不对未公开信息的要件作出清楚界定，则老鼠仓打击的范围就宽泛到几乎没有边界：任何单位都有很多未公开信息（只要不是上市公司），如果不考虑该信息的性质如何，不对未公开信息的认定要件进行界定，而是将所有主体从事与该信息相关的证券交易活动都认定为老鼠仓，则显然打击面过广。同时，因为未公开信息往往并不必然会被公开，不像内幕信息那样有明确的敏感期，相关主体因此被禁绝交易的时间几乎是没有限制的。

面对这样宽泛的范围，执法机构只能选择性执法，造成不公平的后果。而这些主体则只能选择不从事任何证券买卖，实际上，是将限制证券从业人员买卖证券的禁令扩展到《三审稿》第62条列举的所有主体，包括证券服务机构和其他金融机构的从业人员。

同时，过罚相当是现代法治的基本原则，《行政处罚法》也要求“实施行政处罚必须……与违法行为的事实、性质、情节以及社会危害程度相当”。上述三类老鼠仓在过错程度和危害性上也有所不同：操纵型老鼠仓其实就是一种特殊的市场操纵行为，其主观恶性和社会危害性最大；内幕交易型老鼠仓主要是对其他市场主体显得不公平；侵占财产型老鼠仓则主要是对所属单位造成了损害。对于这三类危害性不同的老鼠仓，如果都像内幕交易那样仅仅按照违法所得多少来处罚，并不公平。

三、《证券法》应该如何规定老鼠仓

《证券法》如何区分这三种老鼠仓，作出分别规定呢？

操纵型老鼠仓类似目前实践中被认定为操纵的“抢帽子交易”，只是操纵主体从投资咨询人员扩大到金融机构从业人员。《证券法》可以将其列为操纵行为的一种类型，直接规定在操纵的相关条款中。《三审稿》将“抢帽子交易”规定为：“对证券、发行人公开作出评价、预测或者投资建议，并进行反向证券交易”，未来《证券法》则可以将操纵型老鼠仓规定为：“控制、建议金融机构从事相关交易，影响市场，而自己进行反向交易。”

内幕交易型老鼠仓其实不需要像《刑法修正案七》和《三审稿》这样规定，只需要在内幕信息的类型上简单加入一个特殊类型：“涉及证券市场供需关系，对股价有重大影响或者对投资决策有重大影响的信息。”即将这种未公开信息确定为内幕信息之一种，相应的内幕交易型老鼠仓也就变成了内幕交易行为，直接按照现有的内幕交易规则来处理，控方必须证明交易者所利用的未公开信息具有重大性，即对证券供需关系的影响达到一定程度，因此具有价格敏感性或者投资决策敏感性。

侵占财产型老鼠仓本质上只是交易者对所属单位信息财产的侵占，与操纵市场会影响整个市场不同，也与内幕交易的不公平性不同，这只是发生在交易者和所述单位之间的事情。因此，最佳选择可能是法律上不做规定，而交给单位处理。单位可能以违反保密义务，追究交易者的违约责任，或对其进行纪律处分。

但立法者也许担心中国目前的金融机构或者金融管理部门在治理上还不完善，或者单位监测能力不足，很难发现员工的侵占行为，希望能够将其在法律上规定为一种证券违法行为，通过证券监管机构的监测能力，发现和处罚此类老鼠仓行为，以规范相关人员的行为，节约监管成本。那也可以保留和修改《三审稿》第 62 条的规定。

具体而言，《三审稿》第 62 条第一款的规定可以保留，专门用于处理侵占财产型老鼠仓。《三审稿》第 203 条第二款仿照内幕交易规定的行政责任，并不合适，因为侵占财产型老鼠仓与内幕交易在本质上有所不同，社会危害性更小，因此不需要按照违法所得调整处罚程度，简单规定没收违法所得再加一个罚款范围即可。至于《三审稿》第 62 条第二款规定的民事责任则应当有所区分：(1) 对于交易者所属单位为金融机构的，应该修改为利用未公开信息进行交易的违法所得，应当归所属单位；给单位造成其他损失的，应当依法承担赔偿责任。因为这种老鼠仓侵占的是交易者所属单位的财产权利，而不是市场投资者，不应当向投资者承担民事责任。(2) 对于交易者所属单位为证券服务机构、证券交易场所、证券登记结算公司、监管部门和行业协会的，不需要规定民事责任，因为这些单位所获取的信息其实也是来自其他金融机构。

市场化应成为《证券法》修改的基本遵循

——关于《证券法（修订草案三次审议稿)》的几点意见

冯　果*

一、总体评价

《证券法（修订草案三次审议稿)》（以下简称《三审稿》）在建立健全多层次资本市场体系、加强投资者保护、加强事中事后监管以及适应市场创新、完善上市退市制度等方面，有许多创新之处，对于激发市场活力，有效保护投资者合法权益，强化市场监管将会发生深远的影响，但与党中央“推进市场化改革”、服务实体经济和民营经济的改革方向和要求尚有一定的差距：(1）立法理念仍然较多地停留在过去的现代工业的理念，服务科技创新、激发市场活力的意识有限（如连续持续盈利能力标准、债券发行中的最低资产规模等发行要求)；(2）统一行为监管的原则尚不能充分体现，作为资本市场基本法的统领和统摄功能无法真正发挥，解决不了监管分割及监管套利等现实问题（如证券范围过窄的问题)；(3）将特定时期稳定市场的一些临时性措施，上升为法律，违背市场规律，市场管制法的特色过重，前瞻性和稳定性不足（禁止银行信贷资金入市、不允许自然人账户出借等)，无法承担未来几十年甚至更长时间的中国资本市场基本法的重任。

* 冯果，武汉大学法学院院长，教授、博士生导师，湖北省法学会副会长。

二、几点具体修改建议

（一）关于证券的定义

在证券定义上（第二条），只增加了“存托凭证”一项，意义有限。由于没有将中期票据等银行间债券市场及其他具有证券特性的金融产品纳入规范范畴，既无法体现统一行为监管的原则，发挥《证券法》的统领和统摄作用，也无法解决现实生活中的非法集资问题，建议恢复一审稿的表述。

（二）关于注册制及发行标准问题

关于注册制的规定被动且保守，应予以适当放宽，同时完善相应配套制度。

1. 注册制的适用范围可以进一步扩大。修法显然应当是针对所有发行制度，而不能只针对某个特殊板块。科创板的开设目的不是开辟一个特殊的板块，而是希冀通过科创板的实验为注册制在整个市场的推进创造条件，目前的版本仅仅是对科创板做了一个简单规定，为科创板的推行提供法律依据，丝毫体现不出贯彻中央授权对注册制进行试点经验总结的精神，缺乏前瞻性和未来的稳定性预期。

2. 现有科创板的注册发行条件需要进行相应调整。首先，即便是针对科创板，三年会计报告等发行条件的要求对于一些优质的新科创公司的证券发行和上市交易设置了人为的障碍；而“独立面向市场经营能力”模糊不好判断，建议改为“持续经营能力”。同时，财务会计报告连续三年无虚假记载，应该继续予以强调，诚信是市场的基本要求。

3. 明确非公开发行适用注册制。是否应该适用注册制，目前没有规定，既然公开发行都在试点注册制，那么非公开发行，更应该予以适用。

4. 加强配套制度，特别是跟投利益保证机制和责令回购制度。

（三）债券发行条件市场化问题

债券市场已经发生很大变化，现有规定（第17条）依然保留1997年时的债券发行条件的资产标准，也没有构建起与债券产品相适应的能够反映债券特点的信息披露规则。建议针对债券市场的特殊性对其发行和信息披露作出系统性和有针对性的安排，特别是第17条第（一）及第（四）项不应该保留，以进一步推动债券市场的发展。

（四）基于市场特殊形势而采取的过于严厉的监管新规应审慎入法

第44条关于减持比例的规定，第66条关于账户出借的修改、第67条禁止利用信贷资金买卖证券、第129条第4款证券承销特许等属于特定时期的监管政策，违背资本市场杠杆性的要求，会阻碍并购市场乃至资本市场的正常发展，特殊时期的监管政策是否要入法应斟酌。

（五）为制度创新，尤其是智能投顾留下一定的空间

1. 第129条第4款证券承销特许，即不允许证券公司之外的机构承销证券，既与现实不符，也与混业经营的发展趋势不符，建议删除。

2. 第127条第（一）项规定投资咨询机构不得代理委托人从事证券投资完全堵死了智能投顾发展之路，建议适当弹性化，加上“监管机构另有规定的除外”的表述，为智能投顾的发展留有余地。

3. 进一步充实信息披露的电子化、数字化。

（六）完善投资者保护措施

尽管有很具体的措施，但大家一直期盼的民事赔偿优先的主张没有得到体现，建议在第234条明确民事赔偿优先。

三、简单的总结

《证券法》作为资本市场基本法，应该发挥其基础性和统领性作用，能够引领资本市场的发展并服务实体经济，《三审稿》是在《二审稿》的基础上为适用中央关于推出科创板的需要而紧急出台，《二审稿》是在股灾的特殊背景下制定的，其基本思路是市场整治，稳字当头，很多地方与市场化的发展方向是背离的，《三审稿》同样没能很好地体现中央改革精神，离习近平总书记所要求的建立“规范、透明、开放、有活力、有韧性”的要求还有一定距离。市场中的很多基础性问题尚有进一步讨论的必要，该版本还有进一步修改的空间。

完善《证券法》有关规定
夯实资本市场法制基础

——对《证券法（修订草案三次审议稿）》的几点意见

汤 欣*

一、建议完善“证券”的定义表述

《证券法（修订草案三次审议稿）》（以下简称《三审稿》）第二条关于“证券”定义的规定，基本沿袭现行《证券法》的方式，只增加了“存托凭证”一项，整体上仍未对“证券”加以明文定义，仅就法律的适用范围作出规定，即在中华人民共和国境内，股票、公司债券、存托凭证和国务院依法认定的其他证券的发行和交易，适用本法；本法未规定的，适用《中华人民共和国公司法》和其他法律、行政法规的规定。

在我国现实的经济条件下，主要的证券种类无疑仍是股票和公司债券，但这并不意味着，法律的规制范围也应该或者只能局限于这两种典型的证券形式。相反，由于实践中有相当多种类的票据或证书，与股票有着相似之处，即一方出资，而由他方负责经营，出资者的权益保护在相当程度上取决于经营者的忠实与勤勉。因此，这些票据或证书持有人的权益，也应当给予与股票和公司债券持有人近似的保护。

《三审稿》回应经济社会现实增加了“存托凭证”，体现了一定的进步，但仍较为保守，建议以列举和抽象并用的方式明文规定“证券”的种类，并适当加以扩张，以充分保护投资者的合法权益，这也应是《证券法》的宗旨所

* 汤欣，清华大学法学院教授，博士生导师。

在。在这方面，发达国家证券市场的立法及实践，值得我们借鉴和学习。最典型的是美国《1933 年证券法》第 2（a）1 条对“证券”的定义，不厌其烦对各种证券类型进行具体细致的列举，旨在把一切与公众投资有关的金融工具都囊括其中，以便为投资者提供周全的保护。同时，法院在司法实践中，还通过宽泛的解释（如对投资合同的界定），使之具有更广泛的普适意义。

为此，一是建议明文规定并适当扩张“证券”的定义；二是考虑涉外经济活动日益增加，建议法律适用范围上延伸至境外证券发行和交易，涉及国家利益、公共利益和境内投资者合法权益的情形。使通过公开发行渠道进行投资的社会公众，都得到充分而准确的信息披露保护，编织起“疏而不漏”的法网。

具体条文修改建议如下：

《三审稿》	修改建议
第二条　在中华人民共和国境内，股票、公司债券、存托凭证和国务院依法认定的其他证券的发行和交易，适用本法；本法未规定的，适用《中华人民共和国公司法》和其他法律、行政法规的规定。 政府债券、证券投资基金份额的上市交易，适用本法；其他法律、行政法规另有规定的，适用其规定。 证券衍生品种发行、交易的管理办法，由国务院依照本法的原则规定。	第二条　在中华人民共和国境内的证券发行和交易，适用本法。在中华人民共和国境外的证券发行和交易，涉及中华人民共和国国家利益、社会公共利益和境内投资者合法权益的，适用本法。 本法所称证券是指标准化、可交易的投资性金融商品。下列证券的发行和交易，适用本法；本法未规定的，适用《中华人民共和国公司法》和其他法律、行政法规的规定： （一）股票及其他股权凭证； （二）债券和其他债务融资工具； （三）证券的存托凭证； （四）非保本理财产品，资金信托计划，金融机构资产管理产品； （五）国务院依法认定的其他证券。 政府债券、证券投资基金份额的交易，适用本法；其他法律、行政法规另有规定的，适用其规定。 衍生金融产品的发行、交易，其他法律、行政法规另有规定的，适用其规定。

二、建议适当放开全权委托的禁止性规定

《三审稿》未能突破现行《证券法》关于投资咨询行业中全权委托业务的

禁止性规定。体现在第 144 条对证券公司经纪业务的规定，即“证券公司办理经纪业务，不得接受客户的全权委托而决定证券买卖、选择证券种类、决定买卖数量或者买卖价格”；以及第 172 条第 1 款投资咨询机构的证券服务业务部分，即“投资咨询机构及其从业人员从事证券服务业务不得有下列行为：（一）代理委托人从事证券投资；……”

实践中，券商在提供经纪业务时，通常附带免费的投资咨询“附加值”，如果把此种附加服务界定为“办理经纪业务”，可能形成行业性的实质性法律风险。同时，禁止投资咨询机构从事全权委托，不仅使新兴的智能投顾业务难以开展，也已经整体上拖累了投资咨询行业的发展，并使有需求的客户无法享受高附加值的证券服务。事实上，如果对于全权委托机构进行牌照管理，赋予其受托义务、信息披露和避免利害冲突交易的要求，可以管住可能脱缰的全权委托，给行业和投资者带来正向收益。建议谨慎放开投资咨询机构及证券公司的全权委托业务，具体规定交由中国证监会进行规定。

具体条文修改建议如下：

《三审稿》	修改建议
第一百四十四条　证券公司办理经纪业务，不得接受客户的全权委托而决定证券买卖、选择证券种类、决定买卖数量或者买卖价格。证券公司不得允许他人以证券公司的名义直接参与证券的集中交易。	第一百四十四条　证券公司不得违反规定接受客户的全权委托。全权委托的具体规范办法，由国务院证券监督管理机构另行规定。 证券公司不得允许他人以证券公司的名义直接参与证券的集中交易。
第一百七十二条　投资咨询机构及其从业人员从事证券服务业务不得有下列行为： （一）代理委托人从事证券投资； （二）与委托人约定分享证券投资收益或者分担证券投资损失； （三）买卖本咨询机构提供服务的证券； （四）法律、行政法规禁止的其他行为。 有前款所列行为之一，给投资者造成损失的，依法承担赔偿责任。	第一百七十二条　投资咨询机构及其从业人员从事证券服务业务不得有下列行为： （一）违反规定代理委托人从事证券投资； （二）与委托人约定分享证券投资收益或者分担证券投资损失； （三）买卖本咨询机构提供服务的证券； （四）法律、行政法规禁止的其他行为。 有前款所列行为之一，给投资者造成损失的，依法承担赔偿责任。

三、建议完善代表人诉讼的有关规定

《三审稿》增加了“投资者保护”专章，规定了证券纠纷调解制度、投资者保护机构支持诉讼制度以及先行赔付等安排，体现了对投资者保护力度的加强。其中，第105条规定了推选代表人诉讼制度，规定投资者提起虚假陈述、内幕交易、操纵市场等证券民事赔偿诉讼时，当事人一方人数众多的，可以依法推选代表人进行诉讼。建议结合现行实践及未来发展需求，将该条规定拓展为三个独立的条文，具体表述为如下内容：

（一）证券示范诉讼

第××条　就群体性证券民事赔偿诉讼，人民法院可以选取具有共通的事实争议和法律适用等焦点问题的代表性案件先行审理、先行裁判。示范判决生效后，已为该判决所认定的共通的事实，无须平行案件的当事人另行举证；已为该判决所认定的共通的法律适用标准，平行案件中的投资人主张直接适用的，人民法院可予支持。

（二）投资者推选代表人诉讼

第××条　投资者提起证券民事赔偿诉讼时，当事人一方人数众多的，可以依法推选国家设立的投资者保护机构作为代表人进行诉讼。

证券民事赔偿诉讼的诉讼标的是同一种类、当事人一方人数众多在起诉时人数尚未确定的，人民法院可以发出公告，说明案件情况和诉讼请求，通知权利人在一定期间向人民法院登记。向人民法院登记的权利人可以依法推选国家设立的投资者保护机构作为代表人进行诉讼。

前两款中代表人的诉讼行为对其所代表的当事人发生效力。代表人变更、放弃诉讼请求或者承认对方当事人的诉讼请求，进行和解，应当事先听取被代表的当事人的意见。

人民法院针对第二款的证券民事赔偿诉讼作出的判决、裁定，对参加登记的全体权利人发生效力。未参加登记的权利人在诉讼时效期间提起诉讼的，适用该判决、裁定。

（三）为集团诉讼预留空间

第××条　国家设立的投资者保护机构可以代表投资者提起证券民事赔偿诉讼，并就此发出公告，说明案件情况和诉讼请求。投资者不同意代表事项的，可以在公告后21天内向人民法院登记并退出诉讼；未予登记的视为同意代表事项。

四、建议斟酌股份减持的有关规定

《三审稿》第44条纳入证监会2016年发布的《上市公司大股东、董监高减持股份的若干规定》（以下简称《减持新规》有关规定，虽然一定程度可以解决《减持新规》的法律效力问题，但其合理性仍有待商榷。

一方面，《减持新规》旨在规范大股东以及特定股东的减持行为，保护中小投资者利益，维护市场秩序，但其实施时间尚短，政策效果需要进一步评估，事实上已有实证研究成果质疑其能否达成政策效果；另一方面，《三审稿》的规定较证监会《减持新规》更加严厉，如《三审稿》第44条第3款规定："前款所列人员计划通过集中竞价交易转让股份的，应当在十五个交易日前通知上市公司并予公告"，主体包含"上市公司持股百分之五以上的股东、实际控制人、董事、监事、高级管理人员，以及其他持有上市公司首次公开发行前发行的股份或者上市公司非公开发行的股份的股东"，而《减持新规》仅包含"大股东、董监高"。《三审稿》要求"通知上市公司"而非"向证券交易所报告并预先披露减持计划，由证券交易所予以备案"，规定则含有明显的反收购意味。

我国的资本市场有着较为独特的市场环境和投资者结构，不仅需要借鉴发达市场，如美国、欧盟、中国香港地区等的先进经验，也需要从自身条件出发有针对性地作出规定，因地制宜地构建自身的法理逻辑和监管理念。

《证券法（修订草案三次审议稿）》应进一步明确我国多层次资本市场的结构属性

陈 洁*

《证券法（修订草案三次审议稿）》（以下简称《三审稿》），根据我国资本市场发展的实践，采取了三分法的做法，对证券交易所、全国性的证券交易场所和区域性股权转让市场进行了规定，明确了我国多层次资本市场的基本构架。较现行《证券法》而言，尽管《三审稿》就全国性证券交易场所新增了诸多条款，并明确了区域性市场的法律地位，这是一个相当大的进步，但笔者认为，我国多层次资本市场体系在《证券法》的修改中，应该进一步明确和清晰。

第一，应从四个层面确定我国资本市场的层次性并进一步明确多层次市场的属性。即将目前的资本市场三分法改成四分法，增加其他类型的证券市场形式，给证券柜台交易或其他形式的场外交易留有空间。同时，应在《证券法》中确定多层次市场的三种属性，即全国性的证券市场包括证券交易所和其他全国性证券交易场所，区域性的证券市场包括地方股权交易中心，其他证券市场包括柜台交易市场。前者由国务院批准设立，是独立、公开、集中的场内市场；中者由国务院证券监督管理机构批准设立，是独立、集中的场外市场；后者由国务院证券监督管理机构授权机构批准设立，是非独立、非集中的场外市场。

第二，应进一步明确各层次市场中的板块设立及转板机制。应允许每一层次市场中的多板块设置，并对板块的设置和转板进行概括性规定。明确规定在

* 陈洁，中国社科院法学研究所研究员，博士生导师。

一个市场建立的不同板块应当具有差异化的标准、准入条件、交易、行情显示和监管标准等，对于转板应视不同情况予以不同的规定，同一市场内的转板和不同市场间的转板，应有差异化的安排，不同市场属性的转板更应该有较为严格的规定。例如，对于证券交易所之间或者证券交易所与全国性的证券交易场所之间的转板，由于其属性均为国务院批准设立的独立、公开、集中的场内市场，在不同市场制定相应规则的前提下，转板可以由证券交易所和全国性证券交易场所自行决定；至于场外市场与场内市场之间的转板，由于涉及证券的发行和交易性质的变化，如证券由非公开发行变成公开发行，非公开交易变成公开交易，应当由国务院证券监督管理机构通过行政许可加以严格控制。

第三，应当为公司制证券交易场所预留空间，以形成会员制和公司制并存的二元结构的证券交易场所，并允许证券交易场所自行选择其组织形式。在《证券法》修改稿中应明确公司制证券交易场所，并进一步细化公司制证券交易场所的设立、性质、职责、章程、组织构架、公司治理、权利义务、监督管理等，以弥补现行《证券法》只注重证券交易所并且只规定会员制交易所存在的问题和不足，在满足我国已出现的多种性质的证券交易场所的发展需求的同时，也更好地顺应国际资本市场的发展趋势并与域外证券交易所的发展实践接轨。

当强制要约遇到同股不同权

——简评《证券法（修订草案三次审议稿）》第77条

张　巍*

引言

上海证券交易所科创板规则出台后，中国的同股不同权制度随之浮出水面，部分股东在仅掌握少量现金流权利的情况下，便可以取得与其现金流权利不成比例的表决权，从而控制上市公司的运营。① 同股不同权也称双重股权架构，在美国存续已久，特别是21世纪诸多高科技企业纷纷采用这种股权结构，以图遏制所谓的公众投资人短视行为。

另外，中国证券法体系已经包含强制要约规则多年，据此，当上市公司股东取得一定比例的股票之后，便可能触发要约义务，必须根据法定要求向所有其他股东发出全面或者部分要约。② 强制要约制度源自英国，英联邦（Common Wealth）国家普遍继受了这一制度，其本意是要让公众投资人在控股股东转让公司控制权时，和控股股东一样享受到控制权溢价，或者有机会退出。③ 因此，在英联邦法域中，强制要约的触发条件一般以取得表决权比例为准。④ 对此，中国的法律法规，包括《证券法（修订草案三次审议稿）》（以下简称《三审稿》），均以“股份”比例作为要约触发条件，似乎与制度的实际目的背离，

---

* 张巍，新加坡管理大学法学院助理教授。

① 《上海证券交易所科创板股票上市规则》第四章第五节。

② 《证券法》第88条及《上市公司收购管理办法》第三章。

③ 马骁．上市公司收购制度解析［M］．北京：法律出版社，2009.

④ 如新加坡《收购法典》（*Takeover Code*）14.1条。

也应改为表决权比例为妥。本文均以表决权比例作为要约触发条件为前提进行阐述。

如前所述，双重股权架构盛行于美国，而美国法律不要求强制要约；反过来，强制要约规则流行于英联邦法域，但这些法域传统上不允许同股不同权。因此，这两项制度虽然都独立存在多年，却大体上没有过交集。然而，中国在引入同股不同权之后，就会令两者碰撞互动，从而出现一些有趣的问题，值得深入思考。《三审稿》第77条新增一款，规定上市公司发行的不同种类股份可以适用不同的收购条件，似乎就是为强制要约适用于双重股权架构公司预留了空间。有意思的是，中国香港和新加坡比中国内地略早引入同股不同权，同样会出现双重股权架构与强制要约的碰撞，据笔者所知，这两个法域好像尚未考虑过此二者的互动关系。本文旨在提出两者并存于同一证券法律体系下可能产生的问题，并对问题的解决作出初步思考，在此基础上，对《三审稿》第77条作出简略的评论和建议。

一、问题的提出

在科创板允许双重股权架构公司上市之后，强制要约的义务人出现了一系列新问题。首先，根据《上海证券交易所科创板股票上市规则》，具有特别表决权的股票虽不能在二级市场交易，却可以其他方式转让，一经转让，特别表决权即转化为普通表决权。[①] 显然，假如有投资人希望取得同股不同权公司的控制权，必定要与特别表决权股股东协商取得其股份。即便转让之后特别表决权消失也是如此，否则不可能取得控制权。此时，纵然转让之后特别表决权股会变成普通表决权股，但特别表决权股股东很可能不愿以普通表决权股的价格出让其股票，而会索取控制权溢价。

那么，购入拥有30%以上表决权的特别表决权股是否应该发出强制要约，或者说，特别表决权股股东出让其股票获得的溢价是不是需要与其他股东分享？如不分享，好像违反了强制要约的本意。举轻以明重，既然原本没有特别表决权的控股股东在转让控股权时，中小股东尚且可以分享控制权溢价，那么有特别表决权的控股股东更加容易控制上市公司，当其出让控制权时，又如何不许其他股东分享溢价？如果此时一律要求特别表决权股股东与公众投资人分

---

① 《上海证券交易所科创板股票上市规则》第4.5.8条。

享控制权溢价，也就需要将强制要约的触发条件规定为“取得特别表决权股因转让而转换成普通股之前上市公司30%表决权”。倘使真做此规定，则协商购得特殊表决权股的买家不免会觉得冤枉，明明在股份转让之后，自己购得的股份表决权可能远远不到30%，还需要大量购进其他股东的股票方可取得控制权，却被视同已经获得控制权者同样对待。

其次，除了受让特别表决权股者（及其一致行动人）之外，由于特别表决权股转换成普通股还可能令其他普通股持有人的表决权比例被动升高，从而超过30%的强制要约触发线。[①] 此时，这些表决权比例被动提升的股东是否需要发出要约？假如要求这样的股东发出要约，对他们而言仿佛“闭门家中坐，祸从天上来”，看似有失公平。况且，这些股东并没有积极购入股票，可能也不存在所谓此前6个月的最高买入价格，其要约价格的底线在哪里并不清楚。而如果仅以市价要约，则也谈不上什么分享溢价，强制要约失去意义。反之，假如不要求这些股东发出要约，那么其他股东好像失去了选择退出的机会，尽管上市公司的控制权实质发生了转移。

最后，如果普通股股东掌握的表决权超过30%，那么理论上也有可能因为代表超过30%表决权的普通股转让而引发强制要约。此时，取得这些普通股的投资人是否需要发出要约？如果需要，那除了向其他普通股股东发出收购要约之外，是否也需要发出收购特别表决权股的要约？《三审稿》第77条新增第二款的规定似乎表示此时强制要约将被触发，而且除了向普通股股东发出要约之外，要约人也需要向特别表决权股股东发出要约。然而，在这种情况下，假如允许特别表决权股通过要约售出，是否属于在二级市场销售？况且，此时取得30%以上普通股的投资人实际并没有令上市公司的控制权发生变化，又为何需要作出强制要约呢？

二、回答问题的尝试

对于第一个问题，笔者认为不必一律要求取得特别表决权股的投资人发出强制要约，而只有当其（及其一致行动人）在购入被转换成普通股的特别表决

① 根据现行科创板规则，特别表决权股可以10%的现金流权利掌握多达90%的表决权，于是，当这些特别表决权股全部转换为普通股之后，原来的普通股股东可以拥有90%的表决权，因此，转换之前仅拥有3.4%表决权的股东就可能一下子成为掌握30%以上的表决权。而且，理论上还可能同时出现一个以上的股东因为特别表决权股转换而成为持有超过30%表决权的股东。

权之后，合计拥有的表决权比例超过30%时，才会需要作出强制要约。主要理由如下：

一是从上市公司控制权的实际状态看，购得转换为普通股的特别表决权股者，假如合计拥有的表决权比例不足30%，在法律上并不能被视为取得了控制权。① 也就是说，此时公司控制权并未转移，所以作为在控制权转移时保护中小股东的强制要约制度没有被触发的必要。并且，在这种情况下可能出现原先拥有控股股东的公司变得控制权分散，不再具有控股股东。没有了控股股东也就解除了大股东剥削中小股东的忧虑，可能对公众投资人反而更为有利。②

二是从强制要约的实际功能看，当控制权转让时，原控股股东本身取得的控制权溢价并未拿出来与中小股东分享，所谓的“分享溢价”只是新的控股股东拿出钱来和公众投资人分享。如此一来，显然提高了取得上市公司控制权的成本，抑制了取得控制权的动力。③ 因此，对原控股股东而言，强制要约真正的约束在于降低其以伴随控制权溢价的价格转让自己的股票，实现套现走人的概率。而在中国目前的同股不同权规则下，由于特别表决权股一经转让即变成普通股，其对上市公司的控制力大大下降。为此，原来控制公司的特别表决权股股东要给自己找到愿意以溢价价格买下不具有控制权的股票的投资人，这种概率本来已经比在特别表决权股无须因转让而被强制转换的情况下④低得多。如此看来，似乎也没有必要再过多依赖强制要约制度束缚原控制权人套现离场。

对于第二个问题，笔者以为无须强制被动超越30%界限的普通股股东对其他股东发出要约。除去前面提到的要求这样的股东发出强制要约有失公平之外，其实，于此情况下其他股东也没有借助要约实现退出的必要。上市公司控

① 法律将强制要约触发门槛定在30%，也就意味着视此比例为控制权移转的红线，尽管实际上可能存在不必取得30%表决权即可控制公司的情况。在此，有必要区分法律上和实际上的控制权转移标准。本文仅在承认既有法律标准的前提下，讨论这一标准是否以及如何适用于同股不同权公司，而不对这个标准本身是否符合实际，以及是否需要修正作出探讨。

② 当然，失去控股股东后也失去了有意愿积极监督经营管理人的大股东，公众投资人不能再搭大股东的便车，限制管理层，所以股东与管理层之间的利益冲突可能加剧。不过，在同股不同权的公司中，由于原先的控股股东享有的现金流权利远小于其表决权，因此，这些控股股东原本就没有足够的经济激励来监督管理层，反而可能直接出任经营管理者欺压小股东。于是，双重股权架构公司在失去控股股东之后可能整体上对公众投资人利大于弊。

③ 所以，强制要约制度的缺陷在于过度抑制有效率的控制权转让，Lucian Bebchuk. Efficient and Inefficient Sales of Corporate Control［J］. Qquarterly Journal of Economics 957，1994.

④ 美国即属此情况，原则上特别表决权股转让并不降低其表决权。

制权发生变动时，非控股股东始终可以通过二级市场退出，而强制要约给予他们的并不是一个简单的退出机会，而是以优越的价格，包含控制权溢价的价格，退出的机会。然而，如果由于特别表决权股转换而被动取得了公司的控制权，这些股东究竟因而享有多少控制权溢价并无可行的标准加以认定，所以，要赋予其他股东以优越价格退出的机会缺乏可操作性。

况且，实践中这种被动成为控制权人的情况恐怕也不太会出现。这是因为愿意收购特别表决权股的投资人通常具有取得控制权的意图，否则只要在二级市场买入普通股即可。于是，这样的投资人应该不会愿意停留于仅仅买下这部分股票，转换之后，收购者并不足以控制公司。相反，这些投资人一定还会继续收购其他普通股，直到实现对公司的控制。换句话说，所谓被动取得控制权者是否需要发起要约，很可能只是一个伪问题。

对于第三个问题，笔者认为，对于具有双重股权架构的上市公司，仅仅因为某个投资人取得代表30%以上表决权的普通股没有必要触发强制要约，也就是说，不必要求其分别对特别表决权股和普通股按不同条件发出收购要约。此时，只有特别表决权股没有转让，即使取得30%以上的普通股表决权也不可能实现对上市公司的控制，而既然控制权没有移转，自然也没有必要触发强制要约。只有当取得30%以上普通股表决权的投资人实际掌握的表决权比例超越特别表决权股东时，才会需要发出强制要约。而要出现这种情况，最有可能的是收购普通股的投资人同时也协议收购了特别表决权股。这样一来，实际上又回到了上述第一个问题涉及的情形。①

根据现有规则，尽管特别表决权股不能在二级市场流通，故而也不太可能上市，美国的情况就是如此，② 但这部分由内部人士持有的未上市流通的股票或许也可以成为要约收购的对象，并且这些内部股东也可以接受要约。③ 于是，从理论上说，《三审稿》第77条新增的第2款有可能适用于迂回收购同股不同

① 另一种可能是投资人甲取得30%以上的普通股，而特别表决权股却被转让给投资人乙，并且乙在特别表决权股转换为普通股之后，合计持有的表决权也超过30%。此时，可以要求甲、乙都发出强制要约，以促使其公开竞争控制权。不过，实际出现这种情况的可能性也许不高。

② 在200多家同股不同权公司中，超级表决权股上市的只有15家（Andrew William Winden. Sunrise, Sunset: An Empirical and Theoretical Assessment of Dual – Class Stock Structures [R]. 2018 Columbia Business Law Review 852, 2018）。何况，美国还没有超级表决权股不得在二级市场交易，且一经转让即转变为普通表决权股的规定。

③ 但是，按照2017年证监会《上市公司股东、董监高减持股份的若干规定》，内部人士持有的特别表决权股应当在锁定期过后方可接受要约，而且接受要约的数量可能也要受到减持新规的限制。

股份，应当在依法设立的证券交易场所进行或者按照国务院规定的方式进行；《证券法》第39条规定，依法公开发行的股票、公司债券及其他证券，应当在依法设立的证券交易所上市交易或者在国务院批准的其他证券交易场所转让。2013年12月13日《国务院关于全国中小企业股份转让系统有关问题的决定》（国发〔2013〕49号）明确规定：全国股份转让系统是经国务院批准，依据证券法设立的全国性证券交易场所，主要为创新型、创业型、成长型中小微企业发展服务。由此，正式确立了新三板全国性证券交易场所的法律地位。

学理上，关于新三板市场的法律定位，仍存在不同认识。有观点认为，新三板属于半公开市场，即“非公开发行＋公开转让”。[①] 也有观点认为，新三板总体上可以归为私募市场，但属于公开的私募市场。上述不同观点均正确指出了新三板为公开交易市场的特点，但鉴于其尚缺乏公开发行制度的安排而仍强调其私募市场属性。

笔者认为，私募市场是相对公募市场而言的概念范畴，二者分类的标准侧重于发行和交易对象的涉众性。新三板市场允许挂牌公司股票的公开转让，今后增量改革还将进一步强化其公开市场的功能，更为重要者根据《三审稿》的界定新三板与证券交易所具有相同的法律性质。[②] 综上所述，本文认为我国新三板市场具有如下重要属性：由国务院批准、根据《证券法》设立，是公开集中证券市场。后续包括《证券法》修订在内的相关制度设计与安排，应坚持上述定位并充分体现和满足其制度要求。

二、《证券法（修订草案）》关于交易场所的主要安排及简评

截至目前，我国多层次资本市场体系基本形成，其中场外市场体系至少包括证券公司柜台市场、机构间私募产品报价与服务系统、区域性股权市场等。[③] 然而，在奠定现行《证券法》主要制度框架的2005年修法时，场外市场的实践还处于探索和起步阶段，总体发展思路仍不够确定。受此影响，《证券法》

---

① 宋晓刚．新三板市场发展的特征、动因及启示［J］．证券市场导报，2015（11）．

② 但是，鉴于服务对象等客观差异的存在，相关具体制度安排存在一定差异，对此后文将予以详述。

③ 报价系统以私募市场、机构间市场、互联互通市场、互联网市场为基础定位，以为参与人提供私募产品报价、发行、转让及互联互通、登记结算、信息服务等为核心功能，以私募产品发行转让市场、私募股权发行转让市场、场外衍生品市场、大宗商品市场为主体架构，是多层次资本市场基础金融设施之一。

仅对证券交易所进行明确规定，对于其他证券交易场所则采取默示性规定。

新一轮《证券法》修订，非常重要的出发点和内容之一是建立健全多层次资本市场体系。无论是确认多层次资本市场改革发展的成果，或为不同层次市场的发展进一步明确法律依据和提供制度空间，均需要在《证券法》修订中作出相应安排。事实上，修订草案的三次审议稿（以下分别简称为《一审稿》《二审稿》和《三审稿》）均对多层次资本市场体系的内容做了较为完整的规定。

（一）修订草案关于证券交易场所的主要规定

在 1998 年《证券法》制定过程中，相关法律草案对于场外交易所的概念和形式曾经尝试进行界定。提交八届人大常委会三次会议审议的草案采用“场外交易场所”的名称，并定义：由证券经营机构单独或者共同设立的非集中地进行证券交易的场所，包括证券交易中心、报价系统、交易柜台等；提交八届人大常委会五次会议审议的草案中称为“证券交易的其他交易场所”或“非集中竞价的证券交易场所”，前者是指经依法批准设立的接受监督管理的有组织的证券经营机构开设的业务经营场所，后者是指经国务院证券管理部门批准由证券公司开设的业务经营场所。[①] 不可否认，上述立法设计在很大程度上反映了当时我国证券场外交易的现状和理论认识。但是，由于对于场外交易具体形态、核心本质等重大问题均存在不同认识，《证券法》最终放弃了前述场外交易的具体立法设计，这一立法取舍也直接影响了此后《证券法》的修订。

在新一轮《证券法》修订过程中，鉴于多层次资本市场体系已经初步形成，历次审议稿将现行《证券法》第六章“证券交易所”修改为“证券交易场所”以涵盖各类市场体系，但是《一审稿》和《二审稿》《三审稿》的具体规定存在较大差异。《一审稿》将证券交易场所划分为证券交易所、国务院批准的其他证券交易场所、证券监管机构批准的证券交易场所以及组织股权等财产权益交易的其他交易场所四个层次。《二审稿》《三审稿》则将证券交易场所划分为证券交易所、国务院批准的其他全国性证券交易场所和按照国务院规定设立的区域性股权市场三个层次；考虑到后面两类交易场所的发展现状，对其仅做原则性规定，而授权国务院制定具体管理办法。

除证券交易场所专章的统一规定外，修订草案其他章节如证券交易、上市

① 王连洲，李诚．风风雨雨证券法［M］．上海：三联出版社，2000.

公司收购、信息披露、投资者保护等也对新三板作出相应规定。

（二）修订草案关于证券交易场所规定之简评

1. 注册制的适用范围问题

《一审稿》将股票公开发行注册制的适用范围确定为拟在证券交易所上市的情形，由此可理解为交易所各上市板块可一体适用。《二审稿》仅做原则性规定，要求国务院按照全国人民代表大会常务委员会的授权和要求，逐步推进股票发行制度改革。《三审稿》第38条第1款规定：对拟在科创板上市交易的股票、存托凭证的公开发行，实行注册制。结合《三审稿》其他注册制内容可知，注册制仅适用于证券交易所上市交易，且仅限于科创板这一特定上市板块。

本文认为，虽然科创板承载了我国资本市场增量改革试验的战略任务，但是就注册制改革而言，《三审稿》将其适用范围限于科创板的依据和科学性并不充分：一方面，注册制改革是党的十八大以来确立的资本市场未来改革的重要内容之一，只要是公开发行股票（股票之外的其他证券有待认定）并公开交易的市场理应逐步过渡到采取注册制；另一方面，科创板之外的上市和公开交易市场和板块未来实施注册制改革需要有明确的法律依据，《证券法》对此预留制度空间才可能一劳永逸地解决立法机关授权程序复杂和有明确期限等限制。因此，尽管当前注册制改革试点在科创板实施，也不宜因此在《证券法》上将注册制适用范围明确限定于该板块。

2. 场外市场立法与现行证券市场层次的衔接问题

《二审稿》《三审稿》并没有使用场外交易场所等名称来区分场外与场内市场，而主要从交易场所的设立审批和证券交易是否采取公开方式对证券交易场所进行划分。其中，证券交易所和其他全国性证券交易场所均由国务院批准设立，可以采取公开或者非公开交易方式；区域性股权市场属于按照国务院规定设立的交易场所，采取非公开交易方式。

对于上述制度安排，本文认为其存在以下问题：一是以采取公开交易作为场外市场的核心特征不符合传统OTC市场交易方式与场内交易日趋接近的发展趋势，事实上场外市场区别于证券交易所的最大特征在于其不采用经纪制方法组织证券交易，投资者可以与证券商直接交易。[①] 二是《二审稿》和《三审

① 王连洲，李诚．风风雨雨证券法［M］．上海：三联出版社，2000.

稿》取消《一审稿》“证券监管机构批准的证券交易场所”之规定，可能导致证券公司柜台系统、机构间私募报价系统等场外市场的法律地位依然“于法无据”。

3. 新三板与交易所的共性规定与差异化安排问题

新三板与证券交易所均属于公开市场并据此实施自律监管等，对此《三审稿》第 106 条规定“证券交易所、国务院批准的其他全国性证券交易场所为证券集中交易提供场所和设施，组织和监督证券交易，实行自律管理，依法登记，取得法人资格”。这也表明，立法承认证券交易所与新三板具有实质共性。然而，在具体制度安排上，相关规定却并未充分贯彻这一认识，对此需要优化补强。

另外，新三板与证券交易所存在客观差异，如在组织形式上新三板采用公司制，实施较为严格的投资者适当性制度等。从立法技术上来看，要适用新三板个性化的制度需求，应主要诉诸法律授权，通过下位法的制定加以贯彻落实。为此，《三审稿》第 106 条第 3 款规定，国务院批准的其他全国性证券交易场所的组织机构、管理办法，由国务院规定。参照证监会《证券交易所管理办法》（2017 年修订，证监会令第 136 号）可知，这类规章一般针对交易场所的内部管理作出，无法全面规定业务和自律监管的主要内容。因此，《三审稿》上述对于新三板市场的授权安排难言充分。另外，如果仅对新三板的组织机构、管理办法另行规定，对比《证券交易所管理办法》的制定来看，将此权力授予国务院行使的合理性也有待商榷。

4. 其他相关制度对新三板的涵摄不够

如前所述，《三审稿》很多具体的规定往往仅针对证券交易所作出，由此可能导致新三板必要制度的直接阙如。除注册制规定外，较为明显之处如第三章“证券交易”第 46 条关于采用公开集中交易方式、第二节关于证券上市和终止（退市）的规定。此外，第 53 条关于程序化交易以及第 121 条关于证券交易异常的处理规定,[①] 以及第四章上市公司收购的制度安排等，对新三板市场的涵摄不够的情况均较为明显。

三、完善《证券法》关于新三板市场规定之建议

不可否认，《三审稿》关于证券交易场所的规定，一方面确认了新三板在多层次资本市场体系中的法律地位和重大制度安排，另一方面也在总结市场发展的基础上回应了其市场建设的制度需求，因此重大方向应予肯定和坚持。但是，鉴于新三板市场设立时间较短，相关制度安排仍处于探索阶段，加之证券立法存在特殊性，需要通过授权等方法为市场改革预留制度空间，修订草案在不少涉及新三板等市场的重要规定方面采取了回避态度或者存在前文所述不尽科学合理之处。

新三板市场是我国多层次资本市场体系不可或缺的组成部分，与证券交易所具有同等法律地位。本文认为，后续需要紧密围绕这一主线来完善相应制度安排。

（一）完善新三板自律监管功能的法律法规安排

对市场实施自律管理是公开集中市场组织者和监管者的重要法定职责，要切实履行这一职责，首先需要作为资本市场基本法的《证券法》有相对明确的直接或者授权性规定。但是从前文梳理可知：一方面，《三审稿》涉及公开市场自律管理的规定几乎全部围绕证券交易所展开;[②] 另一方面，对于新三板下位法的授权范围过于狭窄。鉴于此，建议将《三审稿》中交易所自律管理的大部分内容（会员制相关内容除外）拓宽适用于国务院批准的其他全国性证券交易场所，同时补强对于新三板市场的授权立法。据此，未来在《证券法》最新规定和国务院2013年49号文的基础上，推动制定新三板条例，建立起新三板市场的“基本大法”。

---

① 事实上，《全国中小企业股份转让系统股票转让细则》第33条第2款规定：因不可抗力、意外事件、交易系统被非法侵入等原因造成严重后果的转让，全国股份转让系统公司可以采取适当措施或认定无效；第34条规定：违反本细则，严重破坏证券市场正常运行的转让，全国股份转让系统公司有权宣布取消转让。由此造成的损失由违规转让者承担。上述规定属于新三板证券交易异常情况处理的重要安排，与《三审稿》第121条有直接对应关系。即使第121条不能完全适用，也应当通过一定立法技术将新三板的情况涵盖。

② 涉及新三板自律管理的规定主要有：第106条第1款规定国务院批准的其他全国性证券交易场所实施自律管理，第125条明确其依法制定业务规则以及对监管对象违反规则的行为给予纪律处分或者采取其他自律管理措施。

（二）完善公开集中市场相关具体制度对新三板的适用

除自律监管外，《三审稿》关于新三板的证券发行、上市、交易、信息披露、收购、退出等制度安排也存在各种不足。以证券公开发行注册制的安排为例，根据前述分析，建议将第二章“证券发行”第二节“科创板注册制的特别规定”调整为“注册制的特别规定”，并将第38条修改为：对拟在证券交易所上市交易或者在国务院批准的其他全国性证券交易场所公开交易的股票及其衍生品种的公开发行，实行注册制，其发行注册适用本节规定。前款规定的股票及其衍生品种的具体范围，由国务院规定。国务院证券监督管理机构应当依照本法制定证券注册的具体办法。此外，其他注册制安排中涉及交易所的相关规定将国务院批准的其他全国性证券交易场所予以纳入。

此外，《三审稿》中的证券交易制度、信息披露制度、投资者保护制度等，均可做相应梳理，将相关内容明确可同时适用于新三板。

（三）筑牢新三板重大个性化制度安排的法律依据

根据国务院2013年49号文的定位，新三板主要服务创新型、创业型、成长型中小微企业的发展。据此，经过多年的发展，新三板现行制度安排中，多有与沪深交易所不同之处，而现行《证券法》关于这些重要制度的规定完全付诸阙如。本轮《证券法》修订并未实质改善上述情况，新三板相关重大差异化具体制度的实施和完善仍然面临法律依据不足的困境。为此，建议《证券法》后续修订中作出相应完善。具体方式上，建议通过法律授权方式，实现《证券法》与行政法规以及证监会规章规则的有机衔接。

关于《证券法（修订草案三次审议稿）》的几点想法

郑　彧*

一、关于《证券法》“管理型”还是“服务型”的定位

证券在本质上是“直接融资”的工具，所以从服务直接融资这个角度，《证券法》更应该是一个基于保证公平交易的“服务型”监管法，而不要变为市场准入、行为限制等“管理法”。对于不法行为泛滥的担心是正常的，可是回顾我国工商行政管理部门过去40年逐步“放、管、服”的过程，市场主体的行动并没有想象得那么糟糕，反而在市场主体自我竞争的过程中，市场竞争环境与对于投资者的友好性慢慢走向正轨。但是，在整个行政审批改革朝着“放、管、服”改革的背景下，目前《证券法（修订草案三次审议稿）》（以下简称《三审稿》）却朝着继续“深抓严管”的思路进行。本次修订的很多内容来自原先证券监管部门的监管规定，我们可以理解监管部门希望将这些行政规定尽快“法定化”从而具备依法行政的条件的想法，可是，诸如“减持限制”（第44条）、“新三板的归入权”交易（第52条）、“停、复牌”（第120条）、“大额持股变动”（第71条）等本质上都是对现有监管要求的“套用”或者“更新”，如果未来对于证券市场出现新的理解或者监管政策发生反复时，这些条款又需要重新修订。因此，建议慎重考虑将现有全部证监会监管规则转化为“法律”的需求；那些本质上能够反映服务型、监管型的监管经验要坚决放入，但如果体现的是“管理型”的条款，则在某种程度上不应归入本次修法的

* 郑彧，华东政法大学国际金融法律学院副教授。

范畴。

二、关于证券定义的统一

如前所述，证券在本质上是“直接融资”的载体，无论是股票、债券还是其他方式，只要其本质是一种直接融资的工具（投资人支付金钱、发行人交付权利凭证，投资人以权利凭证向发行人主张权利），无论该载体叫什么（如以合同形式出现）都应该纳入《证券法》的统一监管，这是金融“功能监管”的必然要求，也是我国目前证券市场必须要尽快解决的问题和难题。

虽然现有的证券市场在企业债、中期票据、定向融资工具等方面呈现监管割裂的局面，但在维持现状的基础上，还是要大力推动证券定义的统一。在此，个人建议统一直接融资工具定义的几个要件：一是投资者有金钱的投入；二是基于金钱投入换回某种形式的权利；三是这种权利可通过有形或者无形的方式予以证明；四是这种权利可以自由流通（不是指在交易场所自由流通，而是不受另一方的约束条件而自由流通）。

在现有中国国情下，建议以“权利凭证”是否具有自由转让性作为证券监管对象的判断标准。如果这个产品不具有转让性，比如权益不可转让的售后回租合同，即使面对成千上万的期待通过售后回租取得回报的“投资者”，仍可通过《合同法》（合同履行）或者《刑法》（诈骗）调整，而暂时不纳入《证券法》调整。

这些条件限定后，可以把普通的商业合同、民间借贷、银行、保险等现有或未来的间接融资和信用风险转移类工具排除在证券定义以外，但银行理财产品等资管产品应纳入此项定义内。对于现有企业债、定向融资工具等割裂的债券监管格局，可以由国务院列明归入豁免的证券类型。

三、关于证券发行注册制

尽管科创板的注册制度已经在监管层面实施，但我们必须重申“注册制”下的“简政放权”放的应是“发行审核权”，而非“上市审批权”，所以要明确交易所对于上市申请的“决定权”。

我们认为完整的证券发行制度应包括证券发行和证券上市两个阶段：证券发行是证券上市的必然前提，发行人只有取得发行许可才可以申请将证券公开上市交易；但证券上市只是证券发行的可能结果而非必然结果，所以发行制度的“市场化”改革应该允许发行通过但上市失败的情况。

“注册制”背景下的监管改革应彻底将由政府主导的证券公开发行监管与由市场主导的证券上市监管在程序上分离开来；政府通过注册制与披露制实现对证券发行的监管；而证券交易所通过上市规则设定上市标准与上市条件对证券上市的申请进行核准。

既然科创板已经推出“注册制”，之前的修法总体思路也是立足于“注册制”改革方向，我们认为应该在证券公开发行方面全面推行“注册制”改革。这种注册制改革不仅包括股票，也包括其他一些针对公众投资者发行的权益类证券凭证（如艺术品分割份额、可自由转让的房地产售后回租合同等）。

四、关于高频交易的监管

程序化交易和高频交易仍是一个有待观察的交易方式，从监管目标的角度，监管应该关注于高频交易是否产生了交易的不公平，是否会在原来的系统风险（不是指具有传导性的“系统性风险”①）上增加了新的“系统风险”。

五、关于操纵市场的认定要件

建议将操纵市场的认定从“结果主义”向“行为主义”转变，这样有利于通过“行为的外观主义本身”赋予证券监督管理机构认定操纵市场的权力与边界。同时允许在外观主义项下，由当事人提供相关证据证明其不具有操纵的“意图”。比如将第六十三条建议修改为：

任何意图引诱他人从事证券交易，或者意图就证券价格、证券交易量产生误导性信息的，构成操纵市场行为。

除非有相反的证据，以下行为应被认定具有从事市场操纵的意图：

（一）在特定期间，单独或者通过合谋，集中资金优势、持股优势、信息优势联合或连续买卖；

（二）与他人串通，以事先约定的时间、价格和方式相互进行证券交易；

（三）在自己实际控制的账户之间进行证券交易；

---

① 系统风险是指影响所有资产的、不能通过资产组合而消除的风险，这部分风险由那些可能影响整个市场的风险因素所引起，包括宏观经济形势的变动、国家经济政策的变动、财税改革等。系统性风险是一家金融机构不能履行到期义务导致其他金融机构不能履行其相应义务，这会导致流动性和信用方面的问题，从而威胁整个金融系统的安全。

（四）在特定期间无正当理由进行频繁或者大量的买卖申报并在成交前撤销或试图撤销申报；

（五）为获取自身利益发布虚假或者不确定的重大信息，诱导投资者进行证券交易；

（六）对证券及其发行人公开作出评价、预测或者投资建议，并进行反向证券交易或者谋取相关利益；

（七）为谋取不正当利益，利用不同证券品种的价格相关性或者不同市场的关联性，单独或者通过合谋以拉抬、打压、维持或者锁定等手段从事跨品种、跨市场的交易；

（八）证券监督管理机构合理认定的操纵证券市场的其他手段。

六、关于《公司法》与《证券法》的边界

《三审稿》第 71 条将持股变动披露的触发点从 5% 下降到了 1%，即“投资者持有或者通过协议、其他安排与他人共同持有一个上市公司已发行的有表决权股份达到百分之五后，其所持该上市公司已发行的有表决权股份比例每增加或者减少百分之一，应当在该事实发生的次日通知该上市公司，并予公告”。

持股变动的“一停二看三通过”是为了确保防止内幕交易和操纵市场，这个比例的设置必须考虑到“鼓励收购”与“防止操纵市场”的平衡。我们的总体观点：我国上市公司股权分布情况并未达到非常分散、股东人数分布众多的情形，仅仅因为之前影响比较大的一些案例，未对市场结构、市场背景、市场行为特征进行科学分析的情况下就将触发点从 5% 下降到 1% 是不科学的。

证券监管的目标是确保作为外部交易的市场秩序的公平，其保护的对象是证券市场的公平性和其他投资者不会因为收购方的违法行为而遭受证券价格上的不法侵害。而股东投票权是股东按其所持股份对公司事务进行表决的权利，是公司内部有关权利分配的体现，股份公司本身就是一个“按资本配置权利”的行动产物。我们认为没有理由交由《证券法》对投票权进行限制，但可以通过上市公司章程指引的“选入性规范”，让上市公司自行选用这样的投票权限制。这样经过组织法上确认的投票权限制才有法理基础，否则证券监管的“手”就有过长之嫌。

七、关于控股股东违反承诺的法律责任

《三审稿》第 94 条是针对证券市场中相关承诺方违反承诺而新增的赔偿条款。该条款的设置初衷是好的，但事实上对于这类承诺的性质究竟为何存在不同的看法，而且承诺内容也五花八门，笼统地说“赔偿责任”是指违约责任、侵权责任还是虚假陈述的责任，性质上有待明确。

考虑到相关承诺人的承诺是为了换取上市公司股东的某种期待，而且这种承诺是公开披露，所以当他在特定时间没有履行承诺中的事项时（不管承诺时，该项承诺是否具体，比如承诺以 10 亿元转让资产，还是仅仅承诺转让资产），就是对所披露事件的违反，建议对其追究虚假陈述的法律责任。

八、关于先行赔付的制度设计

《三审稿》第 103 条新增先行赔付制度，发行人因欺诈发行、虚假陈述或者其他重大违法行为给投资者造成损失的，发行人的控股股东、实际控制人、相关的证券公司、证券服务机构可以委托国家设立的投资者保护机构，就赔偿事宜与投资者达成协议，予以先行赔付。先行赔付后，可以依法向发行人以及其他连带责任人进行追偿。

目前条款用词是“可以”，似乎意味着该条款不具备强制执行的效力，而是一种“协议安排”，需要经当事人“意思表示的合意”方可实行。建议从监管的角度，明确当事人之间能否达成协议是否是一种“监管的必然要求”，并进一步对此类现有“监管经验”升格为法律的必要性进行考量。

如果监管层认为先行赔付是值得推广的方案，建议建立类似“和解”制度的机制，提高当事人开展先行赔付的意愿。当事人可以直接付出金钱解决争议和纠纷，无须重新到法院进行确认或者裁决，避免诉累和时间成本，以及可能承担更高赔偿金额的风险，这样才有可能推动先行赔付协议的达成。

九、关于证券交易所的法人资格

《三审稿》第 106 条规定“证券交易所、国务院批准的其他全国性证券交易场所为证券集中交易提供场所和设施，组织和监督证券交易，实行自律管理，依法登记，取得法人资格”。《民法总则》将法人分为“营利法人”“非营利法人”和“特别法人”，如果在此特别强调“取得法人资格”，则像上海证

券交易所这样注册为公司制的法人未来会面临是认定为“营利法人”与“非营利法人”的归类质疑。第155条有关证券登记结算机构的规定也存在这个问题，因为中国结算目前是公司制法人，而公司制法人在《民法总则》项下是典型的“营利法人”。

十、关于净额结算的法律效力

建议在《证券法》层面确认净额结算的终局性和不可逆性，特别是在未来证券定义扩大时某些具有“提前终止净额结算”的交易应具有对抗《破产法》第31—34条相关规定的效力。

就语义而言，在二级结算体制下，交收是对券商相关证券的净额交收，原有第167条第二款和修订草案第168条第三款“在交收完成之前”的描述在逻辑关系上是没有涵盖到客户这一层面已经下单并被系统确认（但未过户）的证券交易。虽然最高人民法院通过司法解释的方式明确中国结算对于客户已经进行交易但未交收的证券不能予以冻结，但这点如果能够上升到法律的规定，对于证券交易结果本身的不可逆性和终局性更有保障。

十一、关于“行政和解”的法定化

经国务院批准，2015年证监会发布并实施了《行政和解试点实施办法》，在证券期货领域试点行政和解制度。行政和解制度是适应资本市场快速发展需要，化解有限行政资源与行政效率之间矛盾，保护投资者合法权益的重要制度安排。2019年4月证监会与高盛亚洲达成行政和解协议，开创了行政和解实践先例。建议将此安排于《证券法》中予以法定化，在第十二章“证券监督管理机构”中增加一条有关“行政和解”的原则性规定，条款如下：

“第【××】条　证券监督管理机构在行使本法授予的证券监管职权时，可以采取行政和解制度与被调查对象达成和解协议。

行政调查案件以和解协议结案的，证券监督管理机构应该向社会公众公告和解协议的主要内容并有权随时了解对象履行和解协议之情况。

证券监督管理机构应制定有关在证券执法过程中进行行政和解的管理办法并报经国务院同意后实施。

和解对象违反和解协议的，证券监督管理机构可直接对先前涉嫌违法行为的性质进行认定并对和解对象在法定处罚范围内予以从重处罚。”

十二、关于加大违法者违法成本的措施

从“监管法”的角度而言，虽然本次修法对于法律责任的罚金部分有大幅提升，但我个人认为对于证券市场违法行为动辄几亿元、几十亿元的利润而言，罚金的金额仍不足够，建议一是提高罚金，如果基于与现有其他行政部门罚金的关系而言，可以考虑单独设立证券市场的惩罚式罚金，这部分罚金可以由证监会或者指定的公益组织名义提起民事诉讼，惩罚式罚金不进入国库，而是作为专项的证券市场维权基金。二是提高证券违法行为的刑罚可归责性，通过刑事处罚加大违法者的违法成本。建议在第193条（欺诈发行）、第194条（虚假陈述）、第203条（内幕交易）和第204条（操纵市场）条文结尾均加一句“构成犯罪的，应追究相关当事人的刑事法律责任”。

构建有效的债券治理机制 遴选适格的投资者维权代表

——《证券法（修订草案三次审议稿）》第102条评析

洪艳蓉*

应建立合理有效的债券治理规则，遴选适格的利益代言人维护债券持有人的合法权益。这既是《证券法（修订草案三次审议稿）》（以下简称《三审稿》）第102条①在债券投资者保护内容设置上的一大亮点，也是未来需要进一步调整，使之更具合理性和可操作性的所在。

公开发行的公司债券投资者人数众多，分散各地，具有集合性特征，且因投资者的立场、诉求和认知等不尽相同，在与债券发行人进行日常沟通，以及因债券发行人发生信用危机/违约事件等急需采取必要措施的非常情形下，往往难以及时、高效地形成一致意见，从而无法有效沟通或及时救济，最终错失良机，导致投资者合法权益严重受损。近年来，公司债券违约打破刚性兑付之后，不少债券投资者受困于有效群体性救济机制的缺失而维权受损，即为明证。

也因此，类比股票的公司治理机制，债券投资者之间也需要建立有效的债券治理机制，并基于债券投资者无法像股票投资者享有参与发行人重大决策等

* 洪艳蓉，法学博士，北京大学法学院副教授。

① 该条规定“公开发行公司债券的，应当设立债券持有人会议，并应当在募集说明书中说明债券持有人会议的召集程序、会议规则和其他重要事项。公开发行公司债券的，发行人应当为债券持有人聘请债券受托管理人，并订立债券受托管理协议。受托管理人应当由本次发行的承销机构或者其他经国务院证券监督管理机构认可的机构担任。债券受托管理人应当勤勉尽责，公正履行受托管理职责，不得损害债券持有人利益。债券发行人未能按期兑付债券本息的，债券受托管理人可以以自己名义代表债券持有人提起、参加民事诉讼或者清算程序。”

权利的差异，有必要遴选适格主体充当利益代言人，与发行人进行交涉及维权。《三审稿》首次在法律层面明确确立了公司债券治理机制，一方面引入大陆法系传统的债券持有人大会机制，作为债券投资者的非常设性团体性组织，另一方面引入英美法系传统的债券受托管理人制度，作为服务于债券投资者利益的常设主体，是肯定近年来公司债券实践做法并借鉴海外成功经验，完善我国公司债券持有人保护机制的重大举措，值得赞许。

然而，《三审稿》第102条的内容并未突破证监会2015年发布实施的《公司债券发行与交易管理办法》中的创新内容，反而基于单一条文篇幅和法律位阶的考虑，在内容上大幅限缩。更值得关注的是，实践检验折射的《公司债券发行与交易管理办法》缺陷，以及难以适应当下公司债券投资者维权需求的问题，例如发行人、受托管理人与投资者三者之间的法律关系属性，债券持有人大会与受托管理人的职责分工，受托管理人代表投资者维权的有效诉讼担当设计等，并未在第102条中得到足够重视与有效解决。

经过近年来的迅猛发展，公司债券已成为资本市场重要的直接融资工具，包括公司债券、企业债券、中期票据等在内的信用债券存量规模已高达22万亿元，在我国信用债券规模已位居亚洲第一、世界第二，债券市场逐步对外开放，以及债券违约打破刚性兑付，日益走上市场化处置的时代背景下，更需要完善我国的债券投资者保护机制，促使《证券法》从传统的“股票法”转变为名副其实的“证券法”，发挥这一资本市场基本法为我国债券市场健康有序发展保驾护航的重要作用。为避免再次错失修法良机，针对《三审稿》第102条涉及的事项，可以从以下几方面补充完善我国债券投资者保护机制的相关内容。

其一，明确公司债券投资者保护机制的两大抓手——债券持有人大会和债券受托管理人，考虑到前者的临时性、团体性和后者的独任性、专业性，应建立以债券持有人会议为辅，债券受托管理人为主的公司债券治理机制。但债券持有人会议不同于受托管理人的日常执行地位与功能，并不否认其对攸关全体债券持有人利益事项的最终决定权。因此，第102条不宜采用由当事人自行约定债券持有人会议规则等事项的做法，而应在《证券法》规定几类特定情形[①]下必须召开债券持有人大会，相关债券持有人大会决议经多数决之后效力及于

① 可借鉴《公司债券发行与交易管理办法》第55条的规定并总结实践的经验教训。

全体债券持有人。尽管就个体而言，这种“以一定多”的做法可能有失公平，甚至限制个体的权利救济，但从更高效地达成有效决议，更好地维护全体债券持有人利益的角度考虑，则可能是合理的利益平衡。况且，法律如做此规定，对潜在的市场进入者已有信息披露且不妨碍其作出投资决策，后续也能因此刺激债券持有人“用手投票”，积极维权，对债券市场化治理利大于弊。

其二，明确债券受托管理人对投资者的受托义务，探索将这种法律关系建立在信托基础上，通过信义义务的约束及受托人为投资者利益最大化服务的原则性要求约束其勤勉尽责，有效履行管理职责。同时，尽管中国法语境下由证券机构在承销之后担任债券受托管理人，具有解决信息不对称性、降低成本以及便利监管者掌控情况等多方面考虑，有一定的合理性，但客观上多重角色并存可能带来利益冲突，① 例如证券机构如对承销行为负有责任，则其同时兼任受托管理人，则难以代表投资者对自己进行问责，以及公司如果聘请同一家证券机构担任其发行的多只公司债券或不同档次债券的受托管理人，则当发行人违约时，身兼多个受托管理人职责的证券机构可能难以同时有效地为不同投资者表达意愿与维权等。第102条第2款的内容尽管规定了受托管理人的任职资格与履职要求，却未言及利益冲突的防范，实为一大缺失。未来应在最后一句规范中加入“避免利益冲突”的表述，以便当利益冲突真正发生时，应对有据。

其三，明确受托管理人作为债权投资者利益代言人的法定地位，并为其能够有效履职提供必要的保障。债券本质上是发行人与投资者之间的债权债务关系，但因其采用证券形式募集资金并获得更高的流通性，从保护公众投资者及维护资本市场秩序的角度出发，在保障投资者权益及解决纠纷上，应优先适用具有公法属性的《证券法》，不宜过分强调私人之间合同法救济的排他适用。也因此，尽管个体投资者基于债权债务关系享有向发行人主张还本付息的实体权利及诉讼权利，但为更有效地解决群体性债券投资者与发行人之间的有效沟通，在维权上不因此落后于发行人的其他债权人，有必要适当限制个体投资者的单独救济权，而将群体性救济权利通过法律规定②的方式授予代表债券投资

① 洪艳蓉.《证券法》债券规则的批判与重构［J］. 中国政法大学学报，2015（3）.

② 更适合和有利的方式是由法律明确规定，而非当发生纠纷时再通过债权持有人大会予以授权，过去的债券纠纷维权实践，在很大程度上揭示了这种做法的低效率。

者利益的受托管理人统一行使，并通过对其施加上述高标准的履职要求与问责约束[①]进行平衡。当然，在受托管理人怠于履职或履职不当的情况下，持有已发行债券一定比例的投资者可依法推选代表人进行诉讼或者单独诉讼。第 102 条第 3 款的规定虽然可以帮助受托管理人摆脱《民事诉讼法》等法律有关司法救济资格要求的困境，但使用“可以”的两可表述无法制约受托管理人及时维权[②]并提供给投资者确定的预期，同时因未阐明“代表”的权限来源及“代表”之后维权所获得的效果，也不具有操作性，无法真正代表投资者维权。也因此，未来更合理的是取代投资者通过债券持有人大会的择机授权，明确规定受托管理人作为债券投资者的利益代表，有权用自己的名义代投资者进行维权，其正当维权的有效后果及于全部债券持有人。此外，为保障债券受托管理人有效履行，需要为其提供必要的保障措施，例如查询权、复制权等，在发行人引发信用报警或触发违约等有限情况下，受托管理人有权向商业银行查询发行人的信用状况，向证债券登记结算机构查询债券持有人名册，但应要求其将查询结果正当使用于债券持有人维权等。

---

① 如怠于履职或履职不当，应赔偿因此给投资者造成的损失；与此同时，也可能因此被采取行政强制性措施或受到行政处罚。

② 从便利监管角度设置的受托管理要求，以及与履职要求不相称，几近于无的报酬，常导致受托管理人未必积极主动地履职。

《证券法》修订建议：尊重市场机制，拓宽市场容量，减少行政干预，防止规则僵化

缪因知*

摘　要：《证券法》修订应当致力于创造良好的营商环境，增强对投资者的实质保护，尊重市场机制，减少行政干预，避免直接规定股东转让股份比例等交易细节，信息披露义务应坚持重大性要求，避免琐碎化；应当防止规则僵化，先维持内幕交易和操纵市场民事责任的原则性规定；暂缓强化行政责任，理顺行政罚没资金转入专门的民事补偿基金的机制。拓宽市场容量，适应建设多层次资本市场的需要，预留“国务院批准的其他全国性证券交易场所”的法律地位。但为三板等特殊市场的交易行为预留必要的责任豁免。

关键词：《证券法》　证券行政责任　证券补偿基金　证券民事责任

一、《证券法》应有的价值观

我国正在探索通过科创板和注册制改革，来提高资本配置的市场化程度，整个《证券法》也应该突出对市场的支持性，而非管制性，要允许市场机制发挥作用，通过拓宽以多层次市场为内涵的市场容量来解决问题，减少行政干预。具体有两点值得说明：

一是创造良好的营商环境，发挥市场对资源配置的决定性作用，优化交易监管，减少交易阻力，增强市场流动性。减少对交易环节的不必要干预，让市

* 缪因知，中央财经大学法学院副教授。

场对监管有明确预期。这其实也是2018年10月中国证监会《盘中声明》所体现的经验教训。

二是增强对投资者的实质保护。所谓的实质保护，一方面是区别于形式化的、肤浅的保护，即不仔细推敲法理，简单地把投资者保护理解为在发生纠纷时多给投资者货币利益、尽量推进民事责任制度、尽量对证券发行人、证券经营机构、证券违法行为人做不利推定等；另一方面是注意落实法律对投资者已有的保障措施，特别是防止行政罚没程序损害民事赔偿判决的执行。

二、缔造良好营商环境，《证券法》应避免规制交易细节

（一）《证券法》应避免直接限制股东转让股份的比例

我国《证券法》的修改周期较长，为了避免法律与市场未来可能的变化不相适应，应避免过于量化的细节规定。2019年4月《证券法（修订草案三次审议稿)》(以下简称《三审稿》) 第44条的诸多规定，特别是第三款“上市公司持股百分之五以上的股东在三个月内通过集中竞价交易转让股份的总数，不得超过公司股份总数的百分之一”。这些规定属于采纳了中国证监会“减持新规”的思路，但有如下不足：

一是过于苛刻，会激发法律规避。减持新规施行以来，我国股市开始盛行大股东将股权质押的做法，就是对此种管制的回应。[①] 但股权质押导致了名义股东和实际权益人的分离，反而导致了公司治理的不稳定。

二是过于僵化，在未来市场情况发生变化时，可能会妨碍正常的交易。

三是属于“向后看”的思路，与今年颁布的科创板规则允许股东突破比例限制的公开减持的新趋势正好背离。

故此款建议废除。

（二）信息披露义务应坚持重大性要求

《三审稿》第90条、第91条显著扩张了股票和债券发行人临时报告的内容，第90条不加区分地列入关联交易，两条均不加区分地列入公司及控股股东、实际控制人、董事、监事、高级管理人员涉嫌违法行为被有关机关调查或者被采取强制措施的情形。这会给公司带来不必要的披露负担与信息冗余。例

① 缪因知．减持新规后股份质押难题凸显［N］．经济参考报，2017－08－08；缪因知．减持新规下的股份质押：还是担保最佳方式［N］．新京报，2017－08－01．

如，日用消费品类公司的董事购买本公司商品，公司监事违反交通法规而被交通警察罚款200元，按照此规则均应该披露。

从逻辑上看，现行《证券法》和《三审稿》相关条文列举的其他事项均为显著具有重大性的事件，特别是一并规定“涉及公司的重大诉讼、仲裁或者受到重大行政处罚”是临时公告的事项，故如果认为任何涉嫌违法的行为被调查均需报告，但只有重大处罚作出时才需要报告，显然是前后不合理的，这反而会令投资者对曾被公告过的调查事项的结果陷入不必要的猜测。

这本质上反映的是一种“披露得越多越好、越细越好”的监管思路，并不合适，[①] 对披露义务人会造成负担，也会扰乱投资者的判断。

三、暂缓强化行政责任，理顺行政罚没资金转入专门的民事补偿基金的机制

尽管当前的主流意见是加强《证券法》下的行政责任，特别是加大罚款数额的上限。但本人建议对此持更为审慎的立场。

（一）行政责任的强度应当与行政执法的法治程度相适应

近年来，中国证监会的执法数量总体持逐年增长趋势，[②] 甚至出现了单笔罚没30多亿元的案例。这虽然加大了对证券违法行为的震慑力，但也存在着诸多问题，包括：

1. 公法责任的“倒挂”

目前我国的《刑法》的最低罚金额度仅为三万元，但相应罚金的施加仍然要经过法院两审诉讼的严格程序（除非被告放弃上诉）。而证监会作为一个行政机构，却能直接罚没数十亿元，而且依法在行政处罚、行政诉讼期间不停止执行。这显然是不适当的。

2. 公私法责任的“脱钩”

目前，证券行政处罚的主要部分是虚假陈述/信息披露不实的处罚，该部分处罚依法可以触发证券民事诉讼。本来，行政责任的举证标准高于民事责任，虚假陈述赔偿的司法解释也已经推定了被虚假陈述影响的投资者的个体损失金额，被行政认定违法的行为所产生的民事责任应当不难认定，但实践中已

① 缪因知．论证监会信息披露规则的不足［J］．法治研究，2016（2）．

② 邢会强．证券欺诈规制的实证研究［M］．北京：中国法制出版社，2016．

经出现了多个司法判决认定被处罚的虚假陈述/信息披露不实行为不具有重大性，从而驳回了原告的诉讼请求。这种公私责任的“脱钩”有多方原因，但不能不说原因之一可能在于行政处罚在外延上的扩张明显超出了司法判断的标准。

3. 证券执法存在的争议

近年来的证券执法的质量总体上可以肯定，但在执法透明度、说理性、证据运用、裁量权等方面仍然存在不足。① 在证券执法的外延扩大化，以及证监会将处罚权下放到各地证监局之后，相关矛盾可能更为突出，包括有些地方在审裁分离方面的贯彻仍然不到位。

不少执法案例引发了研究界的争议，② 另有不少执法案例则在行政诉讼中引发了处罚被撤销或认定违法的问题。如涉及内幕交易处罚的败诉或部分败诉的案例就有3件，为2015年北京市第一中级人民法院判决的张益武、李介苗案、③ 2017年北京市高级人民法院判决的张海光案④和2018年北京市高级人民法院判决的苏嘉鸿案。⑤ 如果行政责任力度加强，则此类争议恐怕有增无减。

（二）严重的证券违法行为应通过刑事责任追究

本人并非反对加强对严重的证券违法行为的打击，但这可以通过刑事责任的追究来实现。《刑法》对证券违法行为的适用门槛并不太高，如对实质危害性并不太强的基金经理抢先交易/老鼠仓行为。⑥ 部分舆论存在对实际证券责任

---

① 陈洁．内幕交易事实认定中自由裁量权的适用及其规制［J］．清华法学，2018（6）．

② 例如，彭冰．内幕交易行政处罚案例初步研究［J］．证券法苑，2010；陈洁，曾洋．对“8·16”光大事件内幕交易定性之质疑［J］．法学评论，2014（1）；缪因知．光大证券事件行政处罚与民事索赔之合法性质疑［J］．法学，2014（1）；张保生等．论证券行政执法中的自由裁量权——以对财务信息披露违法行为的行政处罚标准为例［J］．证券法律评论，2015；张保生等．以操纵证券市场的构成要件解析操纵ETF是否成立——以青岛某公司涉嫌操纵180ETF案为例［J］．证券法律评论，2016；吕成龙．谁在偷偷地看牌：中国证监会内幕交易执法的窘境与规范检讨［J］．清华法学，2017（4）；周天舒．证监会对内幕信息传递人的选择性执法研究——以2011年至2015年内幕交易案件为样本［J］．北方法学》，2017（5）；夏东霞，杨婷．简论内幕信息受领人内幕交易行为的认定［J］．证券法律评论，2017；张保生等．对执法实践中内幕交易违法所得认定方法的反思与修正［J］．证券法律评论，2017；缪因知．证券虚假信息规制的原理反思与实证评价［J］．北方法学，2018（4）．

③ （2015）一中行初字第236号判决撤销证监会行政处罚决定书〔2014〕59号，证监会重新作出处罚书〔2015〕45号。

④ （2017）京行终2185号。

⑤ 缪因知．苏嘉鸿案：司法为证券执法再次划界［N］．经济参考报，2018-07-25.

⑥ 如彭冰教授认为，交易量很小的利用未公开交易信息的行为“根本不可能使基金投资该股票的成本增加”，彭冰．重新定性“老鼠仓”——运动式证券监管反思［J］．清华法学，2018（6）：37.

的曲解，如“证券欺诈最多罚款60万元后，就啥事没有了”。事实上，证券欺诈发行的刑事案例已经不止一起，对证券操纵的刑事判决也有多个著名案例。

故对严重的证券违法行为的打击而言，最重要的是进行有效的行政责任和刑事责任的衔接，避免出现涉案金额较小、情节较轻的行为被追究刑事责任，而涉案金额较大的行为则只被追究行政责任的反常局面。

总之本人浅见认为，目前加强证券行政责任的条件并不成熟。有效的证券执法并非主要取决于执法权力和执法资源的增强，执法机构权力运用的监督和问责机制更需要加强。① 建议《证券法》增加如下规定：

（1）国务院证券监督管理机构在作出证券违法案件的处罚决定前，应当全面调查案件事实、充分听取相关当事人的陈述和辩解，充分考虑可能导致责任从重、从轻、减轻、免除的因素。处罚决定的作出，应当符合有证据支持的事实和明确的法律依据，有充分的透明度、说理性。

（2）国务院证券监督管理机构作出的没收违法所得和罚款数额不得超过500万元，超过此上限的，应当转交刑事立案部门决定是否追究刑事责任。

（三）理顺行政罚没资金转入专门的民事补偿基金的机制

尽管现行《证券法》规定了民事赔偿优先的原则，但由于相关机制未曾理顺，被罚没入国库的资金实际上无法再用于赔偿。被处罚人的财务能力也往往不能再支持有效判决支持的民事赔偿或和解补偿的支付。

所以当务之急是仿效美国等的先进经验，② 建立相应的补偿投资者的证券行政责任机制，③ 包括为证券民事责任落实“让路”的证券行政罚款/刑事罚金暂缓入库和回拨制度、④ 或规定将证券欺诈的行政、刑事罚没金直接交付到投资者保护基金等。⑤ 在罚没资金能用于赔偿补偿投资者前，不加强行政责任，反而有利于投资者的实质保护。

建议《证券法》增加如下规定：

国务院证券监督管理机构作出的没收违法所得、罚款的决定或行政和解的

---

① 洪艳蓉．证券执法的制度价值及其实现［J］．北大法律评论，2017，17（1）：17.

② 郭雳．证券执法中的公共补偿——美国公平基金制度的探析与借鉴［J］．清华法学，2018（6）.

③ 彭冰．建立补偿投资者的证券行政责任机制：针对内幕交易和操纵市场行为［J］．中外法学，2004（5）；邢会强．内幕交易公平基金制度的构建［J］．证券法律评论，2016.

④ 陈洁．证券民事赔偿责任优先原则的实现机制［J］．证券市场导报，2017.

⑤ 巩海滨，王旭．证券市场先行赔付制度研究［J］．财经法学，2018（6）.

决定后获取的资金，应当转入专门的投资者保护基金，用于补偿相关投资者。具体办法由国务院另行制定。

四、应当维持内幕交易和操纵市场民事责任的原则性规定

虽然主流意见是细化和强化内幕交易和操纵市场的民事责任,① 但也有不少学者提出了认真的争鸣意见，质疑内幕交易和操纵市场的民事责任。②《三审稿》删除了2015年提交全国人大常委会的《证券法修订草案》中对内幕交易较细致的规定。鉴于该等规定本身存在不足,③ 这一删除是合理的。

具体而言，内幕交易和操纵市场民事责任涉及交易因果关系和损失因果关系的双重因果关系推定的正当性不足的问题、责任上限设置的问题、损失推定的问题。其中，操纵市场的行为和致损方式的多样性，意味着在计算或推定损失时必须进行多样化的分类处理，难度更大。④

考虑到《证券法》的容量和立法风格，暂时不应对此做细化规定，以防止规则僵化，而应留待司法逐步探索。

五、适应建设多层次资本市场的需要，预留“国务院批准的其他全国性证券交易场所”的法律地位

科创板的设立，标志着我国证券市场层次性的增强，与发行和交易机制的多样化，但科创板仍然是上海证券交易所的内置板块。相比之下，全国中小企业股份转让系统（三板）等交易所以外的全国性证券交易场所自2013年成立以来，挂牌企业已经达到万家，机制初步完善，《证券法》可以适当承认其法律地位。此外，由于股转系统允许挂牌企业未盈利，投资者准入门槛很高，风险识别意识和能力更强，在《三审稿》第二章为科创板明确设置注册制时，可

---

① 冯果，李安安．内幕交易的民事责任及其实现机制［J］．当代法学，2011（6）；曾洋．内幕交易侵权责任的因果关系［J］．法学研究，2014（6）；邢会强．内幕交易惩罚性赔偿制度的构造原理与现实选择［J］．中国社会科学，2018（4）．

② 耿利航．证券内幕交易民事责任功能质疑［J］．法学研究，2010（6）；赵旭东．内幕交易民事责任的司法政策与导向［J］．法律适用，2013（6）；赵旭东．内幕交易民事责任的价值平衡与规则互补［J］．比较法研究，2014（2）．

③ 缪因知．内幕交易民事责任制度的知易行难［J］．清华法学，2018（1）．

④ 更为复杂的是杠杆化证券交易（融配资交易、股指期货等衍生品交易）者由于操纵市场行为而“爆仓”、被强制平仓产生的损失，其致损机理又不同于非杠杆交易时的投资损失，缪因知．期货操纵和欺诈致损计算规则研究［J］．证券法苑，2015.

以一体考虑将三板纳入的可能性，以拓宽《证券法》直接调整的市场容量，更好地发挥市场的作用。建议在条文其他合适的地方，均尽量在“证券交易所”之后加上“国务院批准的其他全国性证券交易场所”。

需要指出的是，我们无须由《证券法》一步到位地明确股转系统的法律地位或明确其实施注册制等，而只需要留下法律制度的借口，具体的落实可以交由国务院来决定。

六、适应建设多层次资本市场的需要，为三板等特殊市场的交易行为预留必要的责任豁免

沪深证券交易所以外的交易场所存在着一些特殊的交易性质。最典型的就是三板的做市商制度，持续提供股票买卖双向报价，对优化市场交易机制起到很大的作用。故相应的法律责任豁免应当作出，以免“误伤”，具体包括：

《三审稿》第 52 条可以将“持有百分之五以上股份的做市商履行报价义务而买卖”作为短线交易的豁免情形。这也为交易所推行做市商提供了制度借口。

《三审稿》第 90 条、第 91 条股票和债券发行人临时报告义务的设置，可以明确限定在证券交易所，豁免其他证券交易场所，以减轻中小企业的披露负担。如前所述，《三审稿》第 90 条本身存在要求披露事项过多的缺陷，故而避免适用于沪深交易所以外的市场，更有必要。

操纵市场行为责任的条款也应注意对三板做市商制度的特殊背景予而对它们按交易规则以资金、持股和信息优势连续买卖的行为予以责任豁免。与沪深证券交易所相比，三板交投相对寡淡，而设置了做市商制度。与普通投资者不同，做市商可以成为市场行情的制造者，如通过主动买入来催涨股票。

2017 年中泰证券公司等处罚书①指责“中泰证券通过主动报高价格，以高于其他做市商价格买入并成交的方式引领股价向上，或者以明显高于投资者卖出价申报买入并成交，抬高股票成交价格”。然而，如三板法律研究专家所强调，“持仓做市并且进行连续双向报价是做市商的义务。做市商较之于一般的投资者，当然具有资金和持股优势，并且是市场上证券的合法垄断供给者”

① 《中国证监会行政处罚决定书（上海易所试网络信息技术股份有限公司、中泰证券股份有限公司、章源等 8 名责任人员）〔2017〕100 号》。

"做市商的抬价和降价行为，一般也不应简单认定为操纵市场，除非有其他明显证据证明做市商故意通过抬价和降价，扭曲市场价格，诱使他人跟进。这是因为，做市商要履行持续的双向报价义务，买卖价差不得超过5%，并在该价位和数量范围内无条件接受投资者的买卖要求。如果做市商抬价过多，则其买入价格也会提高，如果高于该只股票的内在价值，投资者就会将其持有的股票卖给做市商，做市商就会亏损"，反之亦然。[①] 所以，双向报价义务和低买高卖的市场套利力量客观上不会令做市商的报价不合理偏离股票的价值，否则做市商就必须为市场"接盘"买入或"割肉"卖出而导致亏损，这是理性经济人所不会做的。

① 邢会强．新三板市场的法律适用与新三板监管法的制定［J］．现代法学，2018（1）．

冷静看待《证券法》专章规定“投资者保护”

叶　林*

全国人大在2019年公布的《证券法（修订草案三次审议稿）》中，延续了2015年《证券法（修订草案）》的体例，专章规定了“投资者保护”。对此，反对者寥寥，支持者甚多，支持的理由是这种立法突出了投资者保护在《证券法》中的地位，可以更好地反映《证券法》保护投资者的立法宗旨。其实，从更广的视野来说，专章规定“投资者保护”在逻辑上未必是合理的，如果再将其他法律难以表达的内容写到这一章中，还将使专章内容凌乱，与其他章节的规定形成冲突，从而减损专章规定“投资者保护”的价值。

首先，专章规定“投资者保护”，凸显了立法机关对于投资者保护的重视程度，却未必实际提升投资者保护的地位。

纵观各国《证券法》，无不强调投资者保护。之所以如此强调投资者保护，一方面在于投资者是证券市场上的资金供给方，失去了投资者的证券市场，也就失去了存在的价值；另一方面在于投资者是证券市场上弱者的假设，投资者与上市公司或发行人之间存在信息不对称，很容易遭受欺诈发行、内幕交易和市场操纵的损害，需要向投资者提供更有效的救济，否则证券市场会充斥欺诈，从而偏离证券市场高效配置资源的目标。在我国，证券市场“散户”众多，占比甚高，“散户”心理突出，如果不关心以“散户”为代表的投资者的利益，这个市场难以维持民心。如此来说，保护投资者当然是极端重要的。

既然《证券法》的核心价值之一是保证市场公平，保护投资者利益自然属于《证券法》规则中的应有之义。然而，投资者保护渗透到上市公司、发行人

* 叶林，中国人民大学教授、博士生导师、民商法教研室副主任。

行为、交易活动乃至市场秩序的各个方面，极端地说，《证券法》每一项制度，都必须内含保护投资者的思想，投资者保护是遍及于《证券法》各项制度的内在价值。在此情形下，若专章规定“投资者保护”，反倒使法条阅读者产生一种错觉，即凡在考虑投资者保护时，均应集中于该章的专门规定，却疏忽了《证券法》其他章节体现的投资者保护价值。就此而言，将投资者保护引导到一个狭窄的思路上，或许未必真的有助于保护投资者利益。

一个值得担心的问题是，《证券法》似乎是把难以被其他章节规定的内容，一并纳入“投资者保护”的专章中。其中，虽有传统的《证券法》问题，也有《公司法》乃至公司治理的内容；虽然侧重于实体法内容，也兼顾了程序法内容；虽有与证券发行相关的内容，也牵涉与证券交易和服务相关的内容。我认为，在特殊的历史时期和背景下，试图借助一章的内容，整体表达对投资者保护的重视，这未必是不合理的，然而将各种复杂问题纳入一章中，不仅涉及其与证券发行、交易、服务乃至监管等基础制度的关系，而且也涉及各个法条之间的逻辑关系。如果这个问题没有梳理清楚，法条之间关系过于零散，未来将直接影响法律适用的效果。

其次，如果专章规定“投资者保护”是一个较优选项，就要精心考虑其核心制度和内容，不应成为装载零散条款的集装箱。

“投资者保护”专章写入《公司法》或公司治理的条款，原因之一是立法者无意对《公司法》和《证券法》作出联动修改。上市公司治理的实践表明，我国《公司法》太过简约，操作性不强，确定性不足。其实，欠佳的公司治理直接威胁了投资者保护的程度。如果试图通过专章规定“投资者保护”，借以缓和《公司法》自身的缺陷和不足，难免有舍本逐末的效果。证监会和学者早就关注到公司治理与证券市场的相互关系，即使未将其中深邃的道理解释清楚，但清楚地看到这种联动关系的真实存在。如董监高信义义务缺失，这本身绝非《证券法》能够独立面对和解决的，至少需要在《公司法》和《证券法》两个层面予以应对。但是，当只剩下可以选择《证券法》予以规制时，难免出现《公司法》或公司治理的规则纳入《证券法》中的情形。

“投资者保护”一章，也写入了数年来监管政策的经验。如果说实践才是证券市场法制的生命之源，那么将监管政策和监管经验纳入《证券法》也未尝不可。然而，必须清醒地看到，我国现有的监管经验和政策，尤其是某些异乎寻常的监管经验和政策，往往是为了应对某些特殊问题、特殊情势，适用于特殊环境、特殊时期的经验和政策，而将特殊政策和经验运用于一般场景，在理论上颠倒了一般规则与特殊规则的关系，在实务上则容易出现将特殊规则扩大适用的问题，也容易出现一般规则被限缩适用的问题。如此，反倒容易影响市场秩序的长期稳定，影响市场和法制的可预期性，容易诱发监管政策的朝令夕改。一个稳定的市场，能够增强投资者信心，这又何尝不是保护投资者利益的初衷呢？

“投资者保护”大致涉及实体保护和程序保护两个方面。其实，对于投资者来说，将投资者保护划分实体保护与程序保护是没有直接意义的，从法律逻辑角度，这种划分却非常必要，部分原因在于实体法规范和程序法规范所要面对的问题、所要秉持的原则、所能达到的效果之间，存在重大差异。需要看到，域外立法机关甚至专门制定了《证券投资者保护法》，此等立法未必尊崇实体与程序截然分割的理论理性，而是兼顾了实体与程序两方面内容，然其核心内容，仍在于程序保护。

从实践角度看，证券市场投资者面临的最残酷问题是，加害者是一个或者少数人，受害者是数量众多的投资者。一方面，应当关注受害者提出救济的难易程度，一旦宽容地对待投资者的起诉，必然倒逼上市公司和发行人改变长期形成的肆意妄为；另一方面，应当提供可以同时保护众多投资者的纠纷解决机制，这就相当于将分散存在的众多投资者结合或者拟制为一个主体，形成与上市公司和发行人之间相对均衡的局面。然而，在这个问题上，《证券法》迟迟未能拿出好的方案。个人的看法是，一旦《证券法》纳入有利于众多受害者诉讼或救济的方案，“投资者保护”的专章规定就算是大体成功的。

最后，“投资者保护”从口号、政策向规则的转变，需要理论和实践积淀，需要在诸多方面作出努力与改进，绝非一朝一夕可以实现，绝非一蹴而就。

理论和实务界揭示大量侵犯投资者利益的案例，人们清醒地认识到投资者保护与证券市场健康发展之间的关系。然而，如何更好地保护投资者利益，学者和实务界的见解参差不齐。比较普遍的看法是，针对实践中出现的损害投资者利益的实践，要逐一提出有针对性的应对策略，甚至应当将该种应对策略转化为法律规范，从而化解实践困局。这种建议的进一步深入，就是不断增加上市公司、发行人乃至中介机构的连带责任，使上市公司、发行人以及中介机构因“连坐”而相互牵制。这种建议未必错误，却明显带有理想主义色彩。

对于大多数上市公司和发行人来说，它之所以选择公开发行证券并上市，在相当程度上是因为资本市场提供了更为便利融资机会，提供了相对廉价的资金，中介机构也可以从中获利。然而，当连带责任深入证券发行和交易的各个环节，无疑就加大了融资成本，也会逼退难以负担成本的企业。这种看似纯洁了市场秩序的做法，也同时削弱了市场效率和市场价值，一个失去了融资功能的市场，未必有利于投资者保护。

立法者和执法者的思路有所不同。执法者更关心每个不法行为的认定、每个侵权案件的处理、每个处理结果的法律依据，因此，执法活动往往呈现鲜明的“微观思维”。微观和具体思维是重要的，它可以成为验证宏观规则有效性的素材。立法者应当重视微观思维和微观思维下的结论，却更应关注宏观思维和整体结构，夯实投资者微观保护的根基。如果立法者只是将微观经验“条文化”，就难以形成长治久安的证券市场秩序，不仅自身无法推动证券市场的效率，而且将自身陷入与执法者相似的追求个案公平的角色。

本人认为，保护投资者利益，应该确定无疑地成为《证券法》守护的基本价值，但绝不应狭隘地理解投资者保护，不应将投资者保护简化为若干具体规则。与此相应，我国证券市场法制建设，不仅要关心技术和规则本身的问题，还要关心市场结构问题。具体来说，发掘“团体法”私法精神的制度价值，不断增强中小投资者的凝聚力，改变“散户为大”却“孤立无援”的尴尬局面。

证券投资者保护的公平基金制度：美国经验及启示

黄　辉[*]　李海龙[**]

摘　要：公平基金制度是将证券监管部门对违法者的罚没款归入一只基金中，并依法分配给受害人，以保障民事赔偿责任优先原则的实现，从而提升证券投资者保护水平的制度设计。在借鉴美国经验的基础上，结合我国国情，建议《证券法》修改时加入公平基金制度的原则性条款，并授权证监会制定实施规则，明确基金来源应当包括没收违法所得与行政罚款两部分；赋予证监会对于基金的监管职权，并交由投保局负责，而具体管理基金的工作可以授权国家设立的投资者保护机构，比如投服中心。另外，需要建立严格的信息披露制度，以保障公平基金制度的公正和效率。

关键词：公平基金　民事罚款　投资者权益保护　比较研究　实证研究

引言：问题之提起

为进一步加强投资者保护力度，促进证券市场健康发展，我国《证券法（修订草案三次审议稿）》（以下简称《三审稿》）增设了“投资者保护”专章。应当讲，这一章的设立意义重大，引入一些重要的投资者保护举措，但仍有进一步完善的空间。其中，公平基金制度的缺失就有遗珠之憾。

* 黄辉，香港中文大学法律学院教授，法学博士。

** 李海龙，浙江财经大学法学院副教授，法学博士。

公平基金制度是将证券监管机关（证监会）对违法者的罚没款归入一只基金中，并分配给受害人，以保障民事赔偿责任优先原则的实现，从而提升投资者保护水平的制度架构。我国《证券法》明文确立了民事赔偿责任优先原则，①但在现实中却经常难以实现。其原因是，虚假陈述等证券不法行为通常引发包括行政责任、刑事责任和民事责任在内的多种法律责任，而由于种种原因，行政处罚和刑事制裁在时间上通常先于民事赔偿。由于违法者财产有限，在缴纳完行政处罚没款或刑事罚金后，很有可能已没有足够资产去赔偿投资者的损失，从而使民事赔偿落空。②

近年来，我国加大了对于证券违法行为的打击力度，多次出现巨额罚金或行政罚款的案例。譬如，2017 年 1 月 23 日，青岛市中级人民法院对被告人徐翔等操纵证券市场案进行了一审宣判，被告人徐翔犯操纵证券市场罪被判处有期徒刑五年六个月，并处高达 110 亿元的罚金。再如，2017 年 3 月 30 日，证监会对于鲜言操纵市场和信息披露违法行为作出行政处罚，没收违法所得 5.78 亿元，并进行罚款，金额高达 28.92 亿元。③ 如上案例中的罚金和罚款金额巨大，且针对个人，因此，违法者在支付上述处罚金额之后，是否还有能力全面赔偿中小投资者的损失，已经成为一个需要我们认真面对和思考的现实问题。

公平基金制度可以有效应对上述问题，同时，由于投资者无须自己提起民事诉讼，而是通过证监会的公共执法就可直接获得赔偿，从而节省司法资源，降低投资者维权成本，避免社会不稳定因素的出现，进而促进市场健康发展。④就公平基金制度而言，无论是理论研究，还是实践操作，美国都处于领先地位，而目前国内学者对于这一制度的研究大多比较粗略，需要进一步深入探讨。鉴于此，本文将重点分析美国经验，并结合我国的现实情况，提出构建我国公平基金法律制度的建议，为《证券法》修订工作贡献绵薄之力。

---

① 《证券法》第 232 条规定："违反本法规定，应当承担民事赔偿责任和缴纳罚款、罚金，其财产不足以同时支付时，先承担民事赔偿责任。"

② 黄辉，肖宇，李海龙，黄江东．证券民事赔偿责任优先的法理逻辑与实现路径［J］．投资者，2019（2）．

③ 中国证监会行政处罚决定书〔2017〕29 号。

④ 关于《证券法》公共执行与私人执行的国际经验探讨，Hui Huang and Nicholas Howson（eds）. Enforcement of Corporate and Securities Law：China and the World［M］. Cambridge University Press，2017.

一、概述

（一）公平基金的基本内涵

在美国，公平基金是指美国证券交易委员会（Securities 和 Exchange Commission，以下简称 SEC）通过民事诉讼或者依照行政职权向证券市场违法者追缴的违法所得和民事罚款等归入一只基金中，并进而分配给受害人，或者奖励给举报人的制度。“公平基金”英文表述是 FAIR Funds，其中的“公平”（FAIR）是由“联邦投资者赔偿账户”（Federal Account for Investor Restitution）首字母缩写组成。根据 2002 年《萨班斯—奥克斯利法案》第 308 条，“联邦投资者赔偿账户”中的公平基金由民事罚款（civil fines）及没收违法所得两部分构成。①

SEC 的主要职责是通过确保资本市场的“公正、有序、高效”，从而达到保护投资者及公众权益的目的。为确保如上目标的实现，SEC 有权运用各种监管工具和手段，包括禁止令（cease - and - desist）、禁制令（injunction）、市场禁入令、暂停交易，以及民事罚款、没收违法所得等金钱性惩治手段。② 公平基金制度是 SEC 试图为投资者争取更多补偿的创新手段，③ 并逐渐成为“最常用的工具之一”。④

需要注意，在英语中，“civil fine”“civil money penalty”“money penalty”通常可以互用，它们之间并没有严格的区分。⑤ 然而，对于其内涵究何所指，并没有形成统一的意见，我们在将这些法律术语进行翻译引入国内时，必须找到对应的术语，以明确其基本内涵，否则极易导致误解。由于法律制度的差异，有时找到准确的对应术语并非易事。我国台湾地区学者林仁光教授在讨论“civil penalty”时提到，“既是行政责任之性质，为何称为 Civil Penalty 而非 Ad-

① Section 308 (a) of the Sarbanes Oxley Act of 2002.

② Urska Velikonja. Public Compensation for Private Harm: Evidence from the SEC's Fair Fund Distributions [J]. Stanford Law Review, Volume 67, p. 331, 339. 需要指出，弥补投资者损失的途径很多，并不限于公平基金这一种手段。

③ SEC. Report Pursuant to Section 308 (C) of the Sarbanes - Oxley Act of 2002, https://www.sec.gov/news/studies/sox308creport.pdf, p. 36, Mar. 12, 2018.

④ Linda Chatman Thomsen & Donna Norman. Sarbanes - Oxley Turns Six: An Enforcement Perspective [J]. J. bus. & Tech. L., Volume 3, 2008, p. 393, 411.

⑤ Verity Winship. Fair Funds and the SEC's Compensation of Injured Investors [J]. Florida law Review, Volume 60, 2008, p. 1103, 1111.

ministrative Penalty? Civil Penalty 于台湾地区是否有相同概念之名词? 究竟应翻译为行政罚款、民事罚款、民事制裁、民事处分或者有更恰当之翻译，都有许多讨论空间。”① 结合我国台湾地区法律的实际，他认为“无论是参考英美法系的 Civil Penalty 制度或是日本课徵金制度，无论处罚程序是否经法院判决，其性质可能比较倾向或接近行政处罚之性质。”② 黄辉教授将其翻译为“民事惩罚”，主要理由是在英美法系，监管机关根据自身职权直接作出的处罚通常称为“纪律行动”（disciplinary action），这种处罚等同于中国的行政处罚，但其适用范围比中国的行政处罚小很多，而对于很多市场失当行为问题，监管机关需要通过司法机关根据民事诉讼程序（civil proceedings）寻求处罚，故称为民事惩罚。③ 因此，本文将 Civil Penalty 中的金钱性惩罚译为“民事罚款”，在不失其英语内涵的基础上，尽量与国内相关法律术语对应起来，避免可能出现的误读。

综上所述，由于不同法域对于行政机关的权限规定不同，监管机关在对于市场违法行为进行处罚时要么根据自身职权直接作出，要么通过司法机关作出，虽然美国的民事罚款在法律程序上并不完全等同于我国的行政罚款，但都是由行政机关推动，在责任范围上类似于我国的行政处罚。

（二）公平基金在美国的发展演化

在很长一段时间里，SEC 认为自己是监管机关，负责《证券法》的公共执行，而“并非一个负责处理证券欺诈受害者补偿事宜的机关”。④ 相反，私人诉讼被视作救济投资者损失的适宜途径。然而，这一做法自 1990 年《证券执法救济与廉价股票改革法》颁行时发生了改变，该法第 23 条明确授权 SEC 可通过行政程序要求违法者返还违法所得，并将其设立基金，向受害投资者发放。⑤

当然，并不是在所有情况下 SEC 都会向投资者分配非法所得，而是会考虑两个方面的因素，包括“是否存在遭受同样损害的同类型投资者；从被告那里

① 林仁光. 西风东渐——谈内线交易 Civil Penalty 制度之发展［J］. 月旦法学杂志，2014（8）.

② 同①。

③ 黄辉. 香港证券市场失当行为审裁处制度及其启示［J］. 投资者，2018（1）.

④ Jayne w. Barnard. Evolutionary Enforcement at the Securities and Exchange Commission［J］. U. Pitt. L. Rev., Volume 71, 2010, p. 403, 416.

⑤ Securities Enforcement Remedies and Penny Stock Reform Act, 15U. S. C. § §78U－2, 78U－3 (2013). 美国的公平基金制度可以追溯 1966 年的 SEC v. Texas Gulf Sulphur Co 案。该案中，美国联邦第二巡回法院创立了在内幕交易者需吐出其非法所得的判例。1988 年的 SEC v. First City Financial Corp., Ltd. 案中，法院又将吐出非法所得制度（“吐赃制度”）扩展至虚假陈述等领域。

收取的资金构成的基金是否足以向受害者支付。”[①] 例如，当非法所得数额较小或者需赔偿的投资者人数远远超过资金数额时，SEC 往往不会分配基金，而是将其上交财政部。值得注意的是，在这一时期，民事罚款不能被纳入基金中，SEC 必须依法上交美国财政部。[②]

2002 年《萨班斯—奥克斯利法案》进一步强化了 SEC 在弥补投资者损失方面的职权，该法第 308（a）条授权 SEC 将民事罚款纳入“没收非法所得基金”中，并依法将其向受害者予以分配，即后来所称的“公平基金”。尽管授权进一步扩大，此时 SEC 在这一方面的职权还是受到一定的限制。换言之，只有当 SEC 要求违法者归还违法所得时才能将民事罚款向受害者分配，假如没有要求违法者归还违法所得，那么 SEC 只能将民事罚款上交财政部，而不能予以分配。[③]

2010 年《多德—弗兰克华尔街改革与消费者保护法案》进一步展开改革，扩大公平基金的适用范围。该法第 929B 条授权 SEC 将民事罚款向受害者予以分配，即使没有没收违法所得的命令。[④]

二、公平基金的制度功能争论

（一）质疑的观点

当然，并不是所有的学者都认为 SEC 设立并主导公平基金的做法是值得称道的。[⑤] 首先，从《证券法》违法行为发生后补偿的角度看，有学者认为所谓的补偿只不过是“杯水车薪”。其次，有学者从 SEC 功能的角度出发，认为 SEC 主导补偿投资者权益功能的定位并不准确，在很大程度上会弱化 SEC 的主要功能与职责。传统上，SEC 通过执法与惩治违法者确保投资者免受市场欺诈是其重要职责，而不是去弥补投资者损失，相反，这一功能主要通过集团诉讼

---

① Urska Velikonja. Public Compensation for Private Harm: Evidence from the SEC's Fair Fund Distributions [J]. Stanford Law Review, Volume 67, 2015, p. 331, 342.

② 15U. S. C. 78u (d) (3) (C) (i). 根据 1984 年《内幕交易处罚法》(*Insider Trading Sanction Act of* 1984)，它授权 SEC 以原告的身份对被告提起民事诉讼，有权对内幕交易人等征收不超过违法者从事内幕交易所得利益或所避免损失数额 3 倍的民事罚款。

③ 在这一方面，SEC 试图采取措施予以规避，但遭到了不少批评。例如，为了将民事罚款纳入公平基金，而要求被告规划一美元的非法所得，从而使民事罚款无须上交国库。

④ The Dodd - Frank Wall Street Reform and Consumer Protection Act, Section 929B.

⑤ 郭雳．证券执法中的公共补偿——美国公平基金制度的探析与借鉴［J］．清华法学，2018(6).

实现。[①] 有学者对公平基金的个别案例进行分析，认为 SEC 运用公平基金制度会弱化其作为公共监管机关的功能，而且还会侵蚀私人民事诉讼机制的特有功能。[②]

（二）赞同的观点

事实上，无论从 SEC 与其他行政机关职权对比的方面看，还是从公平基金的使用频率来讲，公平基金无疑具有不可忽视的重要价值。数据显示，2002—2013 年，SEC 共设立 243 只公平基金，金额高达 144.6 亿美元。[③]

首先，借助公平基金补偿受害者权益属于法律应极力维护的正义。正如学者所说，“不当得利返还原则是内涵‘矫正正义’的结构性原则，该原则将投资者收益权保障目标贯穿于投资者代理人过错考察和证券欺诈赔偿基金制度中。”[④] 具体而言，“在证券市场，内幕交易者的非法获利对应着的是其他的投资者的损失，如果将内幕交易者的非法获利以及对其的罚款上缴财政，而不是补偿投资者的话，则可能会造成证券市场资金的‘失血’，从而导致证券交易的萎缩。正是意识到这一点，美国才创立了公平基金制度。”[⑤]

其次，公平基金是克服证券领域私人民事诉讼弊病的重要方式。通常而言，受害投资者可以提起私人民事诉讼要求违法者进行赔偿，在美国的主要诉讼形式就是集团诉讼，但集团诉讼存在滥诉风险。另外，《证券法》领域中的违法行为往往具有涉及面广、人员复杂、取证难等特征，在这样的情况下，受害者往往具有“搭便车”的心理，主张维护权益的积极性并不高，从而极易出现“集体行动的困境”，最终使救济手段变得苍白无力。在这一背景下，采取公权力介入的方式在很大程度上能克服上述弊病。

最后，从方便维护投资者权益的角度看，公平基金也有其独特的灵活性优势。在私人民事诉讼中，适格的原告必须符合一定的条件，而 SEC 并不符合主体资格。然而，借助公平基金这一渠道，SEC 可以有效地维护投资者权益。对

---

① Barbara Black. Should the SEC Be a Collection Agency for Defrauded Investors [M]. The Business Lawyer, 2008, p. 318.

② Barbara Black. Should the SEC Be a Collection Agency for Defrauded Investors [M]. The Business Lawyer, 2008, p. 317.

③ Urska Velikonja. Public Compensation for Private Harm: Evidence from the SEC's Fair Fund Distributions [J]. Stanford Law Review, Volume 67, 2015, p. 331, 333.

④ 张春丽. 论我国证券欺诈赔偿责任机制的完善 [J]. 法律科学, 2014 (3).

⑤ 邢会强. 内幕交易公平基金制度的构建 [M] //证券法律评论. 北京: 中国法制出版社, 2016.

此，有学者指出："SEC 无须成为股票买者或卖者，也无须证明存在信任或损失的因果关系就可对违法者提起诉讼。"①

二、美国公平基金制度的实效性分析

（一）以往研究的不足

美国于 2002 年开始建立公平基金制度，迄今时间不算长，数据也有限，因此，以往对于公平基金效果的实证考察并不多，研究者只能基于某些甚至某个典型案例的分析，试图得出对公平基金实效性认识的普遍性结论。

比如，一篇报告认为，SEC 在收集公平基金资金方面并不得力，从而使补偿受害者变得困难重重，而且，设立和管理公平基金的成本极高。② 另一篇报告认为，SEC 分配公平基金的效率并不高，通常要用数年的时间才能将资金分配到受害者的手中，尽管自 2007 年开始分配的步伐有所加快。③ 还有的批评者认为，公平基金是在相同的案件上浪费资源，④ 在资金的分配上缺乏一致性的规则。⑤

以上学者对公平基金的实证研究存在严重缺陷，表现在支撑结论的数据不全面，往往以几个典型案例作为佐证得出结论，因此，其结论的可靠性值得怀疑。鉴于此，近年来有学者收集更多的数据进行实证分析，获得很多新的发现，对于公平基金有了新的认识。⑥

（二）新近的实证研究

2015 年，《斯坦福法律评论》刊发了一篇对于公平基金制度的实证研究，

---

① Barbara Black. Should the SEC Be a Collection Agency for Defrauded Investors? The Business Lawyer, 2008, p. 317, 335.

② SEC. Report Pursuant to Section 308 (C) of the Sarbanes – Oxley Act of 2002, https://www.sec.gov/news/studies/sox308creport.pdf, pp. 6 – 8, Mar. 12, 2018.

③ U. S Gov'T Accountability Office, Gao – 05 – 670, SEC and CFTC Penalties: Continued Progress Made in Collection Efforts, but Greater SEC Management Attention Is Needed, Oct. 3, 2005, https://www.gao.gov/products/GAO – 05 – 670, p. 29, 30, Mar. 12, 2018.

④ Barbara Black. Should the SEC Be a Collection Agency for Defrauded Investors? The Business Lawyer, 2008, p. 317, 342.

⑤ Ibid, 335.

⑥ 黄辉，肖宇，李海龙，黄江东．资本市场民事赔偿金、行政罚款与刑法罚金制度研究［J］．投服研究，2018（4）．

涵盖自 2002 年 7 月 25 日至 2013 年 12 月 31 日共计 243 只 SEC 设立的公平基金。[①] 这些基金所涉及的金额共计 144.6 亿美元，其中 143 只基金是通过司法程序设立的，另外 100 只基金则是通过行政程序设立的。在所有的 243 只基金中，240 只基金由非法所得与民事罚款构成，其中前者的数额为 61.9 亿美元，后者的数额为 82.8 亿美元。[②]

上述研究的数据来源广泛，涵盖 SEC 官方网站、Westlaw 等在内的权威法律数据库以及其他公开的报告，从而有效避免了案例的单一性、片面性，是迄今对于公平基金制度最为全面的实证研究。需要注意，数据不包括那些仅由返还非法所得（而没有民事罚款）构成的公平基金。据统计，这种基金只有 3 只，而其他的基金都是民事罚款与归还违法所得二者的结合。[③]

该实证研究的主要发现有以下几个：首先，对于同一案例上浪费资源的批评，即公平基金“模仿”集团诉讼而造成资源浪费的观点，该实证研究发现其并没有坚实的数据支撑。在发行人信息披露案件中，尽管往往存在平行诉讼的情形，但是 SEC 通过公平基金分配资金的案件往往无法通过私人民事诉讼获取赔偿。该研究发现：“有超过一半（53.2%）的公平基金分配对象的被欺诈投资者无法通过并行的私人民事诉讼程序获得补偿……其结果就是，在绝大多数公平基金涉及的案件中，借助公平基金成为投资者获得补偿的唯一渠道。”[④] 另外，个人以及二级市场中的被告支付给公平基金的数额已成为常态，而且在数额上远远超过私人民事诉讼方式所确定的数额。[⑤] 因此，SEC 的公平基金已成为弥补私人民事诉讼手段不足的重要组成部分，发挥着无法取代的重要功能。[⑥]

现实中，民事罚款经常适用于那些违法主体没有从违法行为中直接获益的情形。譬如，在发行人信息披露违法行为中存在财务会计欺诈行为，但这一行为往往无法使违法公司直接受益，从而要求其归还违法所得也就变得不现实

---

① Urska Velikonja. Public Compensation for Private Harm: Evidence from the SEC's Fair Fund Distributions [J]. Stanford Law Review, Volume 67, 2015, p. 331, 347. 需要提及的是，作为实证分析的对象，这里的公平基金并不涵盖非法所得，只统计民事罚款。

② Urska Velikonja. Public Compensation for Private Harm: Evidence from the SEC's Fair Fund Distributions [J]. Stanford Law Review, Volume 67, 2015, p. 331, 351.

③ Urska Velikonja. Public Compensation for Private Harm: Evidence from the SEC's Fair Fund Distributions [J]. Stanford Law Review, Volume 67, 2015, p. 331, 351.

④ Ibid, 371.

⑤ Ibid, 337.

⑥ Ibid, 338.

(或者数额很少)。由于缺乏数额可观的资金来源，公平基金就“巧妇难为无米之炊”了。数据显示，在该领域中，公平基金分配数额只占到总数的15.1%。另外，在其他违法类型中，例如内幕交易、欺诈证券发行、市场操纵、投资咨询人及经纪人违法行为等，公平基金则发挥着极为重要的作用，因为SEC能要求违法者支付数量可观的民事罚款以及要求归还非法所得。

其次，对于赔偿资金是从无辜股东流出而出现“二次伤害”和“循环分配”的质疑，该实证研究也进行了驳斥。数据表明，通过公平基金分配资金的案件往往发生在金融中介机构欺诈客户或不正当竞争的领域，而在这些领域不会发生如上的质疑。[①] 同时，通过公平基金这一渠道要比通过私人民事诉讼手段更能向被告获取数额更大的补偿资金。与诉讼方式不同，高级管理人员保险(D&O insurance)不能适用于公平基金制度，从而强化了公平基金的震慑力。就“循环分配”的问题而言，数据显示，只有35.1%的公平基金存在这样的情况。而且，这一情况主要发生在发行人信息披露违法行为，此时埋单的往往是公司。[②]

最后，对于公平基金导致投资者过度补偿的担心，该实证研究表明，这种情况并不存在。这种问题主要可能出现在发行人信息披露欺诈的情形中，[③] 而且，即使如此，在公平基金向投资者进行分配时，也会关注投资者是否已经通过其他方式获得补偿，从而避免投资者多次受偿，甚至补偿总金额超过其损失的情况。[④] 数据显示，在约一半的(53.3%)公平基金分配中，受欺诈的投资者是无法通过私人民事诉讼程序获得赔偿的。[⑤]

四、我国引入公平基金制度的探讨

如上所述，公平基金制度具有投资者保护的重大作用，因此，本部分将对该制度引入我国的必要性和可行性进行探讨，并在借鉴美国经验的基础上，结合我国国情，提出具体建议。

---

① Ibid, 336.

② Ibid, 375.

③ Ibid, 391.

④ 293 F. R. D. 459, 462; 608 F. Supp. 2d 677, 678 – 79.

⑤ Urska Velikonja. Public Compensation for Private Harm: Evidence from the SEC's Fair Fund Distributions [J]. Stanford Law Review, Volume 67, 2015, p. 331, 369.

（一）我国建立公平基金制度的必要性

从制度供给看，我国目前已经有一些投资者保护机构，但它们都不同于本文所阐述的公平基金制度。首先是证券投资者保护基金制度，其执行者是中国证券投资者保护基金有限责任公司，主要职责是在证券公司被撤销、被关闭、破产或被证监会实施行政接管、托管经营等强制性监管措施时，按照国家有关政策规定对债权人予以偿付。① 其次，证监会下设投保局，主要负责投资者保护的相关工作。最后，2014 年 12 月注册成立中证中小投资者服务中心有限责任公司（以下简称投资者服务中心），主要职责是为中小投资者自主维权提供相关服务。我们在引入美国的公平基金制度时，可以充分利用本土资源，在上述 3 个机构中选取公平基金的执行机构。

从制度功能看，在金融中介机构欺诈案中，私人民事诉讼很难有用武之地，因此，公平基金制度就成为救济受害投资者的“最后一根稻草”。在美国，随着联邦最高法院及国会不断限制私人民事诉讼的提起，在证券违法案件中，集团诉讼已经主要限制在会计欺诈领域。② 由于诉讼程序尤其是集团诉讼受到的限制越来越多，公平基金的重要性则凸显出来。③ 而在我国，证券集团诉讼法律制度尚付诸阙如，而且将来也不太可能建立，公平基金制度无疑可以发挥更大作用。

另外，公平基金与私人民事诉讼针对的领域并不一致，二者相互补充、相得益彰。证券领域中的违法行为可分为发行人信息披露违法与其他类型的违法。前者可以由权利人通过私人民事诉讼的方式主张权利，公平基金分配资金的数额只占其全部的 15.1%，可以说，这是诉讼程序发挥其功能的“主阵地”。此时，出于节省成本的考虑，SEC 并不会独自制订公平基金的分配方案，而是参考、结合集团诉讼的相关情况展开。相比而言，在除信息披露违法之外的其他领域，例如内幕交易、证券发行、操纵市场、投资咨询人、证券经纪人等方面的违法行为，公平基金资金分配占比为 71.3%，远远超过通过私人民事诉讼所能获取的赔偿。④

---

① 叶林，王琦．证券投资者保护基金的法律性质［M］．投资者（第 1 辑），北京：法律出版社，2018.

② Urska Velikonja. Public Compensation for Private Harm：Evidence from the SEC's Fair Fund Distributions［J］. Stanford Law Review，Volume 67，2015，p. 331，394.

③ Ibid，393.

④ Urska Velikonja. Public Compensation for Private Harm：Evidence from the SEC's Fair Fund Distributions［J］. Stanford Law Review，Volume 67，2015，p. 331，359 –360.

可见，公平基金在投资者保护方面发挥着独特的作用，是一种灵活且有效的措施。尤其在我国目前缺乏证券集团诉讼制度的现实背景下，借助证券监管部门的介入和协调，通过公平基金制度更能有效地保护投资者的合法权益。

(二) 我国建立公平基金制度的可行性

在论述了必要性后，本部分将聚焦我国建立公平基金制度的可行性，特别是程序方面的规则问题。在美国，公平基金具有严格的程序要求，可以大致分为设立、管理和分配 3 个阶段。SEC 或听证官（通常是行政法官）裁决以通过行政程序或民事诉讼程序追缴的违法者吐出的违法所得和罚款，创立一只公平基金；SEC 任命管理人，管理人提出基金分配建议方案；分配建议方案公布，接受异议、评论和建议；分配建议方案应公布在 SEC 的档案、SEC 官方网站以及其他 SEC 或听证官指定的出版物上。接受异议、评论和建议期间届满后的 30 日内，SEC 将以发布命令的方式作出是否批准该方案的命令。如 SEC 作出实质性修改，应当再次公告，并征求意见。SEC 批准分配方案后，基金管理人公布分配方案，之后基金管理人实施分配。分配完毕，基金管理人提交总结报告，由 SEC 予以审核。基金如有剩余，SEC 往往会裁定将其上缴财政部。最后，SEC 裁定基金终止，管理人职责终止。[①] 具体流程如图 1 所示。

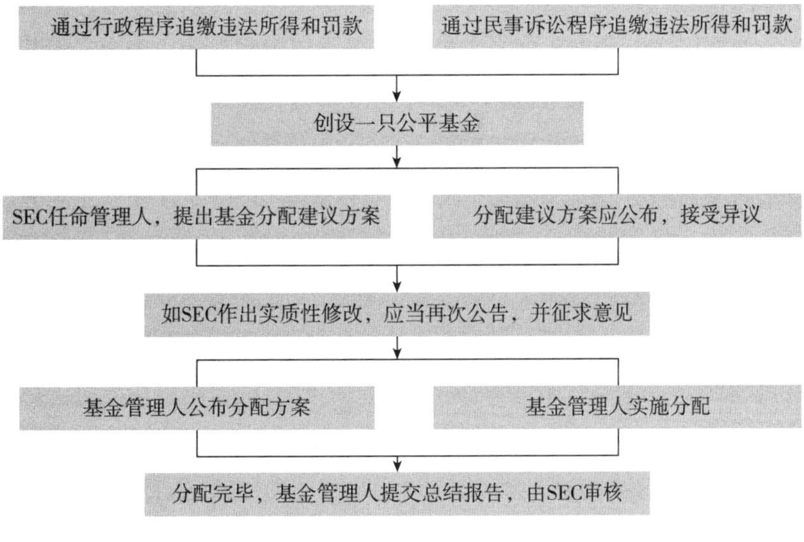

图 1　公平基金具体流程

① Urska Velikonja. Public Compensation for Private Harm：Evidence from the SEC's Fair Fund Distributions［J］. Stanford Law Review，Volume 67，2015，p. 331，359 –360.

1. 基金的设立与资金来源

公平基金的设立是第一步，其中资金来源是一个重要问题，应当将其明确为罚没款，即没收违法所得和民事罚款。

在美国，通常是一个案件设立一只基金，并以违法行为人的名称命名基金。通常而言，资金来源于 SEC 对该违法者追缴的非法所得、民事罚款、判决前利息，以及这些资金在分配前的利息收入。基金可通过司法程序的方式设立，也可以依照行政程序的方式设立。数据统计显示，2002—2013 年所设立的 243 只基金中，有 100 只是通过行政程序设立的，其他的则是依照司法程序设立的。

就在何种情况下 SEC 应当依职权设立公平基金的问题，有学者认为应着重考虑两个方面的因素。[①] 第一，资金“循环”的问题。该问题主要出现在信息披露欺诈的上市公司情形。第二，成本问题。如果 SEC 认为分配计划的管理成本相对于可能获得的罚没数额过高，或者由于潜在申请者的数量问题使分配给受害投资者是不合理的，可将该罚款直接上交美国财政部。如果这两个问题都不存在，那么就应当优先由 SEC 通过设立公平基金的方式处理。这些做法有理论支撑，现实效果也不错，值得我国借鉴。

2. 基金管理与基金管理人

在基金设立后，就面临基金管理并确定管理人的问题。通常而言，证券监管机构统筹、管理所有的基金，但在实际运作中，囿于人手及专业性，具体事宜往往需要授予他人，比如合格的基金管理人。

为有效地管理、运作公平基金，SEC 于 2006 年制定了《公平基金与没收违法所得计划的实践及规则》。根据该规则，SEC 于 2008 年设立了“归集与分配办公室”，专门负责公平基金的收集与分配。SEC 或听证官有权自由任命任何人（包括 SEC 工作人员）作为基金分配的管理人，也有权将其解任。SEC 往往从其批准的管理人名单中选任管理人。此外，还需要选任一名税务管理人。当然，如果管理人是 SEC 工作人员，则无权获得报酬。如果管理人（包括税务管理人）不是 SEC 的工作人员，则可以因其服务而获得合理的报酬，先从基金的利息收入中支付，不足的部分则由基金支付。

---

① Verity Winship. Fair Funds and the SEC's Compensation of Injured Investors [J]. Florida law Review, Volu - me 60, 2008, p. 1103, 1144.

实际上，对于基金的收集与分配的问题，我国司法实践中也有类似的经验与做法，其中最典型的当属破产管理人制度，可资借鉴。① 因此，在公平基金的管理以及分配问题上可借鉴《破产法》中的相关规定。为确保基金分配的公正、合理，首先需要确定管理基金的适格主体。在破产管理人制度中，通常由符合特定条件的破产管理人担任，在公平基金中，建议由国家依法设立的投资者保护机构担当此任。归属于证监会直接管理的投资者服务中心自设立以来，在为投资者自主维权提供法律、信息、技术服务方面成绩斐然，也积累了不少有益经验，具备担任管理公平基金的资格和能力。②

3. 基金的分配

基金分配问题是确定准确、可靠的分配比例、分配名单。首先，必须确保分配方案、分配比例以及分配名单的公正、合理；其次，确保具体执行流程的科学、流畅、透明。

在美国，基金向投资者进行分配的自由裁量权掌握在 SEC 的手中。在 SEC 提出设立基金的意向后，法院依照司法程序进行处理。③ 如基金不足分配，则按比例分配；如分配后尚有剩余，一般都上缴财政部。在绝大多数案件中，SEC 创立并负责监管基金资金的分配。2007 年之前，由于 SEC 没有设立专门负责基金分配的部门，因此基金的分配具有一定的随意性。2007 年 SEC 设立基金收集与分配办公室负责相关事宜，提高了基金分配的公正和效率。

在参考美国经验的基础上，结合我国国情，本文对于基金分配问题提出以下建议。首先，证监会制订和监督基金分配方案，这一职权可以具体授予投保局，负责公平基金设立、运作、分配进程中的重大事宜。当然，最终方案的确定，需要综合听取包括违法者、投资者以及具体负责基金管理的机构（投资者服务中心）等相关部门或个人的建议或意见。在这一方面，破产法中的债权人会议具有一定的启发意义。此后应当将分配方案公开披露，充分听取利益相关者或社会人士的建议。其次，进行基金分配，通知投资者领取补偿。最后，待分配工作完成后，基金管理人应向证监会提交总结报告，并向社会公开披露。

---

① 《企业破产法》第三章对此专门作出规定。

② 具体成绩和相关做法可登录投资者服务中心网站查询，http：//www. isc. com. cn/，最后访问日期 2019 年 6 月 18 日。

③ Urska Velikonja. Public Compensation for Private Harm：Evidence from the SEC's Fair Fund Distributions［J］. Stanford Law Review，Volume 67，2015，p. 331，342.

五、结语

公平基金制度对于投资者保护可以发挥重要作用，具有坚实的理论基础和实证支撑。在借鉴美国经验的基础上，结合我国国情，本文建议我国《证券法》修改时增加有关公平基金的原则性条款，并授权证监会制定具体实施规则，包括资金来源、基金管理以及基金分配等方面。具体而言，基金来源应当包括没收违法所得与行政罚款两部分；赋予证监会对于基金的监管职权，并交由投保局负责，而具体管理基金的工作可以授权国家设立的投资者保护机构，比如投服中心。另外，需要建立严格的信息披露制度，对于基金设立、管理和分配各个环节进行全面的信息披露，接受社会监督，从而保障公平基金制度的公正和效率，达到保护投资者权益的制度初衷。

证券投资者赔偿制度的痛点及其解决

——兼论《证券法》的修改

邢会强*

在大数据背景下，我们可以运用大数据手段，扩充和发挥好专门的投资者保护机构——中证中小投资者服务中心有限责任公司和中国证券投资者保护基金有限责任公司的作用，让它们代表投资者进行民事诉讼，代为追讨损失。本次《证券法》修改应在这方面作出安排。

一、证券民事诉讼的痛点

证券民事诉讼制度（或者说证券投资者赔偿制度）的痛点有三。如果这三个痛点没有得到很好的解决，证券民事诉讼就发展不起来，投资者权益就不能得到切实保障。

第一个痛点是要解决原告人数少的问题。由于诉讼成本较高，单个投资者往往不愿意提起诉讼。这就需要有人代理一大批投资者共同进行诉讼，利用规模效应，摊平投资者的成本。美国的证券集团诉讼采用“声明退出机制”（如果投资者不声明退出，就默认被律师代理了）解决了人数过少的问题，使动辄一起集团诉讼就会有成千上万个投资者（原告）。

第二个痛点是因果关系的证明难问题，即投资者很难证明自己的交易是受了证券欺诈行为（虚假陈述、内幕交易、操纵市场）的诱导，也很难证明自己的损失是这些证券欺诈行为造成的，因此，投资者往往难以胜诉。

---

* 邢会强，中央财经大学法学院教授。本文的写作得到了作者主持的2018年国家社科基金重大项目《大数据法制立法方案研究》的支持。

第三个痛点是原告的损失计算比较复杂和困难。这和第二个痛点是紧密相关的。因为前述因果关系的证明难，投资者不知道是在哪个时点出了问题，投资者损失的具体数额难以计算。并且，由于每一个投资者的买卖日期不一样，每个受害投资者的损失计算都是因人而异的，计算起来难度和工作量非常大。此外，投资者的损失中，可能一部分是证券欺诈行为造成的，另一部分是正常的投资下跌风险（如大盘下跌），这就需要扣除投资风险因素，而该扣除就更加复杂了。一般的律师和法官往往难以胜任损失计算工作。

二、不同证券民事诉讼形式对上述痛点的解决

不同的证券民事诉讼形式是如何解决这些痛点的呢？我们不妨比较一下。

首先，我们看看示范性诉讼。示范性诉讼的示范判决宣示了法院对于此类案件的态度，对于后案有较强的借鉴意义，但它无法很好地解决以上任何一个痛点。

其次，我们看看集团诉讼。集团诉讼起源于英国，但其效果并不显著。引入美国后，美国将“声明进入机制”改成“声明退出机制”，才解决了原告人数少的问题。此外，由于律师胜诉酬金很高（通常是获得赔偿金总数的30%），也催生了一批专业律师，在一定程度上解决了证明难和损失计算难的问题。但这种制度引入我国则存在以下两个问题：第一是群体诉讼问题，我国司法部门对此一直非常谨慎。第二是在大陆法的代理理论中，“声明退出”意味着默示同意代理。作为一个投资者，他根本不认识这个律师，或许根本不看报纸，极有可能不知道他将要被代理的消息，他怎么就“被代理”了呢？在我国目前的法律制度下，这是个法律障碍。

最后，我们再看看检察院提起的证券公益诉讼。这是很多学者的建议。但是，每一个地方都有检察院，它可能存在不够专业的问题。除非比照金融法院，成立专门的金融检察院，但这个成本是非常高昂的。如果检察官专业性不足，就无法解决证明难和损失计算难的痛点，也无法解决原告人数少的痛点。

三、我国最优的证券民事诉讼形式——专门的投资者保护机构代理投资者进行诉讼

上述三种诉讼的形式都不是最优的。最优的诉讼形式是什么呢？我们认为是专门的投资者保护机构来代表投资者起诉。但这同时需要新手段的引入，这

就是大数据技术。专门的投资者保护机构利用大数据手段，代理投资者起诉，可以很好地解决上述三个痛点。

专门的投资者保护机构实力雄厚，能够支付开发大数据的成本，而一般的律师、检察院是用不起大数据技术的。利用大数据技术，专门的投资者保护机构可以精准地知道，在证券欺诈行为期间，哪些投资者进行了交易，哪些投资者符合获得赔偿的条件，每一个投资者具体的损失数额是多少。并且，每个投资者损失的计算方法、投资风险扣除比例和结果可能是不一样的。专门的投资者保护机构作为体制内机构，可以与证券登记机构紧密合作，取得每一个投资者的联系方式。一个短信发过去，投资者一个短信回复就可以是一个委托，这就是明示同意，就可以避免“声明退出机制”存在的法律障碍。这就很好地解决了原告人数过少的问题。至于证明难问题，毕竟投资者保护机构是专门机构，能积累很多宝贵经验，且能够与证券监管机构甚至司法机关密切合作，它的调查取证手段比律师多，调查取证能力比律师强，证明难问题能够在很大程度上得以缓解。并且，这种诉讼方式还不会出现“肥了律师，投资者实际获赔很少”的难题，因为它是个公益机构，要么是不收费的，要么收很低的费用，而不可能像商业律师那样收取30%左右的胜诉酬金。同时，专门的投资者保护机构作为体制内机构，还可以与证券监管机构紧密合作，在行政处罚决定书作出前就提前介入做好相关准备工作。行政处罚决定书一公布，它们就第一时间与受害的投资者取得联系，征集委托，迅速提起诉讼，及时维护投资者权益。

总之，我们有必要发挥好专门的投资者保护机构的作用，让它们代理广大的受损投资者，对证券违法违规者提起诉讼，代投资者追讨损失，并将追讨的损失分配给受害的投资者。这是我国通过大数据技术，实现弯道超车的一项重大制度创新，它将优于美国的集团诉讼、德国的示范性诉讼。本次《证券法》修改应在这方面作出安排。

域外经验

德国多层次资本市场观察与借鉴

——以新三板制度建设为视角

牛文婕*

摘　要：德国多层次资本市场的监管架构主要可以划分为欧盟层面监管和国内监管。德国多层次市场以证券交易所为核心，多层次架构在德交所内部体现较为明显。德交所集团下的法兰克福交易所占据核心地位，法兰克福交易所通过内部分层形成了多层次资本市场体系：一是监管市场板块，具体分为高级市场和一般市场；二是公开市场，具体分为中小企业板、基础板以及报价板。其中，中小企业板与新三板的定位较为相似，但在具体制度安排上如监管模式、市场功能、上市条件、交易方式等层面仍有较大差异。德国资本市场的经验对新三板市场在优化市场内部分层、完善市场基础功能、优化挂牌准入安排、提供更多投融资对接服务层面有积极的借鉴意义。

关键词：德国资本市场　制度安排　新三板

一、德国多层次资本市场概览

（一）德国多层次资本市场的监管架构

1. 欧盟监管。欧盟证券与市场监管局（ESMA，European Securities and Markets Authority），通过颁布指令（如欧盟招股说明书指令和 MiFID 指令）的方式，影响包括德国在内的欧盟证券市场的运作。成员国可通过制定法规的方

* 牛文婕，全国中小企业股份转让系统有限责任公司总法律顾问。

式，将其上升为具有直接法律效力的法律。此外，发生金融危机时，ESMA 有权对其监管的机构和市场作出具有直接法律效力的决定。

2. 国内监管。德国证券市场监管体系从市场监察角度来看有三个层面，联邦金融监管局、州政府的交易所监管机构和交易所内的交易监控部门。第一层为联邦政府层面的金融监管局（BaFin），对信贷、证券期货业和保险业实施混业监管，其依据《有价证券交易法》监督内幕交易、信息披露和市场操纵等规则的遵守情况，可以发布适当指令、要求监管对象提供材料、对违法主体实施经济处罚等。第二层为州政府的交易所监管机构。BaFin 只负责证券市场宏观监管，交易所的设立、解散、运行、业务规则和收费规则的批准等，均由各州交易所监管机构依据《交易所法》进行。交易所监管机构同时监管本州的证券活动，并与 BaFin 建立合作和信息共享机制，共同实施市场监管。第三层为交易所监管，证券交易所根据法律授权，享受上市申请许可权、上市交易暂停和终止权，以及信息披露监管权等，并可以实施谴责、暂停交易 30 日和 100 万欧元以下的罚款。

除欧盟层级外，联邦金融监管局（BaFin）的职能之一是根据欧盟和联邦法律监管证券市场交易行为，维护证券市场秩序；证券交易所所在州经济部为证券交易所的监管机构，负责监管证券交易所、交易所会员及其客户、发行人。证券交易所负责组织、运行和发展证券市场并为各方参与人提供市场服务。证券市场的组织者和监管者依法各司其职，有序运行。

（二）德国多层次资本市场总体架构

德国多层次资本市场以证券交易所为核心，多层次架构在德意志证券交易所（以下简称德交所）内部体现较为明显。经过几百年历史演变和系列兼并发展，目前德国共有 7 家证券交易所，其中德交所集团下的法兰克福交易所①占据核心地位，其余 6 家包括柏林交易所、慕尼黑交易所等，交易的产品均包括股票、债券、权证与期权等。各家交易所各有所长，如柏林交易所重点交易国际股票，汉堡/汉诺威交易所主要服务小企业等。根据相关法律，德国交易所之间相互认可上市许可，因此上市企业在一个交易所获得上市许可后，即可自

① 法兰克福交易所与德国期货交易所于 1994 年合并成立了德国证券交易所股份有限公司（德交所），随后几年中，德交所又收购了德国交易所结算托管股份有限公司和德国交易所系统软件股份有限公司，组成了德交所集团，以降低运作成本，提高运作效率和德国证券市场的国际竞争力。2001 年，德交所公司在法兰克福交易所上市。

动在境内的其他交易所上市。

德交所集团走过了400多年的悠久历史，现已发展成为集交易、清算、交收、存管、市场数据和信息技术服务、初创企业风险投资与培育于一体的集团化运营机构。旗下设有欧洲最先进的证券交易平台 Xetra 交易系统、欧洲最大的衍生品交易所——欧洲期货交易所（Eurex）、欧洲能源类大宗商品和碳排放权的主要交易场所——欧洲能源交易所（EEX）、欧洲最大的 CCP 机构——欧洲期货交易所清算公司（Eurex Clearing AG）以及欧洲最重要的交易后端服务机构——明讯国际结算托管银行（Clearstream International）。

德国作为欧盟创始国，需要落实欧盟建设统一资本市场的要求。欧盟境内证券市场分为两类：一类是欧盟监管市场（EU－Regulated Market），需遵守欧盟法律法规；另一类是公开市场（Open Market），由各国的证券交易所自行管理。为了落实欧盟规则要求，并参与国际竞争，法兰克福交易所2003年经过改革整合，通过内部分层形成了多层次资本市场架构：一是监管市场板块，具体分为高级市场（Prime Standard）和一般市场（General Standard）；二是公开市场（Open Market），具体分为中小企业板（Scale）、基础板（Basic Board，服务不符合 Scale 要求的企业）以及报价板（Quotation Board，即 Secondary Listing，第二上市板块）。进入高级市场和一般市场的企业必须履行欧盟证券市场信息披露的最高透明度要求，其中高级市场透明度标准更高。公开市场对发行人的信息公开要求则相对较低，为中小企业进入证券市场提供了简单、快捷和经济的机会。

德国多层次资本市场架构如图1所示。

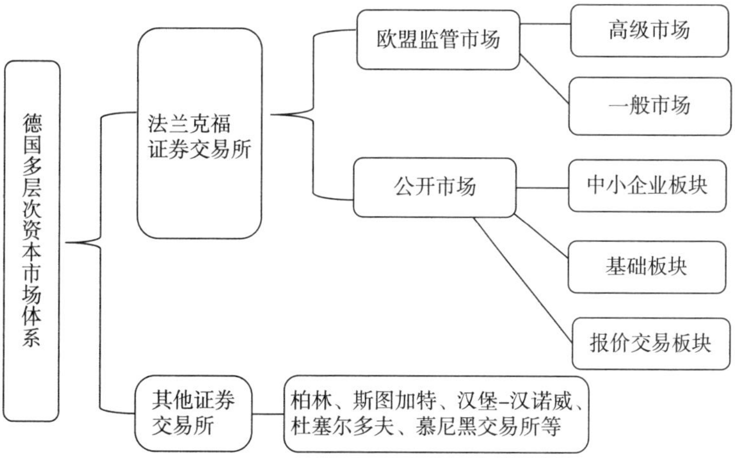

图1　德国多层次资本市场体系

（三）法兰克福高级市场（Prime Standard）

高级市场相当于法兰克福交易所的精选板，设置了在欧洲范围内相当高程度的、符合全球标准的透明度要求，发行人须充分披露相关信息。发行人如欲编入 DAX（德国股指）、MDAX（德国中等规模企业股指）、SDAX（德国小规模企业股指）以及 TecDAX（德国科技股指）等各项指数，必须在高级市场上市。进入高级市场的企业必须满足六个条件：每个季度提交一次营业报告，使用国际财务会计标准，每个营业年度至少召开一次财务分析师年会，用英语及时披露临时信息，以及满足进入股指计算的先决条件。由于准入标准和监管均较为严格，截至 2019 年 4 月底，在法兰克福交易所交易的超过 10000 家公司中，处于高级市场的仅有 310 多家。

申请在高级市场上市，申请人需将招股说明书提交联邦金融监管局（BaFin）审核同意，然后向法兰克福交易所提出书面上市申请，并依据法律和交易所规则详细披露发行人和证券的信息，满足投资者判断要求。同时，公司需成立满 3 年，发行最少 1 万股，最少市值 1.25 亿欧元，自由流通股占比超过 25%。

（四）法兰克福一般市场（General Standard）

一般市场的目标是以吸引国内投资者为主，并吸引对低成本上市方式感兴趣的中小型公司。一般市场为企业提供了以较低成本在欧盟证券市场上市的选择。进入一般市场的企业只需满足以下两个基本要求：每年年中与年末提交两次营业报告，用德语及时公布临时信息。申请在一般市场上市，企业需向法兰克福交易所提交"上市企业报告书"，强制信息披露内容要求较高级市场更低，但因信息披露虚假而导致的民事责任方面，一般市场与高级市场并无差别。

（五）法兰克福公开市场板块

公开市场（Open Market）相较于受欧盟规范监管的市场而言，挂牌及信披要求整体都偏低，融资便捷且程序简单，更多针对初创期以及具有高成长性的企业，当然也不乏一些成熟型企业由于成本等的考虑选择在公开市场上市。公开市场内部又划分为初级市场（Entry Standard）和报价板块（Quotation Board）两个子板块，初级市场的上市标准以及持续监管要求都较为宽松。而报价板块则是一个针对已经在其他市场上市的公司，为其提供第二上市的交易平台。2017 年 2 月，为了顺应国际竞争需要，完善法兰克福交易所内部生态系统，更好地帮助中小企业（SMEs）发展，法兰克福交易所推出新的中小企业板

（Scale）板块（下文将专门介绍）。中小企业板（Scale）推出后，初级市场成为基础板块（Basic Board），其并非独立板块，只是用于承接不满足中小企业板（Scale）要求企业的过渡性安排。

申请在公开市场上市与在监管市场上市不同，前述监管市场两个板块的上市交易，均由证券交易所依据公法进行审核与许可，上市许可为行政行为。而公开市场板块上市，只适用德国《商法典》等一般法律，并以证券交易所规则为补充。不过，公开市场信息披露不实的民事责任与监管市场相同。BaFin 依法对公开市场的交易行为与监管市场一样行使同样的监管权力。

总之，法兰克福交易所给发行人提供了三个明显不同的上市板块，企业可在简化的初级市场，费用较低的一般市场和具有很高透明度的高级市场之间选择。无论选择什么板块上市，企业都能享受相对的低费用和高流通的优势，并能直接接触德国和国际投资者。截至 2019 年 5 月 9 日，法兰克福交易所高级市场企业 319 家，一般市场企业 153 家，中小企业板 50 家，合计 522 家，其中德国企业 474 家。另外，有大量在报价板块二次上市的公司，截至 2018 年 12 月，在该板块报价的公司近 1 万家。

二、中小企业板（Scale）、风险投资平台和 FinTec 孵化器

（一）中小企业板（Scale）介绍

中小企业板（Scale）作为法兰克福证券交易所自律管理的公开市场的组成部分，是德交所集团满足欧盟关于促进中小企业发展的有关要求，为德国境内外中小企业打造的证券公开交易市场，提供股票和公司债券交易服务，支持德国政府促进创新与增长目标的重要方式，主要针对那些无法满足工业分类标准同时资本需求旺盛的高精尖、高科技企业。

与此前的初级市场板块相比，中小企业板在挂牌前置条件和后续义务方面的管理更为细致，不仅由法律框架和市场滥用指引（MAR）① 提供支持，而且提供了用于筛选公司股票或公司债券 KPI 标准（Key Performance Indicators）、德交所资本市场伙伴服务（目前有 67 家）、由德交所资本市场伙伴确保发行人适当性等专属服务。

伴随新板块的推出，德交所配套设计了一套 KPI 指标，该指标用于对 IPO

① 市场滥用指引现在也适用于交易所自律管理的市场，如临时披露和内部知情人等方面。

前的企业的商业模式和发展进行评估，以帮助投资者更好地甄别投资标的。对于公司股票挂牌准入，涉及公司适格性、信息披露、财务状况等标准，对公司治理无特殊标准。其中，公司适格性标准包括存续年限、市值、自由流通股比例等，获得德交所资本市场伙伴的推荐则类似于新三板的主办券商；信息披露标准包括经核准的招股说明书、最近两年的年度财务报告，以及一项特别要求，即申请挂牌公司需要聘请德交所集团认证的研究机构制作研究报告，并向德交所集团提交。财务状况标准采用的是“五选三”模式，即五项指标满足三项即可，这使挂牌标准具有较强的适应性，能够使具有不同特点的公司均有机会挂牌。

在挂牌后持续义务方面，与挂牌准入标准相比，省去了财务状况标准及相关指标，在公司适格性标准方面保留了持续督导的德交所资本市场伙伴要求。在信息披露标准方面，除了年度财务报告，还增加了半年度财务报告，财务报告均要求附上管理层报告，还增加了临时信息披露的要求。

表1　中小企业板（Scale）股票挂牌准入标准

申请人	发行人和德交所资本市场伙伴（银行或金融服务机构）共同申请；共同申请人也需对申请文件的完整性、真实性等负责
招股说明书/挂牌文件	挂牌文件或者已有有效的公开报价（with a public offer valid）；以及经核准的招股说明书
会计标准	国家会计标准（对于在欧盟或欧洲经济区国家中注册了办公室的发行人）；或者国际财务报告标准（IFRS）
公司历史	至少存续2年
市值	挂牌时最低市值达到3000万欧元
每股价值	最低1欧元
自由流通股	至少10%的自由流通股，或者至少100万股自由流通股
适格证券	原始股份（普通股或者优先股），或者代表股份的证券
至少满足其中5项公司表现指标	营业额不低于1000万欧元；年利润（Earning of the year）为正；股本（Equity Capital）为正；雇员不少于20人；发行前累计股本不少于500万欧元
研究报告	由德交所集团挑选的研究者制作的研究报告，发行人必须提供制作研究报告所需的信息

续表

提交的文件	挂牌文件或者招股说明书；公司年历；经登记的公司章程的摘要；最近两年的年度财务报告（最近一年的财务报告须经审计）；与推荐挂牌的德交所资本市场伙伴签署的合同；本财政年度的半年度报告（如果有需要）；研究报告（由研究者提交）；公司介绍
申请费	至少20000欧元，以及根据市值变化的申请费（最高69000欧元）

表2　中小企业板（Scale）挂牌后的持续义务

年度财务报告	报告期届满后的六个月内，提交经审计的年度财务报告，包括管理报告
半年财务报告	报告期届满后的四个月内，提交半年财务报告，包括中期管理报告
公司年历	持续更新，并提交公司年历
与分析师和投资者的信息交流会	至少一年一次
研究报告更新	在期限内向德交所集团要求的研究者提供更新研究报告所需要的信息
信息披露义务	临时信息披露，董事关联交易，内幕信息知情人（法定）以及向德交所集团通知有关发行人或挂牌证券的重大变化（根据德交所一般条款和条件）
挂牌后持续披露语言	德语或英语
与持续督导的德交所资本市场伙伴的合同	在挂牌期间，应当与推荐挂牌的德交所资本市场伙伴维持合同关系
收费	5000欧元/季度

截至2019年5月，中小企业板（Scale）市场有50家挂牌企业，包括金融服务业21家，制造业10家，软件业7家，以及其他行业12家。挂牌企业数量较少的原因一是市场比较新，运营仅2年，市场和投资者需要观察其效果；二是德国银行系统已经为其提供比较强大和完善的融资支持；三是德国中小企业者比较保守谨慎，不愿冒太大的风险做强做大；四是企业家不愿失去控制权，更愿意使用债券工具；五是不愿公开披露信息尤其是财务信息；六是觉得挂牌性价比不高，增加财务成本。

（二）德交所风险投资平台

德交所风险投资平台（Deutsche Börse Venture Network）由德交所于2015年推出，旨在为IPO前的新兴创新公司和具有丰富经验的投资者提供定制服务。投资者和公司创始人均需在该网站平台上注册。创始人依照标准提供公司的详细信息（包括公司的年度增长率，以及其所持股权数量等），注册完成后，双方均获得了对该网站在线平台的独家访问权。一方面，投资者可以通过设置标准来筛选出适合其投资的公司，从而快速获得一系列与其需求相匹配的投资机会。同时，该平台提供的匹配投资服务（The Venture Match Service），为投资者节省了大量时间。另一方面，公司创始人可以直接通过平台接触来自国内外具有丰富经验的投资者，并可以向其选定的投资者分享公司的机密数据。在该平台上，投资者和创始人可以便捷地联系彼此，并安全地修改文件和信息。

德交所风险投资平台设定了相应的企业准入标准，对于 Pre－IPO 等阶段的优质企业，要求年收入不低于 1000 万欧元，年收入增长率大于 30%，净利润大于 50 万欧元，股本大于 500 万股，融资超过 1000 万欧元，有知名投资机构推荐等。对于种子期至早期的成长型企业，要求年收入不低于 100 万欧元，能够证明公司的高增长性（如日均用户数的增长），融资额超过 100 万欧元，同时也需要知名投资机构推荐。

德交所风险投资平台还通过组织独家活动来促进投资者和创始人间的联系。具体包括：第一，在德国及境外组织投资者见面会或者一对一会议（2018 年在法兰克福、纽约、伦敦等 6 个城市进行）。投资者可以通过会议考察公司运营现状；创始人可以通过和投资者及主要客户见面，建立起有用的社交网络。另外，创始人还可以从独立专家的专业知识和其他创始人的丰富经验中获益。第二，组织商业培训的课程。一方面帮助公司了解企业发展的驱动力、优化未来发展战略，进行风险管理等；另一方面，帮助企业在合适的时机找到合适的投资者，包括做好投资者关系管理，做好企业的商业计划书等。企业还可以与其他企业家就公司管理和战略问题进行讨论学习。创始人通过课程迈入一个具有竞争力的平台，而投资者乐于成为其中的一员。

新兴创新企业成长的关键，是增加与投资者的接触和提升管理技能，该平台帮助公司在早期阶段实现最高效的发展，同时也为投资者提供了从早期到后期增长阶段、高质量的投资机会。因此，自 2015 年成立以来，该风险投资平台一直扩张，目前在欧洲有 400 多家会员。截至 2018 年 7 月，该平台上有超过 170 家公司，包括软件业 22 家，互联网 13 家，电子商务 39 家，金融科技 35 家。另有 330 家世界范围内的投资者，包括美国 38 家，中国 4 家，俄罗斯 3 家等。按照投资者类型区分，包括风投 207 家，私募 68 家，家族办公室 29 家等。从投资重点看，关注企业早期投资的 157 家，成长期 188 家，成长后期 124 家，以及 Pre – IPO 的 52 家。自成立以来，相关公司通过 73 轮融资，募集资本 19.1 亿美元，已有 6 家公司实现 IPO。

（三）德交所金融科技企业孵化器（FinTec Hub）

2017 年 4 月，为了提升德国的创业和投资氛围，实现黑森州政府关于在法兰克福建设金融科技中心的目标，促进初创型金融科技企业的发展，德交所成立了金融科技企业孵化器（FinTec Hub）。该孵化器地处法兰克福市中心，与其他金融机构和监管机构相邻，占地约 450 平方米，共有超过 60 个工作间，为创业期的金融科技企业提供共同或独立的办公场所（初期免费提供），以及网络、办公设备等完备的办公设施。在硬件之外，德交所风险投资平台还在投资者沟通准备和市场发展战略等方面，为企业提供咨询服务。不仅如此，德交所还组织由德交所体系内的相关行业专家、管理层和投资机构等参加各类活动，为孵化器企业提供与相关行业企业和投资人的见面机会，同时也增强企业自身的曝光度和知名度。

德交所设立金融科技企业孵化器的动机，除了落实政府目标、扶持金融科技企业外，还希望为其自身打造服务金融科技的完整生态：对金融科技企业从孵化器开始扶持，成长后引导其进入德交所风险投资平台，再到法兰克福交易所 IPO 上市，并根据企业的不同资质和需求，提供不同的市场层次选择。目前，该孵化器已有 80 家左右的金融科技企业，年均增长率 45%，已成为德交所重要的后备企业来源。

三、中小企业板（Scale）与新三板的对比

中小企业板（Scale）与新三板的定位较为相似，均属于证券公开交易市场，均服务于成立满 2 年的创新型中小企业，均要求中小企业有专业服务机构进行推荐和持续督导等，但在具体制度安排上仍有较大差异。

（一）监管模式：私法市场 vs 公法市场

中小企业板（Scale）与欧盟监管市场不同，作为证券交易所自律管理的市场，对挂牌公司的监管依据来自德交所相关业务规则，与挂牌公司之间的法律关系遵守商法等私法规则。新三板市场则更加强调法律法规授权和官方许可性质，同时市场自律规则也是监管的重要依据。与德国明确区分公法下证券市场和私法下证券市场不同，就新三板市场的权力来源，究竟是法律法规授权还是相关协议，何种事项需要法律法规授权，何种事项可以协议约定等，尚需进一

步研究。

（二）市场功能：有公开发行 vs 无公开发行

中小企业板（Scale）允许公开发行后挂牌，企业经公开发行后挂牌的，需提交经 BaFin 批准的招股说明书，公开发行条件较欧盟监管市场更为宽松。同时，中小企业板（Scale）也允许不经公开发行的技术性挂牌（technical listing）。新三板尚无公开发行功能，企业只能申请直接挂牌，影响了市场功能的完善和吸引力的提升。

（三）上市条件：有财务及股权分散度要求 vs 无要求

申请在中小企业板（Scale）挂牌，无论是否经过公开发行，均需满足财务和股权分散度条件，包括必须有 10% 或者至少 100 万股的自由流通股，至少满足营业额不低于 1000 万欧元、年利润为正、发行前股本不少于 500 万欧元、雇员不少于 20 人等指标中的 3 项，保证了企业的基本质量及股票的流动性。数据显示，中小企业板（Scale）市场 2016 年交易量超过 10 亿欧元，2017 年交易量则超过了 25 亿欧元，考虑该市场仅有不到 50 家的挂牌公司，平均每家公司年交易量超过 5000 万欧元，较新三板挂牌公司 2018 年均交易量（1953 万元）高出近 20 倍。

（四）交易方式和投资者准入

中小企业板（Scale）市场的交易方式与主板市场一样，投资者既可以选择通过 Xetra 电子平台进行竞价交易，也可以通过法兰克福交易所的平台由做市商报价。同时，对做市商有一定的鼓励措施，如降低结算费用等。新三板目前尚未实施连续竞价交易。投资者准入方面，中小企业板（Scale）市场体现市场化精神，并未因为中小企业风险相对高而设置更高的投资者准入门槛，而是充分披露和提示该板块的高风险后由投资者自行作出投资决策，这与新三板市场严苛的投资者适当性管理的思路完全不同。

（五）市场服务：精细化 vs 简单化

中小企业板（Scale）市场在服务方面也有一定特色，如考虑到研究机构对中小企业的关注度和投入不足的问题，德交所专门安排晨星等商业研究机构为挂牌公司持续提供研究报告服务，挂牌公司应当向相关机构提供研究报告所需要的信息。此外，虽然只有 50 家挂牌公司，德交所也开发了 Scale30 指数，用于反映市场走势，给投资者提供更多参考。新三板已有三板成指、三板做市、创新成指等多只指数，但研究报告方面未有相关鼓励措施，主要依靠市场研究机构自发进行。

四、对新三板的借鉴与启示

德交所无论是中小企业板（Scale）市场，还是包括欧盟监管市场在内的整个多层次资本市场，在挂牌企业数量上与新三板相距甚远，但其作为在国际市场具有良好竞争力的全球性证券交易所，历经多年发展而构建的良好分层安排、市场化制度设计以及为创新企业精细化服务等，均可为新三板提供有益借鉴。

（一）优化市场内部分层

德交所针对不同层次和不同需求的企业，提供高级市场、一般市场和中小企业板（Scale）板块三个差异明显的层次并进行差异化监管。此外，基于其世界领先的Xetra系统和全球性的投资者结构，吸引了近万家国际企业在此进行二次上市。相较而言，新三板虽然进行了市场分层，但创新层企业近千家，企业区分度仍然不足，有必要择机进行再次分层，并进一步完善差异化制度安排。

（二）完善市场基础功能

从德交所多层次资本市场的制度构建看，包括中小企业板（Scale）在内各层次证券市场，均有公开发行功能、均不限制交易方式和投资者准入，只是在公开发行的条件、上市标准和信息披露等持续监管要求等方面有所差异。我们理解，多层次资本市场的构建并非对不同市场的“排座次、限功能”，而是在各层次市场融资、交易等基本功能完备的基础上，结合不同企业特点和投资者风险偏好，进行差异化的具体制度安排。建议改变新三板在功能上也需较沪深交易所有所差别的理念（如沪深可以公开发行、连续竞价，新三板层次较沪深低，因此不可公开发行或连续竞价），尽快完善其资本市场基础功能，提振市场信心，提升服务能力。

（三）优化挂牌准入安排

从前述中小企业板（Scale）市场准入条件看，中小企业板（Scale）市场的服务对象，是那些有一定规模和股权分散度、对资本市场服务有较强需求的中小企业。新三板定位于服务创新型、创业型和成长型中小微企业，但挂牌准入条件非常包容，无任何财务或股权分散度要求，在我国中小企业众多、挂牌动机各异的背景下，难以聚焦于服务真正具有创新能力的中小企业，也给市场带来了僵尸企业过多、市场流动性不足等问题，建议适时调整挂牌准入要求，进一步聚焦于创新型中小微企业。

（四）提供更多投融资对接服务

德交所除通过中小企业板（Scale）服务中小企业外，还通过风险投资平台和金融科技企业孵化器，将服务延伸至挂牌前的种子期和 Pre - IPO 期，为市场持续发展提供更多优质企业资源。同时，在精细化服务方面，德交所抓住中小企业发展中提升管理水平和接触投资者这两大核心需求，举办各类投融资对接会议及培训，提供商业及管理咨询等，切实帮助中小企业发展。相较而言，新三板由于挂牌企业数量众多，在企业培训和投融资对接等方面的服务尚有欠缺，建议未来可以就如何加强投融资对接、提供官方平台等进一步有所作为。

伦交所多层次资本市场体系建设与交易启示

侯定海[*]　佟　萌[**]　王振宇[***]　吴天昊[****]

摘　要： 英国多层次资本市场具有定位明确、国际化程度高、市场结构分割等特点。伦交所不同层次市场在上市标准和程序、持续监管要求、外部政策和市场服务方面都做了差异化安排。AIM 市场不设投资者适当性门槛、交易方式由交易所主导、经纪商发挥更大功能等不同于新三板市场的特点，其是否有借鉴之处值得深入探讨。建议一是尽快推出法律地位明确、市场功能健全的精选层，配套比主板更灵活的监管制度，并争取更优惠的税收等外部政策扶持；二是捋顺不同交易制度下各方的关系，为做市制度提供生存土壤；三是充分借助各类外部主体补足服务短板，整合资源、精准服务；四是完善市场监察制度，守住底线，减少不必要干预。

关键词： 伦敦证券交易所　新三板　交易制度

一、英国多层次资本市场概况

（一）市场总貌

英国拥有规模和国际化程度名列世界前茅的资本市场，是全球最大的外汇市场、国际债券市场、商业保险市场和基金管理中心，以及第二大金融衍生品

* 侯定海，全国中小企业股份转让系统有限责任公司交易运行部总监。

** 佟萌，全国中小企业股份转让系统有限责任公司交易运行部总监助理、执行经理。

*** 王振宇，全国中小企业股份转让系统有限责任公司交易运行部高级经理。

**** 吴天昊，全国中小企业股份转让系统有限责任公司融资并购二部高级经理。

市场。就证券市场而言，伦敦证券交易所集团（以下简称伦交所）按市值排名是欧洲第二、世界第六的证券交易所集团，在上市公司数量和成交额方面也位居全球前列。截至 2018 年末，伦交所主板有 1166 家上市公司（其中海外公司占 19.47%），总市值约 3.69 万亿英镑；AIM 市场有 923 家挂牌公司（其中海外公司占 15.38%），总市值约 913 亿英镑，2018 年累计融资 55.05 亿英镑，日均成交金额 2.72 亿英镑。

（二）分割的市场结构

与美国的情况类似，英国具有分割的市场结构，同一只证券可以在场内或场外不同的交易场所交易。英国证券市场主要由证券交易所、多边交易设施（MTF）和场外市场组成，据估计[①]三者分别占英国证券市场总成交量的 42%、12% 和 37%。

其中，MTF 是欧盟金融工具市场指令（MiFID）[②] 首次提出的概念，指由一家投资公司或市场运营者运营的，聚集多个第三方买卖报价并根据一定规则达成交易的多边系统，对应美国资本市场监管法规下的另类交易系统（ATS），在监管上区别于传统交易所市场。

（三）多层次资本市场监管架构

从监管视角看，英国的多层次资本市场大致可以分为三大层次。最顶层是欧盟监管市场（Regulated Markets），主要包括伦交所主板市场和专业基金市场（SFM）、NEX 交易所主板市场以及伦敦泛欧交易所。该层次市场须遵守欧盟法规，主要包括金融工具市场指令（MiFID）、公开募集说明书指令（PD）、透明度指令（TD）和市场滥用规定（MAR）四大核心法规指令。

位于中间的是自律监管市场，主要包括伦交所 AIM 市场和专业证券市场（PSM）、NEX 交易所成长板以及投资公司运营的各种 MTF，包括 Turquoise 平台、SIGMA X MTF、UBS MTF 等。该层次市场同样需要遵守部分欧盟法规，主要包括金融工具市场指令（MiFID）和市场滥用规定（MAR），但在发行、信息披露、公司治理等方面适用交易所或投资公司的自律规则。

最下层是场外市场，包括各种有组织的交易平台（OTF）、经纪商/交易商

---

① OECD, Changing business models of stock exchanges and stock market fragmentation, 2016.

② MiFID 主要内容包括：整合欧盟各国证券交易商行为准则，完成一致性规范，包括明确定义委托最佳执行准则、客户适当性分级等；规定投资公司内部治理规则，包括解决利益冲突、服务持续性等；废除集中交易规定；规定 MTF 可由交易所或投资公司运营。

配对撮合网络等。

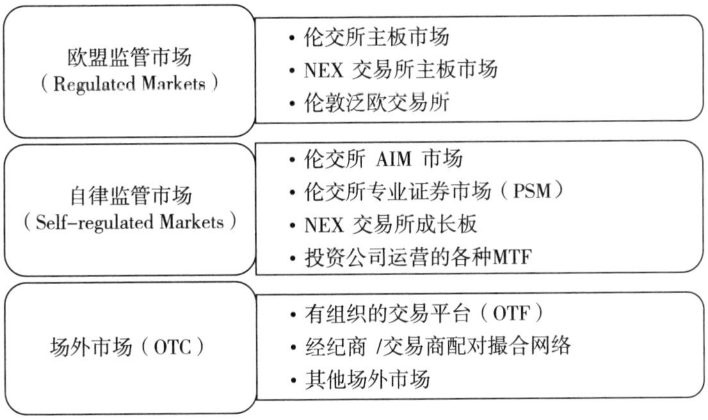

图 1　英国多层次资本市场监管架构

（四）伦交所内部市场层次

目前，伦交所集团经营管理了 1 个欧盟监管市场和 2 个多边交易设施（MTF）。其中，欧盟监管市场即伦交所主板（Main Market），其内部又可划分为高级上市板（Premium Listing）和标准上市板（Standard Listing）两大上市公司板块、高成长板（High Growth Segment）、专业基金市场（SFM）以及沪伦通市场。伦交所的两个 MTF 分别为 AIM 市场，以及另一个用于交易 PSM、国际固定收益证券市场（ISM）等其他 MTF 证券的多边交易场所。

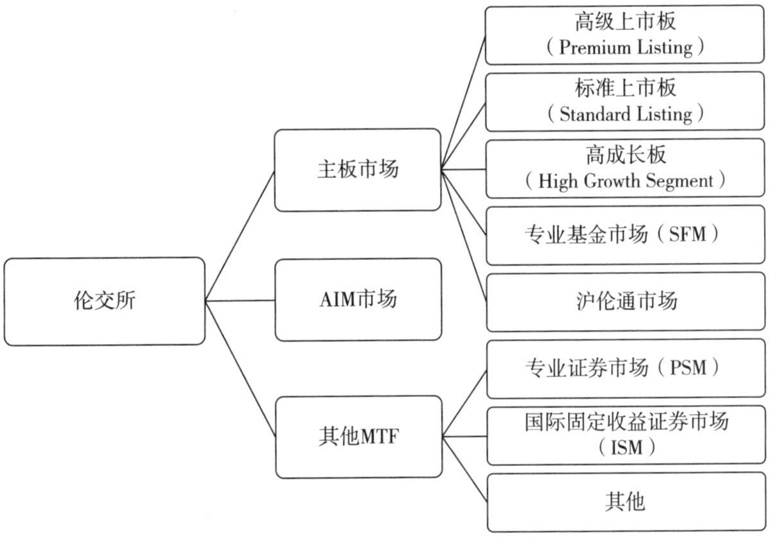

图 2　伦交所内部市场层次

这其中，新三板市场对标的 AIM 市场的法律定位值得注意。尽管同样是服务于中小微企业的公开证券市场，但 AIM 市场在法律上明确不是交易所，而是监管上比交易所更宽松的 MTF。

二、伦交所值得关注的特色制度

（一）不同层次市场的安排与联系

1. 上市/挂牌标准、程序差异化安排

主板是伦交所的旗舰市场，面向规模较大、比较成熟的公司，根据上市标准不同细分为三个层次，均为欧盟监管市场。公司申请在伦交所主板上市/挂牌须经过两项程序：英国金融行为监管局（FCA）下属部门 UKLA（UK Listing Authority）负责审查上市文件是否符合上市规则，并核准证券上市；而伦交所负责核准证券在其市场交易（trading）。主板三个层次适用不同的上市地位与监管要求：一是高级上市板，仅面向股票，在英国法律中属于“上市”，其公司列入 FCA 的正式名单，须遵守英国上市法规以及高于欧盟监管标准的最高标准监管要求；二是标准上市板，面向股票、存托凭证以及债券，同样属于“上市”，列入 FCA 正式名单，须遵守英国上市法规以及欧盟监管标准；三是高成长板，面向未来寻求高级上市但尚未达到高级上市板标准的高成长型公司，在英国法律中不具有“上市”地位，无须遵守英国上市法规，而是遵守伦交所高成长板规则。

AIM 市场则属于交易所监管市场，其挂牌标准较低，未设置最低市值、最低经营记录以及最低公众持股数量要求。对于申请 AIM 市场挂牌的公司，由于其股票并非上市股票，其挂牌文件无须取得 UKLA 的核准，仅须取得伦交所的同意即可进行交易。

值得一提的是，AIM 市场与主板市场之间、主板市场各层次之间均不存在“转板绿色通道”，公司须满足所有上市/挂牌标准才能进入相应的市场层次。

2. 持续监管要求差异化安排

由于伦交所主板和 AIM 市场的法律地位不同，二者在上市/挂牌后的持续监管要求上存在明显差异（详见附表）。

主板市场，特别是高级上市板的持续监管要求较高，例如根据规定，公司的收购、处置和关联方交易在内的重大交易必须经过股东大会批准。

AIM 市场的持续监管要求则更为灵活宽松，在满足中小企业发展需要和保护投资者利益之间取得平衡，主要表现：一是除反向收购或令企业发生根本性改变的重组交易以外，AIM 市场挂牌公司的大多数交易无须经股东大会批准以及公告；二是 AIM 市场要求挂牌公司由指定保荐人（Nomad）终身督导，而主板市场中只有高级上市板和高成长板要求在上市/挂牌或某些重大交易时必须有保荐人辅导。可见，指定保荐人对于 AIM 挂牌公司扮演了重要角色，无论是在挂牌前后，公司都必须与指定保荐人密切合作，确保行为合规。

3. 外部政策、市场服务差异化安排

（1）税收政策扶持 AIM 市场

相比伦交所主板市场，AIM 市场享受英国政府给予的优惠税收政策：一是交易 AIM 挂牌股票免征印花税；二是允许投资者将持有的 AIM 挂牌股票纳入个人储蓄账户（ISAs），免征资本利得税和股息红利个人所得税。考虑到交易英国其他市场的股票涉及的资本利得税可高达 20%，税收政策优势无疑大大增加了 AIM 市场的吸引力。

（2）市场服务

① 纳入指数，惠及高级上市板和 AIM 市场

伦交所内部各市场层次中，高级上市板公司可纳入富时英国系列指数，包括著名的富时英国 100 指数，AIM 市场挂牌公司可纳入富时 AIM 指数的成分股，而标准上市板和高成长板公司则不作为富时指数的成分股。因此，可以说伦交所在指数服务资源上向高级上市板和 AIM 市场倾斜。

② 数据共享，为企业内外部提供信息增值服务

伦交所在官方网站上对外开放了功能强大的上市/挂牌公司数据共享平台，便于公司管理层、外部分析师等各方浏览数据、构建图表以及进行同业比较。此外，伦交所专门为发行人开放了领先世界的人工智能应用 Irithmics，使发行人可以了解所发行证券的潜在机构投资者行为特征，便于其对相关新闻、公告于投资者行为的影响进行评估。

③ 精准宣传教育，提供定制化解决方案

伦交所的个性化服务还体现在对于不同主体的精准宣传。其官方网站的各个模块和相关问题都针对企业、投资者、中介机构设计了不同的网页内容。同时，伦交所专门服务于上市公司的网页允许公司进行个性化展示，并提供一系列服务，包括路演视频、官方论坛，以及为上市公司的技术需求与外部技术公司创新解决方案提供对接平台等。

④“Elite”服务，将交易所生态链延伸至企业初创期

Elite 是伦交所于 2012 年推出的面向全球未上市企业的服务项目，旨在为伦交所吸引未来的优质上市标的，已经吸引了来自 30 个国家逾 900 家企业加入。Elite 项目中已有 30% 的企业完成了收购、合并、PE/VC 投资等资本市场运作，交易金额合计超过 74 亿英镑。

Elite 项目的服务包括两大方面：一是培训，为早期企业的 CEO、CFO 等主要管理人员提供线上教育培训和线下一对一辅导，对前两年的培育期收取 24000 英镑的费用，企业在获得证书后可以免费享受平台各项服务；二是为企业提供通过电子化平台与投资者、中介机构、知名商学院以及其他企业和创业者沟通合作的机会，使企业获取早期融资、商业合作、公司治理优化方面的指导与资源。

伦交所实施 Elite 项目，整合了其经营管理中小企业市场的经验以及积累的中介机构和投资者资源，从早、从小建立关系，有助于构建从企业初创期直至正式进入公开证券市场的生态链，培育企业对于伦交所的品牌认同和社群归属感，使企业形成路径依赖。

（二）不同交易方式的运作机理

1. 三种交易方式

伦交所为主板市场和 AIM 市场提供了 SETS、SETSqx 和 SEAQ 三种交易方式。其中，SETS 为具有流动性提供者的连续竞价方式，适用于富时指数成分股、ETF、ETP、主板标准上市板股票以及流动性较好的 AIM 股票；SETSqx 为做市与集合竞价并行的混合交易方式，适用于流动性较差的 AIM 股票以及其他股票；SEAQ 是纯竞争性做市交易方式，由于伦交所在 SETSqx 推出后规定新上市公司不得选择 SEAQ 交易方式，近年来 SEAQ 已经逐渐被淘汰。

2. 选择与变更交易方式：伦交所占主导

根据伦交所规则，交易方式是由上市/挂牌公司在符合交易所规定的前提条件下选择确定或变更。对于新上市/挂牌股票，如果股票被纳入富时指数成分股，则自动为其配置 SETS 交易方式；对于非指数成分股，伦交所根据股票流动性情况对上市/挂牌公司给予指导，由后者进行选择。对于已上市/挂牌股票，有两种方式变更交易方式：一是伦交所每季度对于 SETS 股票进行评估，根据指数成分股调整、股票流动性等情况，筛选出流动性提供者贡献了 50% 以上申报的股票，并联系该股票成交额排名前五的会员机构进行投票，若表决认

为应该将交易方式由 SETS 变更为 SETSqx，且该公司未提出反对，则变更为 SETSqx；二是由上市公司在其指定保荐人的辅导下主动提出申请，可以选择由 SETS 变更为 SETSqx（富时指数成分股不得变更），或在满足一定条件的情况下由 SETSqx 变更为 SETS。

实际操作中，上市/挂牌公司一般都会听从交易所建议确定或变更交易方式，因此伦交所事实上在决定过程中的话语权很大。

3. 各方面权利义务关系

伦交所对于公司、做市商和投资者的权利义务做了一系列安排，使做市商在不同交易方式下有动力提供做市服务，公司的股票流动性得到提升，同时投资者的利益得到保障。对于两种主要交易方式下的各方面权利义务关系分析如下：

（1）SETS：流动性提供者赚取“广告效应”

做市商在 SETS 交易方式中充当流动性提供者。根据伦交所规则，每只 SETS 股票需要至少一个做市商持续提供不少于 1 交易所市场单位或 2500 英镑的买卖申报。

由于 SETS 股票的流动性较好，买卖价差通常很小，做市商充当流动性提供者赚取的买卖价差收益也很少，其主要动力在于获取市场份额。同时，由于伦交所的订单簿上会显示做市商的缩写，具有广告效应，有助于提高做市商声誉，使其可以将做市业务作为投行、研究等一揽子服务的附加服务，赢取其他业务机会。

（2）SETSqx：做市商报价占主导

此交易方式整合了所有投资者均可参与的集合竞价电子订单簿与做市商提供的非集中交易、非电子化的订单簿，实质上是一种并行的混合交易方式。由于每家做市商提供不少于 1 交易所市场单位的买卖订单，订单簿具有更高的深度，使做市商对于报价起主导作用；而集合竞价订单簿虽然为投资者提供了更多的交易机会，但流动性较差，且报价通常位于做市商买卖价差内，因此主要起辅助作用。同时，当集合竞价订单簿报价与做市商报价偏离较大时，做市商可以在集合竞价订单簿进行套利交易，使两个平行的交易方式在定价上产生有机联系。

4. 做市商盈利模式：对于不同流动性基础的公司有分化

由于伦交所没有返佣或奖励等经济激励措施，上市/挂牌公司也不得为做市商提供经济补偿，英国做市商的盈利来源主要是价差收益、资本利得收益和业务协同效应。具体来看，对于不同流动性基础的公司，做市业务在盈利模式上有分化。

（1）流动性较好的 SETS 公司：业务协同效应为主

如前所述，做市商主要是通过做市的广告效应赢取投行等其他业务机会，可以理解为一种间接的业务协同效应，但对于盈利的贡献难以量化。

（2）具有一定流动性基础的中小型公司：价差收益为主

多数英国做市商认为此类公司是理想的做市标的，盈利模式是赚取价差收益。做市商之所以能赚取足够的价差收益，并且在 SETSqx 的混合交易方式下占据主导，和英国的市场结构与配套规则密不可分。

首先，分散的市场结构。SETSqx 的做市商订单簿并不是一个集中的交易订单簿。做市商通常和自然人投资者的经纪人或者直接和机构投资者沟通，对方可以选择将订单或订单意向发给一部分做市商，而不为其他做市商知晓。只要经纪人在成交价格、成交量、成交即时性等多维度综合考量下保证最佳执行，即可选择和哪家做市商成交，而做市商可以满足投资者多样化的交易需求。因此，做市商处于掌握订单流情况的中枢地位，是其提供流动性的基础。

其次，激励性的配套规则。伦交所为做市商提供了一系列优惠安排，充分激发做市商做市动力。

一是更高的订单/成交比率限额。为减少高频交易等订单申报过于频繁的策略对于市场的负面影响，根据 MiFID 的 RTS 9 规则，伦交所规定会员在二级市场交易中的订单/成交比率（Order to Trade Ratio）不得超过上限，但给予做市商或流动性提供者更高的限额，便于其发挥提供流动性的功能。例如，普通会员每个交易日在单只股票上以股数计的订单/成交比率限额为 2000000，做市商或流动性提供者的限额则高达 40000000。

二是市场极端情形时放宽最大买卖价差范围。为降低做市商平抑市场价格波动所承担的风险，伦交所规定在市场出现极端价格波动时，放宽做市商的最大买卖价差。例如，某只证券正常的最大买卖价差为 5%，市场极端情况时可放宽至 10%、15% 甚至 25%。

三是卖空交易有关豁免。英国证券市场的卖空交易纳入 FCA 监管。根据有关法规，做市商进行卖空交易享有一定豁免政策。其一是豁免净空头持股的报告与信息披露义务，普通投资者净空头持股占比达 0.2% 即须向监管机构报告，达0.5%即须发布公告，而做市商无须履行上述义务。其二是豁免做市商的未平仓空头持股限制，即允许做市商裸卖空，而普通投资者则不被允许。这些豁免政策使得做市商可以更好地运用卖空手段控制做市业务风险。其三是当做市商借券卖空股票后无法及时还券平仓空头头寸时，通过及时向交易所报告、申请等方式，可获得一定程度的豁免或延期。

四是更宽松的持仓信息披露义务。对于英国证券市场的普通投资者，持有股票超过总股本的3%则需要履行信息披露义务，而做市商的披露门槛更高，只要持有股票未达到总股本的10%且对于上市公司的管理运作不会施加影响，就无须披露持股信息。

（3）流动性基础较差的小型公司：资本利得为主

事实上放眼全球资本市场，为流动性基础较差的小型公司做市都是一个巨大挑战。此类公司投资者交易需求较少，买卖订单不均衡时容易出现大幅价格波动，做市商在做市过程中可能积累较多库存股，同时由于缺少借券券源，做市商难以通过空头对冲库存股风险，因此需要赚取资本利得以弥补潜在损失。在英国，以finnCap为代表的一部分做市商专注于为此类公司做市，通过基本面研究选择市场价格被低估的做市标的，以期赚取库存股资本利得。

（三）市场监察与做市商监管

1. 交易行为监管：各层次市场一体适用

在上位法层面，市场滥用规定（MAR）在内幕交易、市场操纵等行为上，对伦交所主板和AIM市场一体适用。总体来看，AIM市场的内幕交易、市场操纵行为，不会因市场层级、交易方式、交易活跃度的不同而导致相关法律法规的适用差异。为发现违法行为，伦交所根据不同股票交易方式等要素，设计不同类型的监察指标予以监控并发现内幕交易、市场操纵等违法行为线索。

对于内幕交易，MAR规定，“内幕交易是指利用知晓内幕信息的优势地位，在交易过程中损害了不知晓内幕信息的投资者利益，并有损市场公平和投资者信心的行为”。内幕信息的要素包括信息事实的确定性、非公开性、与发行人或金融产品的关联性以及价格敏感性等。因此，在认定内幕交易的核查和认定过程中，应关注交易双方的身份特征和信息不对称性，对于基于信息对等的内幕信息知情人间的交易等不符合内幕交易定义的行为，不应认定为内幕交易。

对于市场操纵，MAR规定，“市场操纵主要是指投资者的申报行为在价格或数量上对其他投资者产生误导、欺诈，通过人为操纵锁定股票价格，以及在互联网等公共媒体上发布影响股票价格的误导信息等”。在实际做市股票交易过程中，对于投资者连续单边买入或卖出，做市商连续被动调整价格等行为，在英国市场上被认为是投资者和做市商在二级市场上的正常博弈，相关股票价格的大幅波动也无可厚非。此外，当出现做市商卖空后需要交割，而投资者卖出不足时，为满足交割需求，相关做市商也会提高价格，导致股票价格大幅上涨。这些在二级市场上达成实际交易，是市场博弈和投资者真实交易意愿的体现，因此交易所一般不会进行直接干预。交易所应重点关注投资者存在误导性的各类行为，如虚假申报、大量反向交易等。

总体来看，英国市场上做市商高度重视合规运营，合规管理完善，一方面是英国法律法规对内幕交易、市场操纵的惩戒措施严格，违法行为将导致赔偿、罚款、取消业务资格、入刑等多种处罚；另一方面英国券商做市与经纪业务联系紧密，此类违法行为将极大影响个人和公司声誉，对于个人和公司未来发展都极为不利。因此做市商进行内幕交易和市场操纵的违法行为成本极高，均极力避免触碰法律底线。

2. 做市商监管：监督、督促为主，处罚为辅

伦交所主要对券商的合规报价等行为进行日常监管，确保做市商的注册、退出、报价行为符合伦交所业务规则的各项规定。伦交所通过监察系统，实时监控做市商的报价行为。对于不合规的报价操作，及时通过系统反馈做市商。整体来看，伦交所虽与做市商为监管与被监管的关系，但从监管方式上，以纠正做市商违规为目的，主要以监督、督促为主，处罚为辅。一方面，英国市场经过长期积累和发展，做市商从合规意识和风控技术储备上均较为充分；另一方面，伦交所在做市商的各项管理上有着一定的灵活空间，其主要目的是督促做市商能够合规报价。当做市商出现异常情况无法正常履行报价义务，或卖空股票后无法及时购入股票进行交割等情况时，通过及时向交易所报告、申请等方式，可获得一定程度的豁免或延期，在基于宽限后仍无法满足相关规则要求的，交易所将采取责令改正乃至罚款等进一步措施。

三、AIM 市场与新三板的对比

（一）AIM 市场没有投资者适当性门槛

伦交所各市场层次中，除了 ISM、PSM 市场只对专业投资者开放以外，其

他包括主板各层次、AIM 市场在内的市场层次均未对自然人投资者设置财务门槛，意味着 AIM 市场可以接触到众多且多样化的机构和散户投资者，这是和新三板市场的一个显著差异。由于在投资者门槛上和主板相比没有劣势，又拥有更宽松的监管环境，使 AIM 市场的吸引力大大提升。据研究统计①，1995—2014 年在 AIM 市场挂牌的 1143 只股票中，有 566 只符合主板上市标准但依然选择在 AIM 市场挂牌。

（二）AIM 市场挂牌公司交易方式由伦交所主导

AIM 市场内部并未进一步划分层次并配套差异化的监管制度，而是根据公司的流动性水平提供三种交易方式。在交易方式选择上，伦交所上市公司虽然名义上拥有交易方式选择的最终决定权，但事实上交易所话语权很大，可以根据股票流动性情况匹配交易方式，使做市成为市场的基础性交易制度，市场的流动性资源得到有效配置。新三板挂牌公司可以自主选择做市或者集合竞价转让方式，当做市制度实施效果不符合公司大股东、高管等利益相关方的预期时，挂牌公司缺乏动力提升股票流动性，导致做市商缺乏谈判筹码，是做市业务难以大力发展的一个重要原因。

（三）英国经纪商权力更大，交易执行文化与我国迥异

在英国，经纪商分为交易执行型（Execution - only）、投顾型（Advisory）、自主型（Discretionary）三类。其中交易执行型经纪商和我国开展经纪业务的券商类似，主要是代理客户买卖证券；投顾型经纪商为客户提供投资建议，并按客户指令执行交易订单；自主型经纪商代表客户执行交易，可以不经客户事先允许行使投资决策权。后两者在我国基本处于缺失状态，特别是自主型经纪商，属于现行《证券法》第一百四十三条明确禁止的业务模式。

可见，英国经纪商的交易自主权明显大于我国开展经纪业务的券商，在确保最佳执行的前提下，经纪商可以决定客户订单的执行路径，差异化服务的文化蔚然成风。而我国券商经纪业务缺乏自主权和差异化服务的动力，只是严格按照客户指令将订单发送到集中交易场所撮合。

（四）英国做市商注重做市业务与经纪业务协同配合，发挥组织交易功能

在与其他业务的关系上，英国做市商做市业务与新三板做市业务均有业务

① John A. Doukas, Hafiz Hoque, Why firms favour the AIM when they can list on main market, 2015.

隔离要求，其做市业务与投行、资本市场业务之间存在信息隔离墙要求，不存在直接业务合作产生的协同收入。与新三板相关规则要求做市业务与经纪业务“在机构、人员、信息、账户、资金上严格分离”不同，英国做市商的经纪业务与做市业务处于防火墙的同侧，存在密切的业务协同，主要体现在经纪团队获取客户订单流信息，与做市团队配合完成组织交易功能这一方面。

四、对新三板的借鉴

（一）落实差异化分层制度，尽快推出精选层

英国 AIM 市场明确的法律定位、灵活的监管制度、优惠的外部政策以及优质的市场服务，使其成为全球最成功的成长市场之一。与之形成鲜明对照的是伦交所高成长板，由于监管要求接近主板市场，却缺少配套的优惠政策，其在 2013 年推出后的 3 年内只吸引了 2 家公司上市，基本处于边缘化的地位，截至 2019 年 5 月，该板块已没有上市公司。

AIM 市场主要在监管要求上和主板存在差异，但同样具有公开市场的基本功能，包括允许公开发行、未设置自然人投资者的财务门槛等。相比之下，新三板缺失一些基本而重要的市场功能，反而让挂牌公司、投资者等市场主体承担了比主板更高的成本，制约了市场的持续健康发展。

因此，在上交所推出科创板的背景下，有必要找准新三板市场定位，落实差异化分层制度，尽快推出法律地位明确、市场功能健全的精选层，配套比主板更灵活的监管制度，并争取更优惠的税收等外部扶持政策。

（二）捋顺不同交易制度下各方的关系，为做市制度提供生存土壤

伦交所本质上是根据公司流动性情况配置最适宜的交易方式，同时对不同交易制度下各方的权利义务做了精细化安排，一方面保障了投资者和挂牌公司的利益，另一方面给予做市商一系列豁免政策，充分激发做市商的积极性。

就新三板而言，从 2018 年初交易制度改革以来的实践效果看，做市制度较集合竞价仍具有一定优势，以较少的股票数量支撑了相对更大的成交金额，更有利于活跃交易、促进企业股权分散，同时发挥了相对较好的定价功能。但同时，现行规则下企业是否采取做市转让方式取决于挂牌公司和做市商的双向选择，而目前由于多方面原因企业缺乏做市动力，做市商的谈判筹码较少，在市场不发生根本性制度变革的前提下，做市业务发展空间有限。

因此，有必要借鉴伦交所经验，多管齐下采取激励措施，充分补偿做市商

提供的市场正外部性：一是充分运用做市商评价激励结果，并视实施效果进一步加大交易经手费减免力度；二是为做市商提供包括库存股借券、信息披露豁免等优惠政策。若未来精选层配套流动性提供者，应进一步加大激励力度。

（三）充分借助各类外部主体补足服务短板，整合资源、精准服务

伦交所针对不同发展阶段企业的精细化服务固然值得借鉴，但同时应该看到，新三板作为企业过万家的海量市场，市场服务的工作量与之不可相提并论。建议一是充分借助各类市场机构的力量补足服务短板，提供对标融资端与投资端不同生命周期阶段的宣传教育、路演、官方论坛等精准服务；二是整合已经积累的企业、投资者以及中介机构资源，将交易所生态链延伸至企业初创期。具体来说，建议与高校商学院、PE/VC行业协会、公关公司、投资者关系管理公司建立合作，为早期企业提供服务，以增进企业认同，增强市场吸引力。

（四）完善市场监察制度，守住底线，减少不必要干预

市场监察工作旨在为投资者建立公平公正的市场交易环境。借鉴伦交所的监管经验，建议：一是守住法律底线，对于内幕交易、市场操纵等行为，其利用信息优势、资金优势等，侵害了其他投资者的利益，作为公开市场，对此类行为的监管不因企业规模、所属层级、股东人数等因素在法律适用上区别对待。二是减少对二级市场交易环节的不必要干预。做市商作为市场上的一类特殊投资者，在为市场提供流动性的同时，也是谋求利益的主体。作为被动成交方，当市场发生单边行情时，要求做市商以自有资金稳定股价的行为对于做市商来说是不经济的。在市场有效的情况下，相关股票价格如存在偏离实际价值的情况，将会逐步自然得到修复。因此，应减少对二级市场交易环节的不必要干预，让做市商与投资者进行充分博弈，形成有效价格，同时重点关注和打击投资者对倒对敲、虚假申报、与特定投资者约定拉抬打压股价等对其他投资者具备误导性的行为，维护市场公平。

附表　伦交所主板市场及 AIM 市场持续监管要求

有关法规	高级上市板	标准上市板	AIM 市场
遵守市场滥用规定（MAR）	√	√	√
涉及中止、终止与重新上市	√（上市规则第 5 章规定，除涉及收购的情形外，需投票权达 75% 以上的股东表决通过）	×（除公司过去 2 年内在高级上市板上市的情形外）	√（AIM 业务规则第 41 条规定，需投票权达 75% 以上的股东表决通过）
遵守 UKLA 上市准则	√	√	×
遵守 UKLA 高级上市准则	√	×	×
上市/挂牌维持要求	√（上市规则第 9.2 条规定，须满足以下要求 ·证券在交易所市场交易 ·证券能够电子化交割 ·保持经营独立性，包括限制控股股东的条款安排 ·向 FCA 提供及时更新的联络方式 ·公众持股比例满足最低要求 ·若公布未经审计财务信息，须在下一期经审计财务报告中重新体现，若差异显著须予以解释）	√（较高级上市板有所简化，包括 ·证券在交易所市场交易 ·向 FCA 提供及时更新的联络方式 ·公众持股比例满足最低要求）	√（AIM 业务规则第 26 条、第 32～38 条规定 ·证券可交易 ·证券能够电子化交割 ·至少有一个经纪商为其提供服务 ·向 FCA 提供及时更新的联络方式 ·维护公司官方网站）
遵守英国公司治理准则（UK Code on Corporate Governance）	√	×	×
保荐人（Sponsor）/指定保荐人（Nomad）	√（上市/挂牌或某些重大交易时需要保荐人督导）	×	√（指定保荐人终身督导）
年度报告	√（要求财年截止后 4 个月内公布）	√（要求财年截止后 4 个月内公布）	√（AIM 业务规则第 19 条要求财年截止后 6 个月内公布）

续表

有关法规	高级上市板	标准上市板	AIM 市场
自愿发布业绩预告及权益分派公告	√（上市规则第 9.7 条对于自愿发布业绩预告予以规范，并要求权益分派预案经董事会批准后立即公告）	×	×
重大交易须经股东大会批准	√	×	√（AIM 业务规则第 14 条、第 15 条规定，反向收购或令企业发生根本性改变的重组交易须经股东大会批准 第 12 条、第 13 条规定，达到一定标准的重大交易与关联方交易需要公告）
股东优先认购权	√	×	×
员工股权激励/管理层长期奖励计划须经股东大会批准	√（上市规则第 9.4 条规定，某些员工股权激励/管理层长期奖励计划，以及所有折价认股期权须经股东大会批准）	×	×

私募基金发展的国际经验、国内形势和对新三板市场的启示①

谢幽篁*　崔晓杨**

摘　要：国际金融危机以来，全球居民财富的持续增长、货币宽松为私募基金提供了充裕的资金，私募资金也从风险特征、发展价值观、监管等多方面匹配了新经济蓬勃发展的需求，可以说私募基金的发展正在重塑新经济企业的资本市场发展路径，主要表现在：一是在获得私募融资后，新经济企业的融资需求正逐步让位于流动性和估值定价需求；二是致力于长期投资的私募机构也需要一个相对活跃的二级市场进行资金的配置。新三板作为一个经历了六年创新平稳发展，服务了万家创新型、创业型、成长型中小微企业的市场，既能满足新经济企业长期稳定发展的需求，也能将新经济企业的发展风险进行较好的隔离。考虑到新经济企业的估值定价需求以及私募基金长期投资下的资金调配需求，建议进一步从完善交易制度、丰富投资者数量和类型、提高交易意愿等方面着手，充分调动新三板促进新经济发展的潜力。

关键词：私募基金　新经济企业　发展路径　新三板

---

*　谢幽篁，全国股转公司信息统计部总监助理、高级经理。

**　崔晓杨，全国股转公司信息统计部经理。

①　本文所指的私募基金又称私募市场，是非公开向特定投资者募集资金的机构及其投资行为（可投向非公众公司与公众公司）的构成集合；部分数据来自IMF、瑞信研究院、美国投资公司协会、主权财富基金研究院、《华尔街日报》、PitchBook、Journal tracker、毕马威、清科、贝恩咨询、德勤。

一、国际经验

（一）资金和新兴企业是私募基金发展的本源

居民财富和利率环境是影响私募资金来源的核心因素。一方面，居民财富的增长可以为私募基金提供大量充裕的资金。近年来，在全球经济温和复苏、货币政策相对宽松的背景下，全球私人财富增速超过全球 GDP 增速。根据瑞士信贷研究所发布的《2017 年全球财富报告》显示，2017 年全球财富总值①增加 16.7 万亿美元，达 280 万亿美元，较 2007 年金融危机爆发时增长 27%，较 2016 年增长 6.4%，是全球 GDP 增速的近两倍，创自 2012 年以来最大增幅。其中，中国财富总值达 29 万亿美元，较 2016 年增长 6.3%，人均财富为 26872 美元，较 2016 年增长 5.6%。另一方面，宽松的利率环境会促使追求超额收益的资本涌入私募基金。在国际金融危机后，全球主要经济体采取量化宽松货币政策，基准利率长期维持在历史低点，追求超额收益的资本纷纷进入金融市场。美国投资公司协会（Investment Company Institute）和主权财富基金研究院（Sovereign Wealth Fund Institute）统计数据显示，2017 年末，全球基金和主权财富基金规模分别达 53.13 万亿美元和 7.68 万亿美元。2007—2017 年，美国私募基金的规模翻了 1 倍多，超过股票和债券市场的增长幅度。2017 年美国私募基金筹集资金达 2.4 万亿美元，较公开市场高 0.3 万亿美元，进一步拉开了两个市场在 2011 年开始出现的资金规模差距。

经济结构的调整和新产业的兴起为私募资金提供大量具有高收益预期的企业。纵观历史发展，历次工业革命的兴起都会催生大量的新兴企业。18 世纪 60 年代的第一次工业革命，大量企业以机器代替手工制作；19 世纪 60 年代后期，第二次工业革命使工业重心由轻纺织转为重工业，出现了电气、化学、石油等新兴工业部门；20 世纪四五十年代，第三次工业革命以原子能、电子计算机、空间技术和生物工程发明为主要标志。当下，全球正产生着以信息技术、人工智能、生物技术和虚拟现实为代表的第四次工业革命，必然会出现相关领域的海量高科技创新型企业。这些企业在由诞生到发展壮大的过程中需要大量资金，在成熟期之前，暂未形成稳定的盈利模式，未能达到在公开市场募集资金（IPO）的要求，这就为私募股权市场提供了大量具有较高预期收益的投资

① 全球财富统计口径包含存款、资产，其中资产主要包括房产和金融资产。

标的。

（二）私募基金可以有效匹配新兴初创企业的发展需求

与新兴企业的风险特征相匹配。新兴企业分布在不同产业，具有发展阶段和风险特征多样化的特点，因此对资本的需求存在差异化，而公募基金相对较低的风险承受能力与之较难匹配。全球私募基金的资本主体包括风险资本、共同基金、主权财富基金等，功能主体包括风险基金、成长基金、夹层基金、并购基金等，不同资本类型根据风险偏好和预期收益，选择相匹配的目标企业，整体上，投资范围覆盖了不同行业、成长的各个阶段、各种规模的公司。数据显示①，1980—2016 年，美国共有 3090 家公司接受了风险资本的支持并上市，占区间上市公司数量的 37%。

与新兴企业的发展价值观相匹配。行为金融学指出，企业创始人大都具有前瞻性和使命感，倾向于作出有利于企业长期发展的决策，提升企业的内在价值，而不会为了获取短期利益，快速出售股权变现。进入私募基金的资本在追求超额收益的同时，注重价值投资，不会高频率交易企业股票，与企业创始人价值观相符，更注重企业长期发展。朝阳产业是私募资金投资的风向标，2017 年，美国私募市场投资于互联网、移动通信、生物制药、软件制造领域的资本占比达 82.25%。同时，私募资金集中投资的领域，很多高估值的企业仍然未形成稳定的盈利模式，Uber 在 2017 年的营业收入为 75 亿美元，但净亏损达 45 亿美元。

与新兴企业的监管需求相匹配。美国私募基金监管理念强调效率，以市场为主导原则。从 1980 年至今，美国政府陆续出台一系列刺激企业发展的政策，《JOBS 法案》后美国证券业取消私募发行中的广告劝诱禁令，即只要证券购买者是合格投资者，且发行人采取了合理步骤确认其合格投资者的身份，发行人就可以通过广告劝诱方式与投资者进行交流。总的来讲，在私募融资中监管机构很少或不要求企业披露信息，这让企业和私募基金的运作和发展都不需要公开内部情况信息。相对而言，如果企业上市，则需要每年数百万美元的合规成本，对于中小企业而言，增加了运营成本，降低了经营利润。

（三）私募基金的发展正在多方面改变资本市场的生态格局

形成了私募转让的二级市场。近些年，大量资金涌入私募基金，越来越多的投资人参与私募的二级市场交易，特别是实力雄厚的投资公司会从部分初创

① https：//site. warrington. ufl. edu/ritter/ipo－data/，最后访问日期 2019 年 7 月 15 日。

公司的早期股东那里买入股份。私募股权二级市场流动性的提升使其定价功能更为有效，也为前期投资者提供了更为便利的退出机制，并形成包括大量买家、卖家、基金管理人和中介服务机构等在内的二级市场生态圈，进一步增强了对资本的吸引力。2017 年，美国最大的私募市场——D 条例[①]市场交易总规模较 2009 年增加了两倍多。又如，SecondMarket 是一家专业提供私募产品交易的平台，其为大量未上市新兴企业提供了股权流动性，2014 年上半年交易额达 10 亿美元，其中，2009 年 Facebook 的股票在该平台交易，不足半年股价高达 40 美元/股，其在私募股权交易市场的融资额达 4.5 亿美元。

延长了企业 IPO 时间。当企业从私募基金获得充裕的资金，同时承担较小的监管压力，企业会更倾向于保持私有状态，发展至一定阶段或发展成熟后再选择上市，这将整体延长企业的上市周期。2017 年，具有风险资本投资背景的初创公司平均成立 6.2 年进行 IPO 或被收购，较 2008 年延长了 1.2 年；其中，大型初创公司尤其明显，包括 Uber、Airbnb 和 WeWork 等在内的 10 家高估值企业，平均成立时间为九年半，短期内均无上市计划。近年来，美国新增上市公司数量持续不足也有此因素的影响。

推高了企业估值。在私募基金规模快速发展的情况下，部分资金充裕的投资公司为众多新兴企业注入超过企业所需的资本，不断推升企业估值。独角兽企业（估值超过 10 亿美元）的兴起就部分得益于私募繁荣下企业估值的不断提升。根据阿里巴巴研究院跨境电商研究中心 2018 年的研究，十大传统跨国企业平均创立时间为 129 年，而谷歌、Facebook，亚马逊、阿里巴巴、腾讯等十大平台经济体的平均创立时间仅为 22 年，且十大平台经济体的市值达 4.1 亿美元，是全球十大传统跨国企业的 1.41 倍。截至 2018 年 2 月美国独角兽的数量为 105 家，是 2014 年的 3.39 倍。其中，房屋租赁网站 Airbnb 公司在 2017 年进行的第九轮融资中，估值达到 310 亿美元；打车服务公司巨头 Uber，在 2018 年的估值已达 480 亿美元。近期，有学者通过期权定价模型研究了 100 多家独角兽企业的投后估值，根据测算，独角兽企业的平均投后估值被高估了 48%[②]。

出现企业上市的新形式。企业如果能够通过私募基金获取大量资金，就不

① Regulation D（D 条例）规定了满足特定条件的证券发行注册登记的豁免资格。

② Gornall W，Strebulaev I A. Squaring Venture Capital Valuations with Reality [J]. NBER Working Papers，2017.

必通过 IPO 上市的方式募集资金。《华尔街日报》数据显示，2017 年，美国市场至少有 20 次私募配售的单次筹款额超过 40 亿美元，而当年最大规模的 IPO（SnapChat）才募集资金 39 亿美元。同时另有数据显示，很多 IPO 企业募集资金的 70% 为盈余，无明确投向。当融资不再是企业上市的主要目的时，则会出现新的上市方式，以满足前期私募投资者、创始人实现股份流通的新需求。2018 年，SEC 批准纽交所修改交易所上市规则允许公司不经 IPO 直接上市①，全球最大的音视频流媒体平台 Spotify 和企业协作应用平台 Slack 成为第一家和第二家在纽交所直接上市的公司。

Spotify 通过直接上市可以实现快速、低成本、允许存量股东退出的需求，直接上市没有 IPO 承销环节，可节省大量时间；对比 Spotify（估值约 230 亿美元）和 Snapchat（上市时约 200 亿美元）可知，Spotify 直接上市费用仅为 0.46 亿美元，而 Snapchat 高达 1 亿美元；根据 Spotify 提交的上市文件可知，除了腾讯持有的 9.07% 股份外，其余 90.93% 的 Spotify 股票全部可以在直接上市后出售，没有类似 IPO 中的内部人股份限售、分批解禁的要求。Spotify 直接上市前的一段时期，美国 IPO 数量持续下降，越来越多的科技公司寻求在私募市场获取资金，投行 IPO 承销业务异常低迷。据 Dealogic 统计，2017 年美国股票市场的收入为 73 亿美元，经通胀调整后仅为 2000 年的 43%。正如为非上市科技公司服务的投行 Scenic Advisement 的联合创始人 Michael Sobel 指出：如果一家公司能通过私募方式获取成长中的大部分资金，且能不经 IPO 在交易所上市，这是投行 IPO 承销业务的巨大威胁。

二、国内形势

（一）经济转型发展为私募基金提供了大量优质投资标的

我国经济已由高速增长转向高质量发展阶段，创新驱动发展战略的大力实施推动经济结构不断优化，数字经济等新兴产业蓬勃发展，为创新创业企业发展创造了良好的政策环境，创新型企业和独角兽企业大量出现。至 2016 年底，

① 直接上市是 IPO 外一种少见的在交易所挂牌上市的方式，主要有四个步骤：私募融资、依据《1934 年证券交易法》注册为公众报告公司、在交易所上市交易、上市后的发行融资。目前已知直接上市的企业有 Ova Science、Nexeon MedSystems、Coronado Biosciences、BioLine Rx 等，都是纳斯达克的小市值公司。具体来说，直接上市的公司在交易所上市时并不公开发行新的增量股份，而是将存量股份直接在二级市场公开出售。

科技企业孵化器[①] 3255 个，孵化科技企业 13.33 万家，同比增长 28.50% 和 30.46%。根据科技部火炬中心等发布的《2017 中国独角兽企业发展报告》显示，至 2017 年末，我国独角兽企业 164 家，较 2016 年增加 33 家，总估值达 6284 亿美元，其中估值 100 亿美元以上的超级“独角兽”企业有 10 家。2000—2015 年，在 1956 家沪深 IPO 企业中，42% 有 VC/PE 支持；而 2015 年沪深 IPO 的 220 家公司中，149 家获得 VC/PE 支持，占比 67%。目前，新三板有私募基金持股的挂牌公司数量占比超过 60%。

（二）我国私募基金行业实现了快速发展

居民持续增长的财富和低利率环境为我国的私募基金提供了充裕的资金。2013—2016 年国内生产总值年均增长 7.2%，全国居民收入年均实际增长 7.4%，超过经济增长速度；M_2 年均增长 12.32%，央行对金融机构的存款准备金率累计调降 4 个百分点；2016 年，我国个人可投资资产（包括金融资产和投资性房产）1000 万元人民币以上的高净值人群规模已达 158 万，全国个人持有的可投资资产总体规模达 165 万亿元人民币。中国私人财富市场规模十年增长五倍。中国证券投资基金业协会统计数据显示，2018 年私募基金管理规模较 2017 年增加 1.68 万亿元，截至 2019 年 4 月底，私募基金管理资金总规模达 13.31 万亿元。

（三）资管新规进一步规范了私募基金的发展

2017 年底中央经济工作会议提出防范金融风险是未来工作的重点，2018 年 4 月 27 日，《关于规范金融机构资产管理业务的指导意见》（简称资管新规）正式落地。资管新规开启了资管规范发展的时代，对资管产品的多层嵌套、刚性兑付、出资人信息不明等问题进行了有效的合规管理，从上述几个关键点上防范了风险的衍生和扩散。因此，在短期，市场会逐步清理一批不合规的私募基金产品，一些不符合监管要求的私募管理机构也将难以募资发展，为行业的长远稳定发展打下基础；在长期，私募基金的募投退会更加规范，进一步发挥私募基金投长、投早、支持经济转型发展的能力。

（四）近期私募基金存在一定的募资难问题

中国证券投资基金业协会统计数据显示，2018 年私募基金管理规模较

① 科技企业孵化器是培育和扶植高新技术中小企业的服务机构，通过为新创办的科技型中小企业提供物理空间和基础设施，提供一系列服务支持，降低创业者的创业风险和创业成本，提高创业成功率，促进科技成果转化，帮助和支持科技型中小企业成长与发展。

2017 年增加 1.68 万亿元，增幅较 2017 年下降 47.66%，截至 2019 年 4 月底，私募基金管理资金总规模达 13.31 万亿元，较上年同期规模增长 6.65%；据清科统计，2019 年第一季度早期、创业和成长基金累计募集 711 次，合计 2075.93 亿元，分别同比下降 53.04%、36.38%，环比下降 26.01%、38.56%。

三、对新三板市场的启示

（一）新三板市场功能定位更贴合新经济企业发展特点

经济转型过程中产生的大量新经济企业主要以中小企业为主。对这类企业而言，一方面，在未完全成熟时就进行 IPO 上市，其股票可能受市场关注较小，对稍大规模企业而言，公开市场的短期投资者会造成股价的大幅波动，二级市场走势波动的压力对经营发展战略做短期调整，这都不利于新经济企业的长期稳定发展；另一方面，新经济企业在蕴含着极大增长潜力的同时也存在创新试错的风险，统计数据显示，21 世纪初期，美国所有上市的科技公司中超过三分之二在上市 5 年内破产。新三板以合格投资者为主，相对于中小投资者来说对投资决策的考虑相对长远、自我保护能力更强，更能满足新经济企业长期稳定发展的需求，同时也可以将新经济企业的发展风险隔离在一个风险承受能力较高的市场。

具体来看，无论是企业端还是投资端，新三板都有着服务新经济企业的深刻历史实践。新三板市场中小微企业占比达 94%，高技术制造业、高技术和现代新兴服务业等具有新经济特征的企业占比达 43.74%。此类企业具有成立时间短，研发能力突出和盈利能力强的特点，新经济特征企业 2018 年本科及以上学历员工占比 39.21%，研发强度 5.15%，分别较市场整体水平高 12.91 个和 1.92 个百分点，ROE 为 7.23%，较市场整体水平高 0.72 个百分点。目前，PE/VC 持股挂牌企业数量占比超过 60%。2013 年至今，PE/VC 参与市场融资金额占比达 36.85%。私募股权基金作为专业型长期资金的一种，关注所投资企业远期价值和成长性，部分暂未盈利企业仍获得私募资本青睐，这类企业多为信息技术和先进制造业的高科技企业，多处于研发周期内，暂未形成稳定的业务模式和盈利模式，未来发展存在较大不确定性，研发强度达 7.03%，较市场新经济企业高 1.88 个百分点，是市场整体水平的 2.18 倍。私募基金作为专业的投资机构，通过为企业提供资金、参与企业管理，帮助企业制订发展计划，积极引导企业将投资用于新产品、新服务，帮助中小企业成长，对中小企业和创新创业企业的发展壮大具有重要作用，能够在市场形成“引领”效应。新三板市场中，通过融资引入 PE/VC 的挂牌公司市值是市场平均水平的 2 倍。

（二）新经济企业融资需求正逐步让位于流动性和估值定价需求

从募资和投资金额看，中国已经成为全球第二大私募股权市场。截至 2017 年末，国内成立十年以下、受私募融资支持、估值 10 亿美元以上的独角兽企业家数占全球的 40%，仅略低于美国。从全球经验来看，典型的新经济企业可以通过私募基金获取较为充分的发展资金。在获得私募融资后，新经济企业通过公开市场的融资需求正逐步让位于流动性和估值定价需求，同时私募基金也需要一个相对活跃的二级市场进行资产的配置。然而境内资本市场持续较高的上市门槛难以满足和匹配我国新经济企业和私募基金发展的流动性需求。例如，伴随着近年来我国独角兽企业不断融资发展而产生的流动性需求，2018 年上半年，我国就掀起了一场以小米和美团为代表的独角兽境外上市潮。2018 年上半年香港新上市超百家企业，同比增加 49%。同时，根据新三板服务万家中小微企业的经验来看，新经济企业具有人才密集型特征，往往通过股权激励计划吸引和留住人才，当企业发展至成熟稳定期后，前期的 VC/PE 等资本谋求退出、股权激励计划中的员工股权变现、外部投资者对享受新经济企业高增长的需求等都对市场的流动性提出了更高的要求。

（三）建议加强新三板二级市场建设，释放新三板支持新经济发展的潜能

多层次资本市场的不断建设完善，为私募基金的募投退提供了难得的发展机遇。新三板作为一个经历了六年多创新平稳发展、服务了万家创新型、创业型、成长型中小微企业的市场，既能满足新经济企业长期稳定发展的需求，也能将新经济企业的发展风险进行较好的隔离，同时也可以更好地承载私募基金募投退这一任务。但近年来，新三板市场流动性不足，私募基金也难以通过二级市场实现逐步退出，新三板未能充分发挥促进私募基金发展服务创新经济的潜力。这种情况既不利于我国新经济企业的规范成长，也难以提升私募基金进行风险投资的意愿。因此，下一步应当重点建设新三板的二级市场功能，从完善交易制度、丰富投资者数量和类型、提高交易意愿等方面着手，研究如何为融资充裕的新经济企业提供流动性，满足其估值定价需求。

会议综述

金融市场开放与监管

——第二届“金融监管论坛”会议综述

为了加强我国金融监管的有效性和稳定性，了解美国资本市场监管的最新进展，汲取《多德—弗兰克法案》实施后的问题及改革方向等宝贵经验，由哈佛大学法学院、清华大学五道口金融学院联合主办，全国股转公司承办的第二届“金融监管论坛”于2019年5月23日至24日在全国股转公司举办。此次论坛的主题是“金融市场开放与监管”。

金融体系的开放和改革是中国走向高等收入国家进程中非常重要的议题，当前中国的资本市场改革处在历史的十字路口，资本市场的改革开放迎来了难得的战略机遇期。会议就中国在新时代背景下如何进一步全面深化资本市场对外开放，《证券法》的修改及中小企业通过资本市场融资，各国金融监管机构防范系统性金融风险的手段和措施，特别是金融科技背景下新的监管方式与挑战等问题展开了讨论。清华大学国家金融研究院院长朱民、中国证监会首席律师焦津洪等出席研讨会并致辞，哈佛大学法学院教授 Hal S. Scott 等知名专家发表主题演讲。证监会各部门、系统内各单位以及司法部、中国人民银行、银保监会工作人员、金融法学领域知名学者等各界人士 80 余人参加了会议。

与会嘉宾均表示，本次研讨会紧扣金融监管的主题，内容丰富翔实，为其提供了了解美国资本市场具体制度设计、最新发展以及对我国资本市场改革发展可资借鉴经验的宝贵机会，对提升监管工作效率有重要参考价值。

现就会议内容综述如下：

一、朱民院长致辞主要内容

清华大学国家金融研究院院长、中国人民银行原副行长、国际货币基金组织（IMF）原副总裁朱民发表致辞。他指出，中国目前正在从中等收入国家转变到高等收入国家，在此过程中提升金融行业的开放性和效率显得尤为重要。目前来看，我国金融行业的开放趋势越来越明显，例如银行等金融机构的外资持股比例放宽至51%，证券业、银行业、保险业均加快开放步伐。开放的同时也要加强监管，建立市场导向的监管框架对于中国而言至关重要，不仅对中国有益，同时也能够给全球金融业发展带来益处。此次研讨会的召开恰逢其时，本届论坛发言嘉宾都是国际金融行业的知名专家，能够把最新的国际金融监管经验和趋势带到这里，并对目前中国的金融监管框架提出具有前瞻性的建议，有助于增加两国金融从业人员的交流和沟通。

二、焦津洪首席律师致辞主要内容

中国证监会首席律师焦津洪以“进一步夯实法律基础　全面深化资本市场对外开放”为主题发表致辞。他指出，当前中国资本市场正处在一个十分重要的转折点，经过30年的快速发展，中国的股票市场市值已经达到了六七万亿美元，在世界位列第二位，债券存量规模位列世界第三，期货市场规模也位于世界前列。但总体而言，中国资本市场发展的质量和规模相比还是不相匹配，主要体现在：股票市场反映国民经济晴雨表的功能发挥得不够好，以散户为主的投资者结构不尽合理，市场短期化、投机化的特点较为明显，上市公司治理不够健全，我国证券公司的国际竞争力不足。

我国证券市场进一步发展必须通过深化改革开放和完善基础的制度，从注重市场规模和速度向全面提升资本市场的质量转变，实现从规模到质量的转变。当前，国家对资本市场更好地发挥作用、改革开放、完善基础制度的重视程度前所未有，资本市场各项重大改革开放的措施推进力度空前。2018年11月，习近平总书记宣布在上海证券交易所设立科创板试点注册制，表明国家对资本市场的高度重视 。

近期资本市场的发展主要围绕三大主题：

一是重大改革的步伐正在加快，具有代表性的就是在上海证券交易所设立科创板并试点注册制。过去，我国资本市场一直在为注册制改革进行各种准备，从2018年习近平总书记宣布科创板并试点注册制之后，这项改革快速推进，目前科创板的规则已经制定发布、上交所已经接受发行人的申请、企业在等待IPO审核。科创板不仅仅是支持科技企业，同时更是制度创新。科创板的制度设计借鉴了美国、中国香港等一些成熟市场的经验，比如引进了双重股权结构等制度。可以说，股票发行注册制的改革是中国资本市场迄今为止最重大的一项改革，对资本市场的发展影响重大。

二是对外开放的广度正在不断扩大，步伐明显加快。具体体现为“沪港通”“深港通”“债券通”“沪伦通”等制度安排；国际交易商可以参与国内的石油交易、铁矿石期货交易；我国对合资投行的股权控股比例已经放宽到51%，一系列国际投行已经获批取得控制权；MSCI、富时指数等也将A股上市公司纳入其中。

三是基础制度和规则正在全面升级。具有标志性的就是近期《证券法》的修订加速。我国的《证券法》是1998年制定的，仅在2005年做过一次较大修订。此次修订是全面、系统性的，目前《证券法》草案已公开向社会征求意见。《证券法》此次修改的条款达到70%，修改内容包括规定了科创板注册制，证券种类扩大，增加了股权众筹的规定，对程序化交易进行了相关监管安排，明确了市场异常波动出现系统性风险可采取的紧急措施，加大了对欺诈发行、内幕交易等违法行为的处罚力度等。此外，目前正在研究引入中国式的证券集团诉讼（class action），以加大违法成本，让投资者更便利地获得充分的民事赔偿。

《证券法》修订完成后，我国还会对证监会制定的规章、规则进行全面清理，在未来不长的时间内，资本市场的法律和规则体系会得到进一步完善和全面升级。因此，中国的资本市场经过30年发展，目前处在非常关键的时刻，一系列重大的改革开放和法律制度的修改完善，将促使中国资本市场进入一个新的阶段，更加市场化、法治化和国际化。

可以预见，通过股票发行注册制这样的重大的改革，中国企业的融资结构可能发生较大变化，直接融资比重将显著提高，过去以银行贷款、间接融资为主的模式会出现调整。研究证明，以直接融资为主的金融结构对于支持以科技创新为导向的经济模式更为有利。

目前中国的证券化率大概为50%，美国约170%，日本约160%，中国的股票市值和美国相比仅为1/5，还有巨大的提升空间。通过扩大改革开放和基础制度的完善，中国资本市场的法治化、国际化程度会大大提高，中国企业的境内外融资、上市会更顺畅，国内、国际投行可以在同样的环境下开展平等竞争，境内外的投资者可以比较便利和安全地相互投资对方的股票市场。总之，中国与国际的资本市场之间会进一步融合，中国的监管者也会更加积极、活跃地参与国际金融市场的治理和国际市场规则、标准的制定。

当然，中国资本市场改革发展也面临着一系列挑战。比如当前经济放缓导致的企业利润下滑，金融风险集聚；由于法律欠缺和执法不足，部分违法违规行为得不到有效打击和遏制；境内外短期资本、热钱快进快出可能带来的市场系统性风险等。

面对这些挑战，我国将坚定地推进改革开放和完善基础制度，处理好市场发展与稳定、创新与监管、开放与风险防控之间的平衡，使中国的资本市场发展更加稳健、更加可持续。为此也需要更多地听取国内外专家、学者和同行的建议和意见，更好地学习和借鉴国际市场的经验。

三、Hal S. Scott 教授演讲主要内容

哈佛大学法学院教授、国际金融制度研究项目组（PIFS）主任 Hal S. Scott 以“特朗普政府金融监管变革”为主题发表了演讲，演讲内容包括特朗普的金融监管改革、对中国《证券法》修订的建议、引入交易所的竞争和审慎引入集团诉讼四个方面。

特朗普金融监管的改革主要分为金融业、资本市场、其他领域三个类别。Scott 重点介绍了对银行业的监管改革，对小型银行而言改革趋势是放松监管：美联储给予小型银行更低的资本充足率和流动性要求，并且简化了相应的流程审批程序，加之《JOBS 法案》的出台，让中小企业有了除银行以外的融资方式，大大减轻了小型银行的负担。对大型银行而言改革趋势是完善压力测试：对大型银行资本和流动性的要求都会影响宏观经济，以往监管层根据《巴塞尔协议》对大型银行和金融机构进行监管，主要表现在提出资本充足率的要求，观察其资产负债表是否健康。而在 2008 年国际金融危机过后，监管层开发了压力测试的方法，即通过预测负面经济环境发生时金融机构的损失情况来确定与之相适应的最低核心资本要求。但美联储进行压力测试的模型是不透明的，它们只将银行资本是否充足的结果告知银行，所以特朗普政府希望推动压力测试的透明化，具体表现：一是设计模型情景时应有公众的参与；二是美联储应披露模型的计算方式。

针对中国本次《证券法》的修订，Scott 提出了相关建议：一是应该将本次科创板注册制改革的经验流程化、模式化，并在其他板块推广；二是针对科创板允许公司存在双重股权结构，Scott 认为这有利于吸引高新技术企业上市，同时他提到美国黑石公司目前表示，其投资的具有双重股权结构公司需要设有“日落条款”，即公司的创始人离开公司或者死亡，其持有的股票不应再享有特

别表决权；三是建议中国资本市场完善退市制度，而不是仅仅让存在重大违法违规行为的公司暂停交易；四是 Scott 教授认为高频交易有利于提高市场流动性，实现价格发现的功能，所以在能够进行实时结算的数字化时代，中国可考虑修改 T+1 规则。

Scott 教授还认为应该引入证券交易所的竞争，对于流动性较低的股票应当单独设立一个风险程度与之相匹配的交易场所。一方面，与中国不同的是，美国公开发行的股票既可以在交易所上市交易，也可以在场外市场进行交易，这样就有效地防止了交易所的垄断；并且美国通过建立了一个精准的体系监管信息披露，确保经纪人能够给予客户最好的交易时机与交易价格。另一方面，从股票流动性的角度，他认为如果股票在二级市场上没有交易或者交易很不活跃，就应该将这些股票安排在一个专门的场所进行交易，并给予其特别的交易规则。譬如美国股市有针对个股的熔断，也有针对整个市场的熔断，对于流动性较低的股票可以设置更宽松的涨跌幅限制。

Scott 教授建议中国审慎引入集团诉讼制度，主要原因：一是证券集团诉讼给原告的赔偿不足。原告律师有动机鼓励客户以远低于股东损失的数额和解案件，并且集团诉讼中的赔偿金额很大一部分没有分配给受损股东，所以集团诉讼的结果通常会演变为机构投资者股东自己起诉自己，却又要支付高昂的律师费用。二是证券集团诉讼的威慑性不足。一方面，几乎诉讼的所有成本都落在了公司及其保险公司身上，这意味着成本最终由股东承担，只有在公司资不抵债、保险覆盖面不足等极少数情况下，成本才会落在有欺诈行为或违背信义义务的高管以及有个人责任的大股东身上（这也解释了上文的“股东自己起诉自己”的含义）；另一方面，董事除不直接承担损害赔偿责任外，在证券集团诉讼中一般也不会遭受名誉损失。三是证券集团诉讼带来高昂的制度成本，其增强了法律的不可预测性，使美国的保险成本大幅上升，成为考虑在美国上市私营企业的主要顾虑，也是推动资本流向海外和风险资本减少投资的主要因素，因为企业上市的责任风险增加了，这使美国在全球资本市场中处于不利地位。四是证券诉讼制度在给公司股东带来了高昂成本的同时，却给原告律师带来了丰厚的回报，从而激励这些律师滥用职权和从事非法活动。

四、Daniel Gallagher 演讲主要内容

Wilmer Hale 律师事务所证券部合伙人兼副主席、美国证券交易委员会

（SEC）原副主席 Daniel Gallagher 以“《证券法》修改、资本市场开放及中小企业通过资本市场融资”为主题发表了演讲。他对美国资本市场为中小企业融资作出的努力进行了介绍，内容主要包括美国当前《证券法》下的证券发行豁免规则，以及对中国《证券法》的修订建议两个方面。

首先，Daniel Gallagher 指出，中小企业对于美国经济十分重要。在美国，中小企业提供了 99% 的就业机会，为 GDP 创造了一半的贡献，并且在驱动创新方面发挥了重要作用。由于金融危机后银行融资的限制，目前中小企业流行利用网上平台（B2B 或者是 P2P）进行融资，2012 年美国出台了《JOBS 法案》，重点关注中小企业通过资本市场融资的问题，并对众筹行为进行了规范。

其次，Daniel Gallagher 介绍了美国《证券法》下的发行豁免规则。《JOBS 法案》规定，众筹交易必须通过在 SEC 注册的中介机构在互联网上进行，12 个月以内最高可以募集 100 万美元，同时个人投资者最高可以投入 2000 美元，通过众筹获得的证券有一年的限售期。以往，在美国证券发行豁免主要有区域性豁免、小额豁免和私募豁免三大类，而《JOBS 法案》是为股权众筹的发行豁免开辟了新的道路。第一类是区域性豁免，指《证券法》关于州内豁免的规则。其要求发行人与发行对象必须为同一州居民，发行人不但必须在本州注册，还必须主要营业地也在本州。因此，可以满足该州内豁免条件的发行人非常有限，同时在众筹平台上刊登的众筹项目信息一旦可以被州外居民获得，也可能构成对州内豁免的违反，这极大限制了投资者的积极性。第二类是小额豁免规则，主要表现为 SEC 颁布的规则 504、规则 505 和条例 A，但它们都不能很方便地被用来作为众筹发行的豁免条件。具体而言，规则 504 豁免 12 个月内 100 万美元以下的发行，对于发行对象没有资质要求，但该规则在 1999 年修改之后，对于公开劝诱和证券的转售有所限制。规则 505 豁免 12 个月内 500 万美元以下的发行，但该规则要求发行对象为获许投资者，对非获许投资者有 35 人的人数限制，并且不允许采用公开劝诱的发行方式，发行的证券也有转售限制。条例 A 是最典型的小额豁免制度，限制发行金额为 12 个月内 500 万美元，但条例 A 对发行人有简化的信息披露要求，还要求发行必须经过 SEC 批准，因此，发行成本并不低且不能豁免州法的适用。SEC 据此在 2015 年大幅度修改了条例 A，新颁布的规则被称为条例 A +，其中设置了两个层级的小额发行豁免：金额在 2000 万美元以下的小额发行豁免，基本上沿用原来的条例 A 规则；金额在 5000 万美元以下的小额发行豁免，则可以排除州法管辖，但仅能针对获许投资者，如果针对非获许投资者，则其投资额度只能是其年收入或者净资产的10%。2016年10月，SEC又对规则504和规则505作出修改，将规则504的豁免金额提高到12个月500万美元，同时废除了规则505。第三类是私募豁免，指美国《证券法》上条例D的规则506，其对于发行额度没有金额限制，对于发行人的信息披露没有要求，但要求发行对象必须为获许投资者，发行方式不得采用广告和公开劝诱方式。私募豁免中对公开劝诱方式的禁止，限制了众筹平台上对众筹项目的刊登和宣传，限制了互联网的适用。同时，多数获许投资者并没有被动员起来，造成了极大的浪费。

针对以往众筹豁免不能很好地服务中小企业的问题，《JOBS法案》主要进行了两方面修改：一是在私募发行时尽管购买人都是获许投资者，却可以采用广告或者公开劝诱的手段；二是提供发布证券广告的平台或者机制不构成证券经纪商。取消公开劝诱禁止并不是排他性规则，仅仅是对规则506的一个补充规则，增加了一种新的融资方式，愿意采取传统私募融资方式不进行公开劝诱的，仍然可以适用原来的规则506（b）。

最后，针对此次中国《证券法》的修订，Daniel Gallagher认为，《JOBS法案》虽然是在发行豁免方面获得了巨大成功，却没有考虑到小额发行方在二级市场的流动问题，投资人的股权是在场外市场交易，没有很高的流动性就无法体现其应有的价值，所以他建议中国证监会在《证券法》的修订中既要考虑到公司在一级市场上募集资金的问题，也要考虑到发行的股权在二级市场上的流动性问题。Daniel Gallagher赞同本次对科创板注册制的修改，他指出在美国SEC在审批公司是否上市时，侧重审查的是公司的信息披露是否合格、真实，而不对公司的经营风险及持续盈利能力进行判断。同时，Daniel Gallagher建议中国慎重采用证券集团诉讼，因为根据美国的实践，集团诉讼带来了巨大制度成本，却没有起到威慑上市公司高管及赔偿投资者损失的作用，反而成为美国优质私营企业上市的顾虑。

五、Douglas Arner教授演讲主要内容

香港大学法学院教授Douglas Arner以“金融科技监管”为主题发表了演讲，对金融科技和相应的监管，以及监管科技方面的内容进行了介绍。

Arner将金融科技的发展主要分为四个不同的组成部分：一是在传统的批发市场中出现科学技术的发展和变革，随着电子支付的兴起，证券市场开始数

字化的转型；二是在金融领域出现一些新的参与者，尤其是初创型的金融科技公司利用先进的技术手段参与交易；三是国家层面的快速变革，在世界范围内很多发展中国家出现快速的变革，而中国的发展和数字金融转型最为迅速和彻底；四是大型科技公司进入金融领域，利用其自身在科技上的优势对金融科技的发展带来机遇和挑战。与之对应的是，监管机构应当完善相应的监管规则体系，Arner从大型金融机构及其高管人员层面出发，认为当前监管机构还应当借助人工智能的优势和力量，对金融机构的大数据进行重点监管。

金融科技的发展对金融稳定性产生了重要影响，不管是国内的还是全球的，包括金融稳定委员会，很多金融监管机构作出很多努力，意图建立更为强劲的系统。但是，越来越多的国家同时也认为，网络安全是其中一个最大的国家安全问题，对于正在发生的冲突，大多数活动都发生在网络空间。世界范围内的监管者如何应对这些变化是一个很大的挑战。2008年之前，我国鼓励支持金融创新，而在金融危机之后又普遍地选择不太信任这些金融机构。对于这些金融科技新企业，监管机构保持非常谨慎的态度。他提出了两种思路：一是参考英国的监管结构，从基于规则监管转变为基于原则监管，重点在于审慎监管和消费者保护；二是借鉴中国的监管思路，以金融产品监管为原则，在金融科技的参与主体上实行两级监管体系，中小规模交易可以由互联网公司等新型金融科技企业自行处理，较大规模交易则需要由传统的国有金融机构负责。

对金融科技的监管，Arner认为没有必要对具体的金融产品制定规则，而应当针对金融机构制定行为准则，对大型金融机构要求其审慎参与，对小型金融机构的参与建立门槛。结合维护系统稳定性、促进消费者保护和市场竞争的监管目标，目前面临的挑战在于如何建立一个灵活的、促进创新的前瞻性监管框架，同时又足以维护市场稳定、缓解消费者和投资者信心之间的关系。

对于监管科技，他认为这不属于金融科技的分支，监管科技不仅仅是一种有效的监管工具，更是诱发监管领域范式转换的关键变量。整体而言，监管科技代表着未来金融监管的逻辑演进趋势，是支撑整个金融业发展的坚实基础。随着人类金融监管体制的发展，监管技术是主要的，监管体制并不重要。监管机构应树立技术驱动型监管思维，在行业内业已成熟的大数据和云计算技术上建立实时、动态的监管系统。通过创新金融科技的监管机制，引入监管沙箱，运用监管科技，提升监管水平。

六、Nathan Sheets 演讲主要内容

保诚全球投资管理公司首席经济学家，美国财政部原负责国际事务的副部长 Nathan Sheets 以“宏观审慎工具——目的、定义与在中国的适用”为题发表主旨演讲。

金融稳定是宏观审慎政策追求的主要目标，与注重最大可持续增长、就业和价格稳定的“宏观经济”政策不同，也不同于微观审慎政策，后者侧重于个别金融机构的安全、健全和业务做法。Nathan 指出，三者之间是存在联系的，强有力的宏观经济政策、微观审慎政策和宏观审慎政策都是相辅相成的。在运用宏观审慎工具时的关键问题就是应当注意金融稳定性与经济发展之间的关系：一是要降低金融危机出现的频率，而且出现危机的时候要降低危机的严重程度，要维护金融系统的稳定性；二是要在建立稳定的金融系统和推动经济高速发展之间进行平衡。

在进行宏观审慎监管时，美联储的金融稳定监控框架主要由以下四部分组成：一是资产价格，重点关注资产估值相对于经济基本面或历史标准而言是否偏高；二是企业和家庭的债务，如果经济状况恶化，借款人是否能够偿还债务；三是金融部门的杠杆作用，金融部门是否能够在发生冲击和潜在损失时发挥作用；四是融资风险，金融体系中是否有易发生风险的部分。

关于宏观审慎工具，在实践过程中重要一步是与现有的微观审慎工具相契合，例如实施更加严格的审慎标准（如要求持有高质量资本和充足的流动性缓冲）和对可能引发系统性风险行为的限制。金融监管机构只有首先对金融风险的形成进行识别，才能有效地实施逆周期资本缓冲的操作。新的宏观审慎视角应从过去那种集中于金融创新产品本身的风险转向更为根本的市场信息机制问题，如过度金融创新所造成的信息失真、信息机制的普遍扭曲和投资者风险识别能力的集体性缺失，等等。由于微观审慎可以每家机构挨个来做压力测试，所以它同时也是一个宏观审慎的工具。因此，在实践中，压力测试已经成为美国最主要的宏观审慎以及微观审慎的工具。

对于中国而言，主要有两方面的启示：一是对于宏观审慎监管，关键是加强监督工作的可及性和透明度，并确保充分了解这一过程和成果；二是对于宏观审慎工具，中国目前有充足的宏观审慎工具，但面临的真正挑战是进一步澄清和改进这些工具的使用，特别是以透明和支持市场运作的方式使用这些工具。

稿　约

《多层次资本市场研究》是由全国中小企业股份转让系统有限责任公司组织编写，面向社会公开出版的学术类书籍。内容涵盖中小微企业发展、资本市场制度创新、市场改革等我国资本市场发展的重要问题。风格为理论与实践并重、宏观与微观结合、现实与前瞻兼顾。

选题范围包括资本市场制度改革创新研究、新三板市场发展研究、民营经济产业研究、中小企业发展研究、资本市场微观行为研究、域外资本市场分析及启示、上市及挂牌公司案例研究等。

书中设置包括"理论前沿""制度探索""企业研究""域外经验""案例分析"等部分，每辑根据实际情况适当调整。

现面向全国经济、金融、法律、投资等理论界、实务界，诚征稿件。来稿应论点鲜明、逻辑严谨、结构合理、可读性强，具有学术深度和实践应用价值。稿件篇幅以8000~10000字为宜，特别优秀的理论稿件不受此限。稿件一经录用，编辑部将及时通知作者；采用后将根据文章质量及字数支付稿酬，并奉送样书。

投稿请发送至以下电子邮箱：tougao@neeq.com.cn，并附作者简介，包括姓名、署名单位、职务或职称、研究领域、通信地址、邮政编码、联系电话、E-mail等信息。所有投稿应符合国家著作权规定、公认学术规范和所附《编辑体例》要求。

本书编辑部保留对来稿进行文字性和技术性修改的权利。本书采用文章均不代表全国股转公司观点，文责由作者自负；除特别说明外，文章为作者个人观点，与其所在单位、职务无关。

投稿人向《多层次资本市场研究》投稿，即视为接受本稿约。

编辑体例

投稿论文应为作者原创、未公开发表、无知识产权争议并应符合学术规范，严禁一稿多投，并符合以下要求：

一、文章字数

文章应论点鲜明、逻辑严谨、可读性强，具有学术深度和实践应用价值，字数在8000~10000字为宜，特别优秀的理论文章字数不限。

二、标题

文章题名一般不超过20个字，必要时可加副标题。黑体三号字，居中。

三、作者

题目下方一行署名作者，宋体小四号字（居中），附加脚注、使用上标星号（*）标明，脚注中应当注明作者姓名、工作单位、职务、职称、学历。如有两名作者，第二名作者用两个上标星号（**）标明，依此类推。

四、摘要和关键词

摘要一般不超过300字；关键词3~5个，关键词之间用分号分隔。宋体小四号字，首行缩进。固定行距28磅。

五、正文

正文区分标题和内容，标题首行缩进，层级依次为“一、……”“（一）……”“1.……”“（1）……、①……”。一级标题采用黑体小四号字；二级标题采用楷体小四号字；内容首行缩进，宋体小四号字，固定行距28磅。

六、注释和参考文献

注释采用页下脚注，分页连续编号。注释非引用原文者，注释前加“参见”；引用资料非原始出处者，注明“转引自”；数个注释引自同一资料者，可合并同注。

参考文献附于文后，连续编号。注码放在文章标点之后，注码符号为“1、2、3、……”字体及字号：宋体小五号字，首行缩进。示例：

（一）著作类

1. 独著作品

董安生．民事法律行为［M］．北京：中国人民大学出版社，2000：19－22.

2. 合著作品

徐明，李明良．证券市场组织与行为的法律规范［M］．北京：商务印书馆出版，2002：10.

3. 多人合著作品

左卫民，等．可持续发展与环境资源法制建设［M］．北京：中国法制出版社，2003：214－216.

4. 编辑作品

国务院研究室编写组．十三届全国人大一次会议（政府工作报告）辅导读本（2018）［M］．北京：中国言实出版社，2018：65－67.

（二）论文类

1. 期刊

谢庚．新三板服务中小微实践［J］．中国金融，2018（19）.

2. 论文集

（1）公开发行类

尹田．论动产善意取得的理论基础及相关问题［M］//民商法论丛（第29卷）．北京：法律出版社，2004.

（2）非公开发行类

李文超，李明红．新形势下乡土法官调解模式的检视与完善——从人民法庭家事纠纷的微观角度［C］．最高人民法院第二届人民法庭论坛论文集，2017.

3. 学位论文

王刚．西方各国金融系统演进和功能的制度分析——兼论我国金融系统的改革［D］．长春：吉林大学，2004：189.

（三）译作类

［英］亚当·斯密．国富论［M］．唐日松，等，译．北京：华夏出版社，2005：224.

（四）报纸类

郑志刚．CDR：只是刚刚吹响上市制度改革的号角［N］．经济观察报，2018－04－16.

（五）辞书类

沃克．牛津法律大辞典［M］．北京社会与科技发展研究所，译．北京：光明日报出版社，1988：68.

（六）外文类

从该文种注释惯例。英文注释体例如下：

1. 著作类

Harold U. Faulkner. American Economic History ［M］. Harper & Brothers Publishers，1960：23－25.

2. 论文类

Gavin Goh & Andreas R. Iiegler，Retrospective Remedies in the WTO after Automotive Leather［J］. Journal of International Economic Law，2003，9.

（七）网络类

梁慧星．关于中国物权法的起草［EB/OL］．［2009－08－08］．http：//article. chinalawinfo. com/article/user/article_display. asp？ArticleID＝29283.

七、其他要求

（一）关于文章中的外文词语

1. 文章正文中第一次出现的外文词语，请不仅要标注出中文译义，并写全外文单词。

2. 图表中的图标、表头与单位等请用中文词汇。如引用外文，请标注中文译义。

（二）关于文章引用法律法规条文

1. 发布与实施的时间及发文单位要正确。

2. 法律法规的名称及引文内容要准确无误。引用具体法律法规、规范性文件应当加用书名号，首次引用应当使用全标题，如《中华人民共和国证券法》《中国证监会关于进一步推进全国中小企业股份转让系统发展的若干意见》。

3. 法条或文件内容序号（第×条、第×款、第×项）、时间（世纪、年代、年月日等）、数量金额等使用阿拉伯数字，但直接引使用原文的从原文。

（三）关于图表

1. 文中若出现图表，内文中应提到见表1（或表2、表3、……）或见图1（或图2、图3、……）。

2. 图表中如有数字，请注明单位，图表中的图标、表头与单位等请用中文词汇。

3. 请注明图表的数据来源。

（四）关于统计百分比数据

含有百分比的数据要四舍五入精确到0.01%，各占比部分相加之和的误差小于或等于0.01%。